U0513212

品牌蓝皮书

BLUE BOOK OF BRAND

中国企业品牌价值评价报告（2017~2018）

EVALUATION REPORT ON CHINESE CORPORATE BRAND VALUE (2017-2018)

亚洲星云品牌管理（北京）有限公司
主　编／王建功
副主编／周　君　张聪明

社会科学文献出版社
SOCIAL SCIENCES ACADEMIC PRESS（CHINA）

图书在版编目（CIP）数据

中国企业品牌价值评价报告：2017～2018／王建功
主编. －－北京：社会科学文献出版社，2018.8
（品牌蓝皮书）
ISBN 978 - 7 - 5201 - 3223 - 7

Ⅰ.①中… Ⅱ.①王… Ⅲ.①品牌 - 企业管理 - 研究
报告 - 中国 - 2017 - 2018 Ⅳ.①F273.2

中国版本图书馆 CIP 数据核字（2018）第 179173 号

品牌蓝皮书
中国企业品牌价值评价报告（2017~2018）

主　　编／王建功
副 主 编／周　君　张聪明

出 版 人／谢寿光
项目统筹／周　丽　冯咏梅
责任编辑／冯咏梅

出　　版／社会科学文献出版社·经济与管理分社（010）59367226
　　　　　地址：北京市北三环中路甲29号院华龙大厦　邮编：100029
　　　　　网址：www.ssap.com.cn
发　　行／市场营销中心（010）59367081　59367018
印　　装／三河市龙林印务有限公司

规　　格／开　本：787mm × 1092mm　1/16
　　　　　印　张：22.25　字　数：336 千字
版　　次／2018 年 8 月第 1 版　2018 年 8 月第 1 次印刷
书　　号／ISBN 978 - 7 - 5201 - 3223 - 7
定　　价／98.00 元

皮书序列号／PSN B - 2018 - 737 - 2/2

《中国企业品牌价值评价报告（2017~2018）》编委会

主编单位简介

亚洲星云品牌管理（北京）有限公司

亚洲星云品牌管理（北京）有限公司（英文简称 Asiabrand）是亚洲首家品牌价值系统化服务机构，于 2005 年在北京成立。Asiabrand 以亚洲品牌评价专家委员会和亚洲品牌研究院等科研机构为智库，开展品牌评价、品牌增值和品牌金融服务三大核心业务，致力于构建品牌金融生态链；拥有多项自主知识产权、专利技术和品牌评价独立科研成果，具有"国家高新技术企业"和"中关村高新技术企业"资质。

Asiabrand 在核心自主知识产权、科技成果转化能力、研究开发的组织管理水平、成长性指标四项综合评定指标方面均符合国家审核标准，获得"国家高新技术企业"和"中关村高新技术企业"资质认定。

Asiabrand 自主知识产权研究成果突出，拥有由国家版权局颁发的六大计算机软件著作权登记证书。

Asiabrand 专家智库亚洲品牌评价专家委员会成立于 2006 年，由国内外知名品牌专家学者和专业人士组成，是最具权威性和影响力的品牌研究、评价专家智库之一。该专家委员会由摩根大通原亚太区董事总经理、中国投资银行主席龚方雄先生任主席，北京市人民政府新闻办原主任王惠女士任执行主席，亚洲品牌研究院院长周君先生任常务副主席。李保民、孔泾源、王亚星、王连洲等国内著名专家学者以及英国皇家建筑学会会长、知名设计师 Nigel Coates，英国"超级品牌"评委、品牌战略沟通专家 Emma Brock 等各国各行业品牌专家共 50 人出任委员，组织编写了《亚洲品牌评价体系》和《企业品牌价值评价标准》（企业版）。

亚洲品牌研究院是亚洲品牌评价专家委员会的执行机构。

Asiabrand 连续十二年发布被誉为"亚洲品牌第一榜"的《亚洲品牌500 强》榜单，为提升中国企业对品牌的认知度，推动企业品牌价值有形化、资产化做出了重要贡献。

Asiabrand 还建立了集品牌评价、授信、贷款于一体的"品牌评价网"，将传统品牌评价手段提升到人工智能＋大数据应用的高度，并引入区块链技术，以更加安全、可控的手段，帮助企业进行品牌评价和提供品牌金融服务，为中小企业融资开辟更加便捷、可持续发展的线上融资渠道。

主要编撰者简介

王建功　著名品牌管理专家，品牌证券化开拓人，亚洲品牌集团创始人兼 CEO，外交部中国亚洲经济发展协会常务副会长，北京信息科技大学工商管理硕士（MBA）导师，"2013 癸巳年十大孔子儒商奖"得主；曾任《经济日报》之《中国经济信息》杂志社社长助理，国家发改委《中国改革》杂志社社会部主任、事业发展中心主任；长期致力于品牌管理事业，率先提出品牌证券化理论，被新华网誉为品牌证券化开拓人；清华大学经济管理学院国际经济专业结业；公开发表《试论品牌证券化》（《宏观经济研究》2017 年第 10 期）等专业论文，著有《王建功论品牌》（经济日报出版社，2017 年 6 月）等专业论著。

周　君　1983 年 7 月毕业于兰州大学经济系，获学士学位，现为亚洲品牌研究院院长，研究方向为企业管理、品牌管理。

张聪明　博士，中国社会科学院俄罗斯东欧中亚研究所研究员，研究方向为转轨经济、企业制度、企业文化等。

摘　要

　　呈现在大家面前的这本《中国企业品牌价值评价报告》是由亚洲星云品牌管理（北京）有限公司主持编写、亚洲品牌集团创始人兼CEO王建功先生任主编、社会科学文献出版社出版的品牌蓝皮书的第一本，计划每两年出版一本。

　　本报告的主要内容包括四部分：总报告、行业报告、案例研究和附录。

　　总报告依托亚洲星云品牌管理（北京）有限公司自主发布的《2017年中国企业价值评价500强榜单》，运用亚洲星云品牌管理（北京）有限公司拥有自主知识产权的Asiabrand品牌评价体系，对中国著名企业品牌的经济价值做出首创性评价。

　　行业报告是在行业背景下对企业品牌价值进行评价得到的成果，依据的是《2017Asiabrand中国行业品牌价值100强榜单》的数据。行业报告依据数据的可得性、行业企业的评价意愿等主客观因素，提供了制药、食品、酿酒、机械制造、绿色建材、房地产、健康、新能源八个行业的评价报告。

　　案例研究是对中国三个企业品牌及其价值所做的诊断和评价。

　　附录是相关企业标准和行业标准。

　　我们期望，《中国企业品牌价值评价报告》的定期发布，能够对中国企业品牌建设事业有所帮助。第一，缓解企业品牌与以消费者为代表的市场需求方之间的信息不对称状态。第二，推动中国资产价值评价产业的发展。第三，作为专业的企业品牌评价机制，为新时代中国经济的转型升级和"一带一路"倡议的实施做出贡献。

　　关键词：品牌　中国企业品牌　品牌价值　品牌价值评价

目 录

Ⅲ　案例研究

Ⅳ　附录

皮书数据库阅读**使用指南**

总 报 告

General Report

B.1
中国企业品牌价值评价：
理论认识与初步实践

王建功[*]

摘　要：　本报告依托亚洲星云品牌管理（北京）有限公司自主发布的
《2017 年中国企业价值评价 500 强榜单》，运用亚洲星云品牌
管理（北京）有限公司拥有自主知识产权的 Asiabrand 品牌
评价体系，对中国著名企业品牌的经济价值做出首创性评价。
上榜品牌来自 85 个行业，中国工商银行的品牌价值约为
3465.50 亿元，为 500 强第 1 名；第 500 名的品牌价值约为
78.58 亿元，500 强的平均品牌价值约为 386.64 亿元。上榜
品牌中，品牌价值超过 1000 亿元的企业有 53 家，品牌价值

---

* 王建功，清华大学经济管理学院国际经济专业结业，亚洲品牌集团创始人兼 CEO，研究方向
为企业管理、品牌管理。

为 100 亿~1000 亿元的企业有 285 家。前 100 强品牌总价值占榜单品牌总价值的 66.5%，这说明目前中国只有少数企业的品牌价值较高，大部分企业的品牌价值有待提升。在《2017 年中国企业价值评价 500 强榜单》中，新入选的企业品牌占比高达 29.8%，这在某种程度上表明中国企业品牌发展具有较大的不稳定性。此外，虽然中国的企业努力加快品牌建设的步伐，但和国际品牌相比，中国品牌 500 强上榜的企业仍然与国际企业存在一定的差距。从行业分布来看，制造业品牌数量最多，金融业以及信息传输、软件和信息技术服务业紧随其后。从国内地区间的分布情况来看，北京、江苏、广东、浙江、上海及山东上榜品牌数量最多。就上榜品牌的存续时间分布来说，存续 11~30 年的品牌居多。

关键词： 品牌　中国企业品牌　品牌评价

一　《中国企业品牌价值评价报告》的缘起

品牌作为一种经济文化现象，由来已久。

但现代意义上的品牌与世界范围内的商品经济、市场竞争关系密切。在市场经济活动中，人们逐渐认识到品牌是一种非常重要的资产。

一般来说，品牌（Brand），是与市场营销相关的一种无形资产，包括名称、用语、符号、形象、标识、设计或其组合，其功能在于区分产品、服务和（或）实体；它通过在利益相关方意识中形成独特印象和联想，给权益人带来经济利益。品牌是企业和组织最重要的资产之一。①

---

① 王建功：《试论品牌的证券化》，中金在线，2016 年 12 月 12 日，http://review.cnfol.com/shangyepinglun/20161212/23970633.shtml。

从更广泛的意义上来说，品牌是具有经济价值的无形资产，它用抽象化的、特有的、能识别的心智概念来表现其差异性，从而在人们的意识当中占据一定的位置。从狭义上来说，品牌是一种拥有对内对外两面性的"标准"或"规则"，通过对理念、行为、视觉、听觉四方面进行标准化、规则化，使之具备特有性、价值性、长期性、认知性的一种识别系统。"现代营销学之父"菲利普·科特勒在《市场营销学》中说，品牌是销售者向购买者长期提供的一组特定的特点、利益和服务。[1]

从其代表的内容来看，品牌大体上可以分为组织（企业）品牌和产品（服务）两大类。根据品牌知名度的辐射区域，可以将品牌划分为地区品牌、国内品牌、国际品牌、全球品牌；根据品牌产品的生产经营环节，可以将品牌划分为制造商品牌和经营商品牌；根据品牌来源，可以将品牌划分为自有品牌、外来品牌和嫁接品牌；根据品牌的生命周期长短，可以将品牌划分为短期品牌和长期品牌；根据品牌产品内销或外销，可以将品牌划分为内销品牌和外销品牌；根据品牌的行业不同，可以将品牌划分为家电业品牌、食用饮料业品牌、日用化工业品牌、汽车机械业品牌、商业品牌、服务业品牌、服装品牌、女装品牌、网络信息业品牌等几大类。[2] 本报告只在个体与行业的意义上关注和评价企业品牌。

一般所说的企业品牌，是指企业（包括其商品和服务）的能力、品质、价值、声誉、影响和企业文化等要素共同形成的综合形象，通过名称、标识、形象设计等相关的管理和活动体现，具体可分为商业品牌和企业品牌两大类。企业品牌发展的轨迹是，企业生产的产品一旦进入市场，企业即转变为商业形态，其综合形象被大众所识别并接受，企业品牌就转换成了商业品牌。而商业品牌是指某一类或多类商品的品牌，通常是企业的子品牌。一个企业品牌之下常含有多个商品品牌，也就形成了企业品牌与若干个商品品牌

---

① 王建功：《试论品牌的证券化》，中金在线，2016 年 12 月 12 日，http：//review. cnfol. com/shangyepinglun/20161212/23970633. shtml。

② 王建功：《试论品牌的证券化》，中金在线，2016 年 12 月 12 日，http：//review. cnfol. com/shangyepinglun/20161212/23970633. shtml。

融合于一体的商业企业品牌体系。金融业、服务业企业通常只有企业品牌。①

何为中国企业品牌？就是以某种文字图案诉诸社会公众的企业，其注册地在中国，或者控股者为中国公民个人或法人组织，或者中国公民个人或法人组织虽不是大股东但具有董事会决策权。这些企业品牌在本报告的视野里以中国企业品牌500强、中国区域企业品牌100强、某些行业的企业品牌100强、案例企业品牌等形式被涉及。

实践经验表明，品牌是有经济价值的。品牌作为一种无形资产，能给拥有者带来溢价，实现增值。它的载体是用于和其他竞争者的产品或劳务相区分的名称、术语、象征、记号或者设计及其组合，增值的源泉来自消费者心智中形成的关于其载体的印象。②

但是，对中国企业品牌的价值进行货币化评估，则是本报告着力探索并勇于实践的新领域，本报告发布的评估结果，就是这种努力的结果。这种极有价值的探索之所以能够付诸实践，一方面基于我们对10多年的品牌管理实践经验的理论总结，另一方面也有赖于现代科技，比如互联网、大数据、云抓取、云计算的运用。

同时，国家的宏观经济发展战略和产业政策也为中国企业品牌管理的科学化、精细化、现代化提供了适宜的氛围和环境。例如，"一带一路"倡议为中国企业品牌在"走出去"的过程中获得国际化提升创造了空前的机遇，当然，也给中国企业品牌建设提出了更高、更迫切的要求。在这一过程中，我们所做的品牌评价工作，应该能够起到积极的促进作用。再如，2016年6月15日，国务院发布《关于发挥品牌引领作用推动供需结构升级的意见》，提出"发挥品牌引领作用，推动供给结构和需求结构升

---

① 中国商业联合会、中国生产力学会、中国保护消费者基金会：《关于开展全国商业企业品牌评价活动暨企业文化建设论坛的通知》，百度文库，https://wenku.baidu.com/view/de1e0b3c5802 16fc700afda3.html。

② 王建功：《试论品牌的证券化》，中金在线，2016年12月12日，http://review.cnfol.com/shangyepinglun/20161212/23970633.shtml。

级"的要求①，与此相适应，国家工商总局在 2017 年 5 月发布了《关于深入实施商标品牌战略推进中国品牌建设的意见》，指出"我国经济发展进入新常态，党中央、国务院高度重视品牌工作……对品牌建设做出了一系列新的重大部署。在新形势下实施商标品牌战略，是对商标战略的深化和发展，是贯彻落实创新驱动发展战略的必然选择，是推动中国制造向中国创造转变、建设商标品牌强国的迫切要求，是引领供需结构升级的重要举措"。②这样，我们从事中国企业品牌价值评价的工作就与国家的经济建设方针大政更贴合、更融洽了，我们的工作就更有意义了。

也正是在这样的条件下，实力强大并富有时代眼光和学术品位的资深出版机构社会科学文献出版社愿意为我们提供一个平台，让我们以蓝皮书一分子的身份发布《中国企业品牌价值评价报告》，我们是非常欣赏这种有意义的合作的。

二 《中国企业品牌价值评价报告》的意义

编辑出版《中国企业品牌价值评价报告》的主要目的是通过对中国企业品牌市场价值的评估和发布，提高社会、市场、政府、企业对企业品牌价值重要性的认识和理解；通过与国际著名企业品牌价值的比较，认识中国自己的企业品牌价值的优势和不足，为提升中国企业品牌价值提供动力和方向；总体上促进中国企业品牌事业的发展，为促进中国特色社会主义市场经济的发展做出专业性努力。

对于具体的企业品牌来说，品牌价值评价能够使企业和投资者正确认识品牌的价值。企业也可以通过品牌价值管理，提升品牌的价值和企业的

①《国务院办公厅关于发挥品牌引领作用推动供需结构升级的意见》，中国政府网，2016 年 6 月 20 日，http://www.gov.cn/zhengce/content/2016-06/20/content_5083778.htm。
②《工商总局关于深入实施商标品牌战略 推进中国品牌建设的意见》，国家工商行政管理总局商标局中国商标网，2017 年 5 月 20 日，http://sbj.saic.gov.cn/zcfg/sbgfxwj/201707/t20170714_267628.html。

价值，使企业在市场经济的竞争中立于不败之地。例如，我们发布的《2017 年中国企业价值评价 500 强榜单》，能够帮助公众了解品牌的价值；帮助企业了解在不同条件和环境下品牌价值的动态变化情况，为企业品牌战略提供参考，促使企业更合理地配置资源，进行品牌管理，提升品牌价值，从而获得更长远的发展，实现更大的商业利益，产生更大的社会效益。

对于企业来说，最重要的三大资产是人员、信息技术和品牌。品牌是一种识别标志，一种精神象征，一种价值理念，是品质优异的核心。培育和创造品牌的过程也是不断创新的过程，自身有了创新的力量，才能在激烈的竞争中立于不败之地，继而巩固原有品牌资产，多层次、多角度、多领域地参与竞争。①

现在是信息社会，品牌具有了一些特性价值。品牌的特性价值正日益成为一种市场的统治力量，它以一种有形和无形的力量控制着消费者，控制着市场。② 品牌价值的影响力不仅意味着市场的占领，而且意味着对消费者精神文化和思想心理的引导，在创造巨大的市场红利的同时，也引领着人们的生产方式和生活方式，引领着人们的消费追求和社会潮流。③

品牌价值是企业和消费者相互联系、相互作用而形成的一个系统概念。

20 世纪 90 年代以来，人们逐渐认识到，智力资本才是现代企业创造财富的真正来源，即企业的无形资产创造了财富。在众多的无形资产中，品牌是其中最重要的精华。④

一方面，品牌价值在市场营销中成为一个重要参考指标；另一方面，在企业兼并、收购和投融资项目中，品牌估值的高低已经成为交易双方谈

---

① Kerrydesign：《关于"品牌"（Brand）的一个比较全面的诠释》，新浪微博，2010 年 6 月 30 日，http：//blog. sina. com. cn/s/blog_ 692b93bf0100jg27. html。

② 《中国品牌发展仍在路上》，直销同城网，2014 年 7 月 4 日，http：//infinitus. zx58. cn/news/229501/。

③ 《顺应市场需求是品牌建设的必然选择》，同花顺财经网，2011 年 12 月 1 日，http：//news. 10jqka. com. cn/20111201/c524843687. shtml。

④ 田丽君：《全方位经营企业品牌战略》，《企业活力》2005 年第 10 期，第 28 页。

判的焦点。① 品牌价值除了在并购中能够体现出意义外，价值高的品牌还有利于企业在资本市场上提高筹集资金的能力，有利于扩大企业的市场占有率，开拓同一产业链上的相关行业和相关产品，并以好的口碑降低促销成本。品牌价值高，有利于企业应对主要竞争对手采取的市场手段，特别是低价进攻行为。随着品牌兼并、收购和合资等活动的日益增多，迫切需要对品牌价值进行评估。②

同样，品牌价值评价对于企业的管理者、股东也起着非常重要的作用。品牌价值估算的结果反映了企业整个管理团队为股东和投资人创造的品牌价值的大小。品牌价值的提升表明企业的产品和服务在市场上被更多地认可，并且能为股东、投资人持续创造更多的利润和财富。③ 品牌价值的增减体现了企业管理人对品牌和业务的管理结果。很多企业都希望通过了解品牌价值的变化来判断工作绩效。④ 如我们发布的榜单，企业管理者能够依据榜单调整其决策和管理活动，特别是在和营销、品牌管理相关的经营活动上。⑤

可口可乐总裁伍德鲁夫曾说："即使一夜之间在世界各地的可口可乐工厂都化为灰烬，我也完全可以凭'可口可乐'这块牌子从银行获取贷款，东山再起！"足见企业品牌价值意义之大。

那么，我们应该怎样理解品牌的价值呢？

一个品牌是否有价值，关键要看能否为企业带来实际的收益。品牌价值是品牌管理要素中最为核心的部分，也是品牌区别于同类竞争品牌的重要标

① Tourism：《为什么要评估品牌的价值？》，新浪微博，2007 年 4 月 12 日，http：//blog. sina. com. cn/s/blog_ 4cb30765010009 gb. html。
② Tourism：《为什么要评估品牌的价值？》，新浪微博，2007 年 4 月 12 日，http：//blog. sina. com. cn/s/blog_ 4cb30765010009 gb. html。
③ 柏瑞德：《品牌价值评估方法及品牌排名的意义》，企博网，2012 年 11 月 13 日，http：//www. bokee. net/dailymodule/blog_ view. do？ id =1175970。
④ 《品牌价值评估方法及品牌排名的意义》，中国广播广告网，2013 年 1 月 4 日，http：//www. cnr. cn/advertising/ywyj/201301/t20130104_ 511703620. html。
⑤ 柏瑞德：《品牌价值评估方法及品牌排名的意义》，企博网，2012 年 11 月 13 日，http：//www. bokee. net/dailymodule/blog_ view. do？ id =1175970。

志。认识品牌的价值，需要把品牌的价值同无形资产、品牌竞争力、品牌权益联系起来。①

品牌资产的内容包括品牌名称、品牌标识、商标、品牌标识商号使用权、版权、著作权、专利权、特许经营权、专有技术、品牌荣誉等。②

一个品牌究竟有多大的价值，要看它有没有市场竞争力，品牌的竞争力表现为开拓市场、占领市场的能力。将品牌在市场上表现出来的相对的竞争力用同一种单位来衡量，就有了品牌的价值。③

细分品牌权益，可以有企业财务权益、顾客权益和延伸权益三类，分别是指对企业、经销商或消费者而言，品牌赋予产品的附加价值，它们可以增加或减少通过产品或服务给企业或顾客带来的价值。④

决定品牌价值大小的因素比较复杂，包括商品的质量、知名度、顾客的信任度、稳定性、成长性、国际化能力、创新能力、专利技术等。但是有很多因素具有不可测性，所以，考察品牌价值必须看品牌价值的实现因素。因此，品牌的市场占有率和赢利能力就成为特别受关注的两大因素。一个企业品牌只有同时具有较高的市场占有率和超额赢利能力，才真正具有竞争力。品牌价值的大小就是对这种竞争力的货币化测评。⑤

三 《中国企业品牌价值评价报告》的分析方法

本报告采用的品牌价值评价方法是亚洲星云品牌管理（北京）有限公

① 《品牌价值与中国品牌如何提升品牌价值》，7D. 启迪网，2016 年 12 月 22 日，http：//www. 7dvis. com/news2/573. html。
② 《品牌价值与中国品牌如何提升品牌价值》，7D. 启迪网，2016 年 12 月 22 日，http：//www. 7dvis. com/news2/573. html。
③ 《品牌价值与中国品牌如何提升品牌价值》，7D. 启迪网，2016 年 12 月 22 日，http：//www. 7dvis. com/news2/573. html。
④ 《品牌价值与中国品牌如何提升品牌价值》，7D. 启迪网，2016 年 12 月 22 日，http：//www. 7dvis. com/news2/573. html。
⑤ 《品牌价值与中国品牌如何提升品牌价值》，7D. 启迪网，2016 年 12 月 22 日，http：//www. 7dvis. com/news2/573. html。

司自主开发的"Asiabrand 品牌评价体系"。

Asiabrand 品牌评价体系包含四大部分，分别是：①Asiabrand 品牌评价法；②Asiabrand 品牌评价指数；③由品牌评价法和品牌评价指数构成的 Asiabrand 品牌评价技术平台；④负责帮助企业来完成品牌评价过程的品牌评价师。其中，Asiabrand 品牌评价法包含评价法模型和专家团诊断。

在 Asiabrand 品牌评价法和品牌评价指数的基础上，形成了亚洲星云品牌管理（北京）有限公司首创的企业标准——《企业品牌价值评价》（以下简称《企标》）。[①]

（一）Asiabrand 品牌评价法

亚洲品牌集团（Asiabrand）通过 10 余年品牌管理的实践和理论探索，形成了品牌评价的自主知识产权专利技术，也就是在国标多周期超额收益法（GB/T29188—2012）的基础上增加了"市场期权法"，形成了"Asiabrand 品牌评价法"。Asiabrand 品牌评价法把品牌发展潜力、未来可能的品牌投入等更多因素加入考量范畴，力求更加客观科学地估算企业品牌价值和市场竞争力，更精确地反映企业未来品牌增值趋势。

1. 评价法模型

（1）收益法。对品牌未来收益进行预测，并以消费者与品牌的关系为参数进行调整，评估品牌价值的基数。

（2）市场期权法。以品牌未来发展潜力形成的期权价值为补充，结合品牌预期价值形成最终的评价价值。

（3）品牌价值（V_B）构成。一是基于在现有条件和经营状况下品牌能够给企业带来的经济收益所计算的价值（V_0）；二是品牌的文化底蕴、品质的坚守等因素对发展潜力的影响，在未来市场条件发生变化时，企业可能对品牌加大或减少投资，品牌给企业带来的经济利益因此将发生变化，即品牌价值增值或贬值的部分（V_C）。

---

① 《企标》详情见附录。

（4）品牌价值评价模型

$$V_B = V_0 + V_C$$

2. 亚洲品牌测评体系（ABAS）专家委员会诊断

亚洲品牌测评体系专家委员会成立于 2006 年，由国内外 50 多名行业专家学者和专业人士组成，该委员会组织编纂了《ABAS 亚洲品牌评价体系》，是最具权威性和影响力的品牌研究、评价专家智库之一。摩根大通原亚太区董事总经理、中国投资银行主席龚方雄先生出任主席。

亚洲品牌测评体系专家委员会的专家会对根据品牌价值评价模型（$V_B = V_0 + V_C$）评出的中国企业品牌 500 强等榜单进行专业诊断，并做出必要的调整。

（二）Asiabrand 品牌评价指数

品牌评价指数是估值分析中最重要的部分。Asiabrand 汇聚了 1.2 万个企业数据，在对 19 大类别 67 个不同行业的品牌价值特性进行研究的基础上，将产品收益层层分解，以此确定品牌收益率和相关数据的关系，并结合品牌文化的承载性、质量和服务水平、创新引领性、品牌稳定度、品牌领导力、客户关系强度、法律保护度和企业信用度 8 个维度 22 项细分指标进行品牌价值定量分析，最后根据企业的具体表现，参考行业平均水平和专家意见，得出结果。

8 个维度 22 项细分指标见图 1、表 1。

（三）Asiabrand 品牌评价技术平台——"品牌云评"

由工程师基于 Asiabrand 品牌评价法和 ABAS 专家委员会诊断各项指标编写形成一个纯智能评价平台——"品牌云评"，用于给企业评定分数。

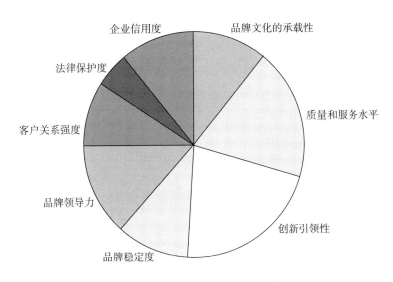

图 1　品牌价值定量分析的 8 个维度

表 1　品牌价值定量分析的 22 项细分指标

一级指标	二级指标
K_1 品牌文化的承载性	品牌文化内涵
	品牌历史
K_2 质量和服务水平	质量认证水平
	质量管理水平
K_3 创新引领性	净利润
	净利润复合增长率
	营业收入复合增长率
	营业收入
	研发能力
	研发投入
	专利和科技成果
	创新能力
	产品引领性
K_4 品牌稳定度	市场趋势性
K_5 品牌领导力	市场占有率
	销售范围

续表

一级指标	二级指标
K_6 客户关系强度	客户满意度 客户忠诚度 品牌知名度
K_7 法律保护度	荣誉称号或标志
K_8 企业信用度	奖励惩罚 社会责任

"品牌云评"是将大数据与品牌价值完美结合的品牌价值评价系统，其特点包括以下几个方面。

（1）基于 Asiabrand 10 余年品牌管理的实践和理论探索之成果。

（2）海量数据验证，高效、专业、稳定、可视。

（3）实时同步更新的海量企业资料大数据库支持。

（四）Asiabrand 品牌评价师：职责及管理办法

1. 职责

亚洲星云品牌管理（北京）有限公司（以下简称公司，或简称亚洲星云）为加强品牌评价师专业人员队伍建设，提高专业人员素质，维护品牌评价行业的正常秩序，实行科学行业管理，不断提高调查数据质量和调查公信力，依据《统计法》《保密法》《品牌评价：品牌价值评价要求》[①]《商业企业品牌评价与企业文化建设指南》[②] 等国家相关法律法规，建立品牌评价师监督管理机制，规范品牌评价师工作职责，夯实调查基础工作，确保各项任务顺利完成。

品牌评价师需根据统计调查制度和调查业务规范化标准的规定，配合组织开展被调查企业的沟通协调工作以及深入一线调查工作，向被调查企业收

---

① 《品牌评价：品牌价值评价要求》，工标网，2012 年 12 月 10 日，http：//www.csres.com/detail/228282.html。

② 《GB/T27925-2011 商业企业品牌评价与企业文化建设指南》，标准免费下载网，2013 年 3 月 28 日，http：//www.bzmfxz.com/biaozhun/Soft/GJBZ/2013/03/28/192720.html。

集统计调查资料，并指导和督促被调查企业填报调查资料，做好调查相关资料的初审工作。根据调查收集的企业相关数据资料和财务数据指标，结合专业的品牌评价体系为企业进行品牌评价，同时合理有效地处理财务指标不足的情形。在认识上，首先，要明白品牌评价的重点是价值，而不是成本，品牌的真正价值来源于未来的市场竞争力。其次，要注意的是，为了克服收益现值法对下一年度现金流量的不确定性因素影响，要将品牌现在的超额利润作为评价品牌价值的基数。同时，为了克服评价过程中缺少价值构成要素的情况，要建立品牌强度系数指标体系，采取将"品牌评价：多周期超额收益法"与市场力量指标相结合的办法，将现有的获利能力调整为未来的市场竞争力。最后，为了确保评价结果的可靠性和有效性，应进行必要的可信度和有效度的分析与检查。[①]

同时，品牌评价师应当严格遵守《统计法》《品牌评价：品牌价值评价要求》和相关制度，不得伪造、篡改统计调查资料，不得以任何方式要求被调查企业提供不真实的统计资料，确保统计调查资料真实、准确、完整、及时。对在调查工作中获取的调查资料、调查数据要严格保密，不得向公司之外的任何机构或个人提供、泄露调查资料。不得擅自汇总、使用和提供调查网点数据，否则将依法追究法律责任。

品牌评价师应当服从统一管理，按时参加品牌相关法律法规、职业道德、业务技能等培训和有关会议，自觉学习《统计法》和品牌评价相关知识，通过自学、参加培训等方式，增强法律意识，从战略和专业角度规划学习，依法开展统计调查，确保给出的品牌评价意见具有独立性和客观性。

品牌评价师的工作流程包括四个阶段。

第一阶段，现场调研，指导企业填报评价资料。

（1）了解委托方评价目的和意愿，并进行充分沟通。

（2）明确评价目的、评价对象、评价基准日及各项要求。

---

① 刘尔奎：《从品牌的价值构成要素谈我国企业品牌评估的方法》，豆丁网，http://www.docin.com/p－706033136.html。

（3）现场勘察，了解生产、经营、管理、发展等状况，指导委托方填报资料。

第二阶段，资料检索，分析相关指标。

（1）市场调研，资料检索，分析相关市场需求。

（2）收集技术指标、经济指标、产业政策、行业信息等。

（3）调查并分析行业内品牌价值占无形资产比例和行业内平均资本成本。

（4）依据财政部《中国财政情况》中政府采购制度的动态信息进行分析。

（5）依据《中华人民共和国政府信息公开条例》提出政府信息公开查询申请，收集相关行业当年的数据信息，进行全面分析。

（6）依据相关行业的上市公司公允价值进行数据分析。

第三阶段，现场核实数据并依据国标、行业标准或亚洲星云企业标准2.0，对8个维度进行品牌价值的评价。

第四阶段，专家评定、审核、撰写报告及沟通交付。

（1）提交评价报告征求意见稿，与委托方交换意见并完善报告。

（2）提交正式评价报告及相关评价师证书（委托方须在规定时间内提供相关资料）。

通过对8个维度22项细分指标进行专业测评，帮助企业了解品牌现状、确立行业地位、拓展推广渠道，为企业决策者合理配置资源、进行企业投融资提供科学参考依据。

2. 管理办法

（1）每年12月底由人力资源部通知公司所有品牌评价师针对其一年来的工作情况撰写工作总结，符合职称评定条件的人员须填写《品牌评价师等级评定申报表》。

（2）交由分管领导审阅，须在一周之内对所有上交工作总结进行审阅，在《品牌评价师等级评定申报表》上给出优秀、良好、合格、不合格四个等级的初步评审意见。

（3）试用期满的新员工，经过公司试用考查后，综合管理办公室根据其在试用期间的表现，对于符合转正定级条件的，通知本人撰写个人试用总结报告，并组织对其岗位等级进行评定。

（4）人力行政部负责汇总所有评定材料及相关表格，上报公司总经理。由总经理召集相关领导组织评审，经评审后将年度总结评审结果和岗位等级评定结果发文公布。

（5）遵循客观公正、实事求是、全面考核、注重实绩的原则，采取定性与定量相结合，专家、领导和民主评议相结合的方法，以定量考核为主[①]最终对考核结果进行公示。

（五）Asiabrand 品牌评价体系与国际品牌评价法的比较

Asiabrand 品牌评价体系与国际品牌评价法的区别主要表现在两个方面。

一是构建基于国标"多周期超额收益法"的文化品牌价值评估模型。以一般描述企业特征的参数为基础，通过大量的市场调研，建立更为全面、更具特色的文化品牌强度系数指标体系。突破原有模型无法体现品牌价值流动性的局限，刻画品牌持有者未来改变品牌投入规模所获得的收益，实现在变化的市场中对价值波动的合理评估。市场上文化行业类型众多，通常情况下使用统一的评价模型进行测度，无法凸显行业差异性，对此根据不同行业特点选择对应的评价指标，并提出科学合理的指标的量化和评估方法，实现全面有效地衡量不同行业文化品牌的价值。

二是建立文化行业的品牌互联网影响力指数体系，为文化类企业的品牌管理决策提供参数依据。传统的互联网影响力评估模型大多集中于对主题相关的信息数量进行统计加总，本项目要构建的互联网影响力指数模型，其影响力评价指标主要从品牌传播的广度和深度两个方面来衡量品牌传播的影响力。传统的互联网影响力评估模型，如百度指数、微指数、微信指数等，都仅局限于一个平台，即评估得出的影响力仅表示文化品牌在特定单一的平台

---

① 陈福田：《众维煤业：定量与定性相结合综合测评考核干部》，中国煤矿安全生产网，2013年1月10日，http://www.mkaq.org/html/2013/01/10/173805.shtml。

中所具有的影响力。本项目要构建的全平台互联网影响力评估技术模型所涵盖的数据包括微博、微信公众平台以及网络媒体等互联网信息平台，能够全面准确地衡量文化品牌在整个互联网中的影响力。

四 中国企业品牌发展状况及存在的差距

（一）中国企业品牌发展状况

新时期以来，我国①的商业（企业）品牌获得了快速发展。经过 20 世纪 80 年代至 90 年代初期的品牌启蒙和 90 年代中期的品牌发展，中国创造出了不少知名企业品牌。尤其是自中国加入世贸组织以来，经过原始资本积累，技术水平得到提升的一大批企业在市场竞争中得到了锻炼，变得日益成熟。同时，国际知名品牌进入国内市场，给中国企业和企业家带来了竞争压力。就国家政策导向来说，国家鼓励企业"走出去"参与国际化的进程，这就使得中国在 21 世纪进入了品牌国际化的融入期。有资料说中国有 170 万个品牌，与美国的品牌数量相差不大。近年来，中国也出现了一批世界级企业，但是真正成为国际品牌的还不多。② 与国际品牌大国相比，我国企业品牌建设的差距还是明显的。

（二）中国企业品牌建设存在的差距

1. 中国企业品牌与世界品牌在国际市场占有率方面的差距明显

联合国发展计划署统计数据显示，国际知名品牌在所有企业中所占的比例不到 3%，但市场占有率则高达 40%，销售额超过 50%。与此相应的是，目前参与国际市场的中国企业中，拥有自主品牌的不到 20%，自主品牌出

---

① 鉴于本报告是关于中国企业品牌价值的评价报告，故在本报告里出现的"我国""全国""国家"都是指"中国"。

② 刘建辉：《经济：奥美董事长问诊联想 中国没有世界级品牌》，新浪财经，2005 年 2 月 25 日，http：//finance. sina. com. cn/leadership/brandmanage/20050225/09481383740. shtml。

口额在全国出口额中的占比不足 10%。在全球 100 个最有价值品牌企业中，大部分企业在国际市场的销售额占全年销售额的 50% 以上。[①]

在中国，即便是像"海尔"这样的企业品牌，海外销售额也不到 10 亿美元，只占其总销售额的 10% 左右。[②]

2. 中国企业品牌的知识产权保护水平与国际知名品牌存在不小的差距

据报道，2017 年，中国遭遇了众多的反倾销案，纺织品、家电、打火机等重要出口产品都有涉及，商标抢注和专利侵权也时有发生。

根据国际经验，国际知名品牌企业一般是依托自身或者联盟资源优势从事技术创新并据此获取尽可能多的专利，在知识产权国际化的背景下进行专利经营，专利与经营互相配合，服务于公司的市场战略目标。[③]

但在中国，企业知识产权保护意识淡薄，企业研发投入少、研发水平低，也没有相应的联盟组织。品牌的核心价值最倚重的是企业的自有知识产权，保护知识产权就是从根本上维护企业品牌的价值。中国未来一个时期品牌建设的重要内容就是着力于技术创新，获取尽可能多的自有知识产权，以此筑牢企业品牌的基础。[④]

3. 在品牌营销和品牌建设领域同样存在不小的差距

企业营销活动的核心是品牌之间的竞争。通过研究国际上那些知名企业品牌，人们会发现，它们成功的重要原因之一就是注重品牌营销和品牌建设，在与时俱进的过程中保持品牌持久而旺盛的生命力。一般来说，那些业绩卓著、事业成功的品牌企业都有自己独特而完善的品牌营销模式，其独特性使得竞争对手根本无法模仿和仿效。世界上那些领袖企业之所以能够长期发展并不断壮大，靠的就是企业自己独有的商业运营模式，如"麦当劳"特别注重培养消费者的品牌意识，"宝洁"的推广策略是以产品品牌为主打，"三星"靠的是运作奥运品牌而获得成功，"微软"则是以其独有的技

---

① 吕红博：《中国品牌发展现状问题及对策》，河北大学学士学位论文，2012，第 8 页。
② 吕红博：《中国品牌发展现状问题及对策》，河北大学学士学位论文，2012，第 8 页。
③ 吕红博：《中国品牌发展现状问题及对策》，河北大学学士学位论文，2012，第 8 页。
④ 吕红博：《中国品牌发展现状问题及对策》，河北大学学士学位论文，2012，第 8 页。

术核心产品获得市场的垄断地位。

世界强势品牌经久不衰的原因与其企业文化是分不开的。企业文化是品牌个性的核心，不能复制，不能拷贝，不能移植，不能克隆，难以模仿。一个企业如果没有自己的核心价值观，没有属于自己的企业文化，就难以在市场上展现自己品牌的个性和魅力。

中国的企业要想有所作为，在国际上获得一席之地，就必须培育自己的有中国特色的企业文化，打造自身特有的商业运营模式，坚持走自己的品牌建设之路。

综上所述，我国企业在品牌建设方面仍需继续努力，不仅要学习已经较为成熟的海外市场经验，而且要结合我国国情，找到更适合企业发展的品牌定位，提升其品牌价值，从而在市场上展现自身的魅力。

五　中国企业品牌价值评价——中国
企业品牌价值500强

2017 年，亚洲星云品牌管理（北京）有限公司采用自主研发的品牌价值评价体系，对中国企业品牌价值做出了最新评估，在此基础上发布了《2017 年中国企业价值评价 500 强榜单》。这个榜单在某种意义上可以看作我们对中国企业品牌价值的总体评价。

（一）上榜品牌整体情况

此次上榜品牌涉及 85 个行业，中国工商银行居排行榜第 1 名，其品牌价值约为 3465.50 亿元，比 2016 年的 3150.45 亿元增长 10%，第 500 名的品牌价值约为 78.58 亿元，500 强的平均品牌价值约为 386.64 亿元。①

上榜品牌中，品牌价值超过 1000 亿元的企业有 53 家，品牌价值为 100

---

① 《2017 年中国企业价值评价 500 强榜单》是本报告主编单位亚洲星云品牌管理（北京）有限公司独家发布的拥有知识产权的成果。参见《2017 中国品牌 500 强榜单及分析报告》，亚洲品牌网，2017 年 6 月 1 日，http：//cn500. asiabrand. cn/xinwen/861800203. html。

亿～1000 亿元的企业有 285 家。①

上榜前 10 强品牌的总价值占 500 强品牌总价值的 16%，前 100 强品牌的总价值占 500 强品牌总价值的 66.5%②，这说明目前中国只有少数企业的品牌价值较高，大部分企业的品牌价值有待提升，同时也预示着中国的优秀企业通过树立良好的品牌形象可以获得更大的市场份额，实现更多的品牌收益。③

在《2017 年中国企业价值评价 500 强榜单》中，新入选的企业品牌占比高达 29.8%，这在某种程度上表明中国企业品牌发展具有较大的不稳定性。此外，虽然中国的企业努力加快品牌建设的步伐，但和国际品牌相比，中国品牌 500 强上榜的企业仍然与国际企业存在一定的差距。④

（二）上榜品牌行业分布情况

图 2 为上榜品牌所属的前 10 个行业及其企业数量占比。统计分析表明，制造业的品牌占比非常高，其次依次为金融业以及信息传输、软件和信息技术服务业。⑤

在本榜单中，制造业占比达到 39.6%。制造业状况直接体现了一个国家的生产力水平，是区别发展中国家和发达国家的重要依据，在发达国家的国民经济中，制造业占有重要份额。在中国，制造业作为国家的支柱产业，一直保持着较好的发展态势。然而，随着人口红利的消失，以及人工费用的增加，传统制造业依靠人力发展的道路越走越窄。2015 年，国务院以及工

---

① 《2017 中国品牌 500 强榜单及分析报告》，亚洲品牌网，2017 年 6 月 1 日，http：//cn500. asiabrand. cn/xinwen/861800203. html。
② 《2017 中国品牌 500 强榜单及分析报告》，亚洲品牌网，2017 年 6 月 1 日，http：//cn500. asiabrand. cn/xinwen/861800203. html。
③ 《2016 Asiabrand 北京品牌 100 强发布　金融界上榜》，金融界，2017 年 1 月 11 日，http：//finance. jrj. com. cn/2017/01/11174721956597. shtml。
④ 《2016 Asiabrand 北京品牌 100 强发布　金融界上榜》，金融界，2017 年 1 月 11 日，http：//finance. jrj. com. cn/2017/01/11174721956597. shtml。
⑤ 《2017 中国品牌 500 强榜单及分析报告》，亚洲品牌网，2017 年 6 月 1 日，http：//cn500. asiabrand. cn/xinwen/861800203. html。

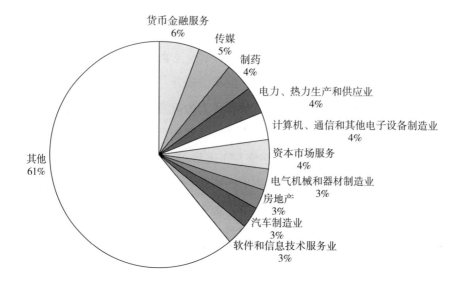

图2　上榜品牌所属的前 10 个行业及其企业数量占比

信部发布了多个文件，对中国制造业做出了新的规范和引导，鼓励企业面向市场，贴近需求，由"中国制造"向"中国创造"转变，通过塑造自主品牌，提升核心竞争力。[①]

值得指出的是，华为作为制造业中的代表性企业，以 3283.71 亿元的品牌价值排名第 3 位。华为提供的产品以及相关的解决方案已经应用在全球 170 多个国家，服务于全球运营商 50 强中的 45 家，涉及全球 1/3 的人口。华为坚持以消费者为中心，以行践言持续聚焦精品的战略使华为的品牌影响力不断扩大，品牌价值得以不断提升。[②]

（三）上榜品牌地区分布情况

图 3 为上榜品牌地区分布情况，从图中可以看出，上榜品牌数量最多的

[①] 《2017 中国品牌 500 强榜单及分析报告》，亚洲品牌网，2017 年 6 月 1 日，http://cn500.asiabrand.cn/xinwen/861800203.html。

[②] 《2016 Asiabrand北京品牌 100 强发布　金融界上榜》，金融界，2017 年 1 月 11 日，http://finance.jrj.com.cn/2017/01/11174721956597.shtml。

6 个地区分别为北京、江苏、广东、浙江、上海及山东，6 个地区上榜的企业数量分别为 128 家、48 家、47 家、39 家、38 家和 31 家，合计为 331 家，在总榜单中占比为 66.2%。①

北京、江苏、广东、浙江、上海及山东 6 个地区，无论是经济、文化、教育、科技还是政治与金融，都处于全国的领先地位。改革开放以来，大量的创业者从这些地区诞生，近年来互联网的兴起，更是催生了这股创业潮。这些地区的企业拥有更多的机会、资源、人才，为企业的快速发展提供了良好的环境。因此，这些地区也就成为上榜品牌数量最多的地区。②

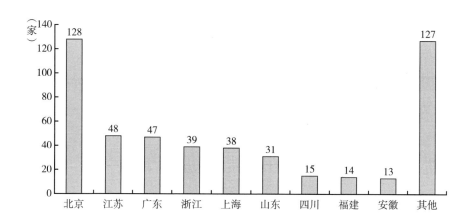

图 3　上榜品牌地区分布

这说明，地区发展的不平衡问题是制约我国企业品牌发展的主要问题。通过分析发现，发展的不均衡性没有得到明显的改善。此外，拥有良好品牌管理的企业绝大多数集中在东部沿海经济相对发达的区域，相比之下，中西

---

① 《2017 中国品牌 500 强榜单及分析报告》，亚洲品牌网，2017 年 6 月 1 日，http：// cn500. asiabrand. cn/xinwen/861800203. html。
② 《2017 中国品牌 500 强榜单及分析报告》，亚洲品牌网，2017 年 6 月 1 日，http：// cn500. asiabrand. cn/xinwen/861800203. html。

部地区及东北地区由于经济发展比较缓慢，企业品牌的发展程度较低，企业品牌价值也不高。这样，这些地区就只有少数品牌进入此次品牌价值的榜单。令人担忧的是，这种发展趋势在某种程度上阻碍了国内企业品牌事业的整体发展。①

（四）上榜品牌存续时间分布情况

图 4 为上榜品牌存续时间分布情况，从图中可以看出，上榜品牌存续时间主要分布在 11～30 年。20 世纪 80 年代，中国进入改革开放时期，中国企业在突破体制机制障碍中转型、诞生、成长，在市场经济的大潮中成熟、壮大。尤其是自 20 世纪 90 年代末开始，无论是国家政策还是市场环境都逐渐成熟，更多的企业开始创立并得到快速发展，企业品牌也伴随着企业的成长逐步形成并产生相应的影响力。②

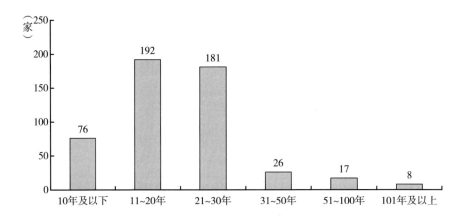

图4　上榜品牌存续时间分布

---

① 《2016 Asiabrand 北京品牌 100 强发布　金融界上榜》，金融界，2017 年 1 月 11 日，http：//finance. jrj. com. cn/2017/01/11174721956597. shtml。

② 《2017 中国品牌 500 强榜单及分析报告》，亚洲品牌网，2017 年 6 月 1 日，http：//cn500. asiabrand. cn/xinwen/861800203. html。

本次上榜品牌中，存续时间在 10 年及以下的企业数量比 11～20 年的企业数量要少，这说明企业的发展需要时间的积累，品牌的形成更需要时间的检验。①

（五）2017年中国企业价值评价500强榜单

表 2 是亚洲星云品牌管理（北京）有限公司发布的《2017 年中国企业价值评价 500 强榜单》，涉及全部 500 个企业品牌、所属行业、品牌价值以及据此做出的排名。

表2　2017 年中国企业价值评价 500 强榜单

单位：亿元

排名	企业品牌	所属行业	品牌价值
1	工商银行	货币金融服务	3465.50
2	中国石油	石油和天然气开采业	3381.20
3	华为	计算机、通信和其他电子设备	3283.71
4	中国石化	石油和天然气开采业	3237.92
5	阿里巴巴	互联网和相关服务	3152.53
6	国家电网	电力、热力生产和供应业	2976.94
7	腾讯	互联网和相关服务	2960.85
8	中国建筑	土木工程建筑业	2899.66
9	中国华信	电力、热力生产和供应业	2823.58
10	建设银行	货币金融服务	2793.36
11	中国移动	电信、广播电视和卫星传输服务	2696.97
12	农业银行	货币金融服务	2532.38
13	中国神华	电力、热力生产和供应业	2486.59
14	上汽集团	汽车制造业	2404.50
15	百度	互联网和相关服务	2277.16
16	中国银行	货币金融服务	2192.32
17	中国电信	电信、广播电视和卫星传输服务	2105.83
18	北汽集团	汽车制造业	2066.77

① 《2017 中国品牌 500 强榜单及分析报告》，亚洲品牌网，2017 年 6 月 1 日，http://cn500.asiabrand.cn/xinwen/861800203.html。

续表

排名	企业品牌	所属行业	品牌价值
19	中国中铁	土木工程建筑业	2051.79
20	万达	房地产	1991.50
21	大唐国际	电力、热力生产和供应业	1856.63
22	京东	互联网和相关服务	1835.94
23	中国铁建	土木工程建筑业	1823.05
24	招商银行	货币金融服务	1721.37
25	恒大集团	房地产	1631.96
26	北控集团	电力、热力生产和供应业	1529.49
27	长城汽车	汽车制造业	1461.78
28	中国出版集团	新闻和出版业	1455.22
29	中兴通讯	信息设备	1445.28
30	首钢	黑色金属冶炼和压延加工业	1429.15
31	五粮液	酒、饮料和精制茶制造业	1425.91
32	中国平安	保险业	1414.42
33	交通银行	货币金融服务	1397.92
34	浦发银行	货币金融服务	1368.65
35	中信集团	货币金融服务	1346.65
36	兴业银行	货币金融服务	1320.25
37	碧桂园	房地产	1302.65
38	国泰君安	资本市场服务	1281.82
39	三一重工	专用设备制造业	1262.65
40	中粮集团	食品制造	1230.88
41	修正药业	制药	1173.76
42	贵州茅台	酒、饮料和精制茶制造业	1169.28
43	美的集团	电气机械和器材制造业	1156.08
44	绿地集团	房地产	1139.83
45	国美电器	零售业	1139.73
46	金隅集团	房地产	1101.90
47	华润集团	房地产	1081.60
48	格力电器	电气机械和器材制造业	1070.14
49	万科	房地产	1039.57
50	北京银行	货币金融服务	1028.02
51	中国建材	非金属矿物制品业	1020.27
52	中国中车	铁路、船舶、航空航天	1014.99

续表

排名	企业品牌	所属行业	品牌价值
53	联想集团	计算机、通信和其他电子设备	1010.73
54	立白集团	化学原料和化学制品制造业	988.60
55	保利地产	房地产	975.47
56	国信证券	资本市场服务	957.87
57	民生银行	货币金融服务	909.07
58	宇通客车	汽车制造业	907.09
59	首创集团	水的生产和供应业	904.69
60	长安汽车	汽车制造业	901.64
61	万洲国际	食品制造	898.68
62	中国人寿	保险业	893.10
63	广汽集团	汽车制造业	887.90
64	海螺集团	非金属矿物制品业	809.01
65	光大银行	货币金融服务	770.09
66	中国联通	电信、广播电视和卫星传输服务	752.15
67	江西铜业	有色金属冶炼和压延加工	728.41
68	大秦铁路	铁路运输业	722.91
69	伊利股份	食品制造	720.30
70	中航集团	航空运输业	712.50
71	江苏银行	货币金融服务	711.80
72	扬子江药业	制药	705.26
73	海天味业	食品制造	650.39
74	广发证券	资本市场服务	640.15
75	申万宏源	资本市场服务	614.61
76	新浪	互联网和相关服务	606.63
77	三全食品	食品制造	595.37
78	网易	互联网和相关服务	591.45
79	上海家化	化学原料及化学制品制造业	586.02
80	洋河股份	酒、饮料和精制茶制造业	582.08
81	搜狐	互联网和相关服务	579.00
82	城投控股	房地产	573.28
83	青岛海尔	电气机械和器材制造业	570.26
84	华能国际	电力、热力生产和供应业	567.36
85	中科招商	其他金融业	560.09
86	海澜之家	服饰	559.05

续表

排名	企业品牌	所属行业	品牌价值
87	华泰证券	资本市场服务	533.36
88	长江电力	电力、热力生产和供应业	523.31
89	周大福	珠宝首饰	512.20
90	纳爱斯集团	化学原料和化学制品制造业	512.01
91	华域汽车	汽车制造业	504.32
92	蓝月亮	化学原料和化学制品制造业	502.30
93	泰康保险	保险业	499.75
94	华夏银行	货币金融服务	497.18
95	海通证券	资本市场服务	491.03
96	中国太保	保险业	489.93
97	富力地产	房地产	482.34
98	小米科技	计算机、通信和其他电子设备	478.33
99	新东方	教育	469.93
100	广日股份	通用设备制造业	467.25
101	温氏股份	畜牧业	466.41
102	徽商银行	货币金融服务	452.51
103	国投安信	资本市场服务	449.09
104	上海银行	货币金融服务	443.96
105	国盛基业	房地产	422.92
106	盛京银行	货币金融服务	413.38
107	清华紫光	计算机、通信和其他电子设备	409.79
108	贵阳银行	货币金融服务	404.45
109	方正集团	软件和信息技术服务业	393.10
110	南京银行	货币金融服务	392.90
111	协鑫集团	商务服务业	386.16
112	兴业证券	资本市场服务	376.18
113	吉林敖东	医药生物	374.56
114	南通三建	土木工程建筑业	369.93
115	广州药业	医药生物	368.06
116	山东魏桥	纺织业	366.02
117	周大生	珠宝首饰	364.82
118	泸州老窖	酒、饮料和精制茶制造业	362.84
119	垦丰种业	种植业与林业	357.65
120	和美医疗	商务服务业	355.10

续表

排名	企业品牌	所属行业	品牌价值
121	宁波银行	货币金融服务	350.93
122	东方明珠	电信、广播电视和卫星传输服务	348.98
123	首旅集团	商务服务业	348.11
124	亚厦股份	建筑材料	347.67
125	徐工机械	机械制造	344.71
126	国投电力	电力、热力生产和供应业	343.15
127	东软集团	计算机、通信和其他电子设备	341.09
128	中国医药	医药生物	337.42
129	天津银行	货币金融服务	337.24
130	步长制药	制药	334.37
131	中国国航	航空运输业	334.10
132	西安银行	货币金融服务	333.70
133	江铃汽车	汽车制造业	325.07
134	锦州银行	货币金融服务	323.60
135	苏宁	零售业	323.04
136	南充银行	货币金融服务	320.35
137	中大集团	汽车制造业	317.10
138	凤凰传媒	传媒	316.92
139	承德银行	货币金融服务	314.88
140	东方航空	航空运输业	314.27
141	分众传媒	传媒	312.84
142	宝信软件	信息服务	311.31
143	新华保险	保险业	309.83
144	中南传媒	新闻和出版业	309.29
145	好未来	教育	309.29
146	东方雨虹	非金属矿物制品业	308.70
147	成都银行	货币金融服务	301.58
148	云南白药	制药	299.83
149	中文传媒	传媒	299.67
150	福耀玻璃	非金属矿物制品业	297.30
151	川投能源	电力、热力生产和供应业	295.64
152	哈尔滨银行	货币金融服务	295.40
153	周生生	珠宝首饰	294.93
154	永安期货	其他金融业	290.58

续表

排名	企业品牌	所属行业	品牌价值
155	中信国安	电信、广播电视和卫星传输服务	290.48
156	完达山	食品制造	290.32
157	红狮集团	商务服务业	290.18
158	晶龙实业	化学原料和化学制品制造业	290.13
159	利郎	服饰	289.52
160	方正证券	资本市场服务	288.73
161	信中利	其他金融业	288.48
162	新希望	农副食品加工业	288.47
163	浙能电力	电力、热力生产和供应业	284.12
164	杭州银行	货币金融服务	283.77
165	海南航空	航空运输业	283.03
166	上海机场	航空运输业	282.69
167	华闻传媒	传媒	282.35
168	恺英网络	传媒	278.35
169	西南证券	资本市场服务	274.97
170	TCL集团	计算机、通信和其他电子设备	272.82
171	老凤祥	珠宝首饰	270.22
172	中国化学	土木工程建筑业	268.86
173	南方航空	航空运输业	262.56
174	森马服饰	服饰	260.14
175	信立泰	医药生物	258.04
176	潍柴动力	交运设备	257.92
177	华谊兄弟	广播、电视、电影和影视录音	257.85
178	中国电影	传媒	256.65
179	隆平高科	农业	255.10
180	皖江金租	货币金融服务	254.90
181	谢瑞麟	珠宝首饰	254.61
182	同仁堂	制药	253.04
183	阿特斯	电力、热力生产和供应业	250.10
184	华夏幸福	房地产	249.10
185	电广传媒	传媒	242.41
186	阳谷电缆	建材	242.25
187	娃哈哈	酒、饮料和精制茶制造业	239.26
188	复星医药	医药生物	239.11

续表

排名	企业品牌	所属行业	品牌价值
189	大地传媒	传媒	232.51
190	两面针	化工	232.47
191	金风科技	通用设备制造业	230.42
192	六福珠宝	珠宝首饰	226.22
193	中天城投	房地产	223.14
194	金龙汽车	汽车制造业	218.62
195	金螳螂	建筑装饰和其他建筑业	215.49
196	南京证券	资本市场服务	214.90
197	寰亚电影	文化娱乐	213.84
198	郎酒	酒、饮料和精制茶制造业	212.90
199	东方财富	互联网和相关服务	212.49
200	华媒控股	新闻和出版业	211.92
201	蓝色光标	传媒	207.37
202	锦江股份	餐饮旅游	207.15
203	首农集团	畜牧业	206.97
204	青岛啤酒	酒、饮料和精制茶制造业	204.86
205	全聚德	餐饮	204.43
206	中视传媒	传媒	203.17
207	硅谷天堂	其他金融业	203.05
208	新湖中宝（戴梦得）	房地产	198.51
209	三安光电	计算机、通信和其他电子设备	195.35
210	柳工机械	机械制造	195.00
211	白云机场	航空运输业	193.56
212	湘财证券	资本市场服务	192.71
213	华电国际	电力、热力生产和供应业	191.20
214	雅百特	建筑装饰和其他建筑业	190.92
215	金雅福	珠宝首饰	190.06
216	中天科技	信息设备	189.71
217	同花顺	软件和信息技术服务业	188.90
218	东方电子	电气机械和器材制造业	187.69
219	老板电器	电气机械和器材制造业	187.69
220	南方传媒	新闻和出版业	186.41
221	双汇发展	农副食品加工业	185.36
222	百丽	皮革、毛皮、羽毛及其制品和制鞋	185.19

续表

排名	企业品牌	所属行业	品牌价值
223	桂冠电力	电力、热力生产和供应业	185.00
224	中材国际	建筑材料	182.12
225	乐普医疗	专用设备制造业	182.12
226	伟仕佳杰	软件和信息技术服务业	181.68
227	盼盼食品	食品制造	181.26
228	新华网	传媒	180.73
229	汤臣倍健	食品饮料	180.60
230	天娱传媒	传媒	180.51
231	广电运通	通用设备制造业	180.40
232	华侨城	公共设施管理业	178.15
233	海油工程	采掘服务	175.57
234	浙报传媒	传媒	174.50
235	探路者	服饰	173.86
236	爱柯迪	汽车制造业	173.82
237	宋城演艺	文化娱乐	172.60
238	天士力	医药生物	171.58
239	兴达泡塑	化学原料及化学制品制造业	171.35
240	汇源	酒、饮料和精制茶制造业	170.66
241	华龙证券	资本市场服务	170.62
242	时代出版	传媒	170.36
243	吴裕泰	酒、饮料和精制茶制造业	170.36
244	明利股份	仓储业	169.57
245	东阿阿胶	医药生物	167.68
246	老庙黄金	珠宝首饰	165.51
247	国电南瑞	软件和信息技术服务业	165.36
248	人民网	传媒	165.24
249	德云社	文化娱乐	164.62
250	长江传媒	传媒	162.11
251	合全药业	制药	160.60
252	光线传媒	传媒	159.52
253	中国康富	租赁业	157.61
254	海康威视	计算机、通信和其他电子设备	157.30
255	雅戈尔	服饰	155.02
256	际华集团	服饰	152.96

续表

排名	企业品牌	所属行业	品牌价值
257	盈谷股份	其他制造业	151.01
258	博纳影业	广播、电视、电影和影视录音	147.05
259	上海机电	通用设备制造业	145.20
260	华图教育	教育	141.54
261	明牌珠宝	珠宝首饰	139.98
262	恒信玺利	珠宝首饰	138.62
263	中国国旅	商务服务业	138.61
264	中国盐业	食品制造	138.59
265	九立股份	商务服务业	138.56
266	伯特利	汽车制造业	136.63
267	古井贡酒	酒、饮料和精制茶制造业	136.27
268	承德露露	酒、饮料和精制茶制造业	136.18
269	翰林汇	批发业	135.10
270	山东再担	商务服务业	134.41
271	北大荒	农业	133.67
272	润丰股份	化学原料及化学制品制造业	133.35
273	富源科技	非金属矿物制品业	132.97
274	深装总	建筑装饰和其他建筑业	132.39
275	维泰股份	房屋建筑业	132.03
276	英皇娱乐	娱乐业	130.53
277	山东绿霸	化学原料及化学制品制造业	129.77
278	远大住工	房屋建筑业	129.70
279	史丹利	化学原料及化学制品制造业	129.37
280	蓝天燃气	燃气水务	129.36
281	祥云股份	化学原料及化学制品制造业	129.21
282	张裕	酒、饮料和精制茶制造业	129.20
283	索菲亚	家具制造业	129.02
284	苏泊尔	金属制品业	128.14
285	白云山	酒、饮料和精制茶制造业	127.24
286	东方证券	资本市场服务	127.01
287	华新能源	专业技术服务业	126.75
288	新产业	专用设备制造业	125.81
289	中牧股份	医药生物	124.80
290	宏济堂	制药	124.47

续表

排名	企业品牌	所属行业	品牌价值
291	蓝思科技	计算机、通信和其他电子设备	124.31
292	德泓国际	纺织业	123.70
293	山东海运	水上运输业	123.45
294	盛景网联	商务服务业	123.05
295	东风股份	印刷和记录媒介复制业	122.77
296	电联股份	计算机、通信和其他电子设备	122.20
297	中科软	软件和信息技术服务业	120.98
298	达利食品	食品制造	120.91
299	正信光电	电气机械和器材制造业	119.41
300	长江证券	资本市场服务	118.94
301	江苏有线	信息服务	118.76
302	银都股份	通用设备制造业	115.94
303	登海种业	农业	114.66
304	远东国际	化学原料及化学制品制造业	114.41
305	开心麻花	文化娱乐	114.24
306	众享互动	商务服务业	113.85
307	用友网络	软件和信息技术服务业	112.61
308	中谷股份	水上运输业	112.21
309	赢鼎教育	教育	111.95
310	文灿股份	汽车制造业	111.50
311	恒生电子	软件和信息技术服务业	110.54
312	康恩贝	制药	110.45
313	富安娜	纺织业	110.42
314	体育之窗	综合	109.84
315	古越龙山	酒、饮料和精制茶制造业	109.56
316	王府井	零售业	109.30
317	滨化集团	化工	109.17
318	上海科邦	专用设备制造业	109.15
319	云南力帆	汽车制造业	108.74
320	洛娃集团	综合	108.27
321	飞科电器	电气机械和器材制造业	107.20
322	恒瑞医药	制药	106.37
323	北方重工	机械制造	106.22
324	润建通信	软件和信息技术服务业	106.08

续表

排名	企业品牌	所属行业	品牌价值
325	奔腾集团	零售业	105.70
326	浙江龙盛	化学原料及化学制品制造业	105.22
327	智慧能源	电气机械和器材制造业	105.05
328	乐视网	互联网和相关服务	104.26
329	金海股份	金属制品业	103.97
330	舒华股份	文教、工美、体育和娱乐用品	103.82
331	赛特斯	软件和信息技术服务业	103.28
332	慧云股份	软件和信息技术服务业	103.03
333	新疆大全	化学原料及化学制品制造业	103.00
334	华清飞扬	互联网和相关服务	102.88
335	重庆水务	水的生产和供应业	102.49
336	贯石发展	商务服务业	102.15
337	晨光文具	文教、工美、体育和娱乐用品	101.23
338	金一文化	轻工制造	100.05
339	丽珠集团	医药生物	99.69
340	潮宏基	轻工制造	99.61
341	墨麟股份	软件和信息技术服务业	99.47
342	参仙源	农业	99.33
343	实力文化	传媒	99.30
344	歌华有线	电信、广播电视和卫星传输服务	99.28
345	山西汾酒	酒、饮料和精制茶制造业	98.74
346	中标集团	建筑装饰和其他建筑业	98.64
347	清园股份	公共设施管理业	98.09
348	华帝股份	电气机械和器材制造业	97.99
349	长江医药	医药生物	97.77
350	新大陆	信息设备	97.50
351	欧神诺	非金属矿物制品业	97.13
352	中青旅	商务服务业	97.08
353	中联环	生态保护和环境治理业	96.90
354	贵州百灵	制药	96.57
355	鸿禧能源	电气机械和器材制造业	96.55
356	国轩高科	机械制造	95.98
357	宁波公运	道路运输业	95.67
358	城市传媒	传媒	95.33

排名	企业品牌	所属行业	品牌价值
359	九芝堂	制药	95.18
360	中外名人	传媒	95.18
361	伊莱特	金属制品业	94.77
362	洪涛股份	建筑装饰和其他建筑业	94.55
363	广州发展	能源	94.51
364	唐人影视	广播、电视、电影和影视录音	94.44
365	四环锌锗	有色金属冶炼和压延加工	94.12
366	九州风行	商务服务业	94.00
367	鑫灏源	其他制造业	93.98
368	宏发新材	非金属矿物制品业	93.79
369	远洋亿家	房地产	93.61
370	京能电力	电力、热力生产和供应业	93.41
371	洽洽食品	农副食品加工业	93.37
372	汇元科技	互联网和相关服务	93.32
373	网宿科技	软件和信息技术服务业	93.10
374	康美药业	制药	92.61
375	信威集团	计算机、通信和其他电子设备	92.44
376	好莱客	家具制造业	92.07
377	有友食品	农副食品加工业	92.05
378	航天信息	计算机、通信和其他电子设备	91.81
379	全美在线	教育	91.61
380	鹿城银行	货币金融服务	91.61
381	欧迅体育	传媒	91.32
382	慧居科技	电力、热力生产和供应业	91.10
383	多想互动	商务服务业	91.01
384	宝润兴业	软件和信息技术服务业	90.92
385	桂林三金	制药	90.87
386	公准股份	农副食品加工业	90.74
387	联合金融	商务服务业	90.56
388	海博小贷	货币金融服务	90.31
389	正泰电器	电气机械和器材制造业	90.08
390	完美世界	互联网和相关服务	89.98
391	力港网络	互联网和相关服务	89.72
392	品胜股份	电气机械和器材制造业	89.46

续表

排名	企业品牌	所属行业	品牌价值
393	中兵通信	计算机、通信和其他电子设备	89.23
394	康铭盛	电气机械和器材制造业	89.22
395	正和生态	生态保护和环境治理业	89.21
396	港龙股份	纺织业	88.92
397	葵花药业	制药	88.73
398	新疆火炬	燃气生产和供应业	88.59
399	酷铺商贸	批发零售	88.38
400	南京化纤	化学纤维制造业	88.29
401	金舟股份	建筑安装业	88.12
402	中邮基金	资本市场服务	88.02
403	生物股份	医药生物	87.90
404	一诺威	化学原料及化学制品制造业	87.89
405	天职咨询	专业技术服务业	87.69
406	华谊嘉信	传媒	87.51
407	中清能	电力、热力生产和供应业	87.34
408	嘉宝股份	房地产	87.16
409	杉杉股份	电气机械和器材制造业	86.85
410	广东明珠	批发业	86.77
411	宇邦新材	有色金属冶炼和压延加工	86.71
412	宏源农牧	农业	86.70
413	立马车业	机械制造	86.69
414	和治友德	制药	86.64
415	全球联盟天下	批发零售	86.58
416	前海云集品	零售业	86.52
417	新昌国贸	批发零售	86.46
418	DJG|大长金	珠宝首饰	86.35
419	武船	机械制造	86.33
420	力诺瑞特	能源	86.29
421	君诚管道	建材	86.27
422	商鲲教育	教育	86.14
423	金奉祥	珠宝首饰	86.10
424	朗盛化学	化工	86.07
425	品尚豆捞	餐饮	86.04
426	日新科技	电力、热力生产和供应业	86.03

续表

排名	企业品牌	所属行业	品牌价值
427	嘉泰数控	通用设备制造业	86.01
428	立通道路	土木工程建筑业	85.98
429	星光影视	计算机、通信和其他电子设备制造业	85.92
430	宁波水表	仪器仪表制造业	85.89
431	华光光电	计算机、通信和其他电子设备	85.88
432	旋极信息	软件和信息技术服务业	85.60
433	欧贝黎	电力、热力生产和供应业	85.58
434	九牧王	服饰	85.37
435	常隆客车	汽车制造业	85.36
436	宏远电器	其他制造业	85.35
437	中建信息	批发业	85.34
438	苏州园林	土木工程建筑业	85.10
439	之信集团	汽车制造业	85.09
440	保千里	计算机、通信和其他电子设备	85.04
441	掌游天下	互联网和相关服务	85.03
442	顺博合金	有色金属冶炼和压延加工	84.96
443	贵太太	农副食品加工业	84.73
444	科华控股	汽车制造业	84.67
445	和力辰光	广播、电视、电影和影视录音	84.58
446	开源证券	资本市场服务	84.49
447	鸿基股份	化学原料及化学制品制造业	84.28
448	保通食品	农副食品加工业	84.07
449	贵人鸟	服饰	83.92
450	万信电子	软件和信息技术服务业	83.77
451	大华股份	计算机、通信和其他电子设备	83.72
452	伟星新材	橡胶和塑料制品业	83.70
453	通灵股份	电气机械和器材制造业	83.61
454	山东高速	道路运输业	83.47
455	宁沪高速	道路运输业	83.38
456	新丝路	纺织业	83.36
457	润星科技	通用设备制造业	83.34
458	双翼科技	计算机、通信和其他电子设备	83.15
459	通策医疗	医药生物	83.03
460	康平铁科	铁路、船舶、航空航天和其他	82.56

续表

排名	企业品牌	所属行业	品牌价值
461	中驰股份	生态保护和环境治理业	82.54
462	宏达小贷	货币金融服务	82.53
463	康力电梯	通用设备制造业	82.34
464	亦嗪母婴集团	健康服务	82.33
465	湘佳牧业	畜牧业	82.32
466	恐龙园	娱乐业	82.09
467	通化东宝	制药	82.08
468	福能租赁	租赁业	82.03
469	威派格	专用设备制造业	81.92
470	有棵树	零售业	81.85
471	和君商学	其他服务业	81.83
472	源耀生物	农副食品加工业	81.80
473	美克家居	零售业	81.71
474	源和药业	制药	81.57
475	凡学教育	教育	81.42
476	奥鹏教育	教育	81.33
477	横店东磁	电气机械和器材制造业	81.28
478	苏北花卉	土木工程建筑业	81.16
479	亿邦制药	制药	81.04
480	上海莱士	医药生物	80.98
481	东北证券	资本市场服务	80.92
482	同禹药包	医药生物	80.86
483	湘村股份	畜牧业	80.81
484	星昊医药	制药	80.76
485	东华软件	软件和信息技术服务业	80.72
486	环球国际	其他金融业	80.70
487	美易家	房地产	80.65
488	凌志环保	生态保护和环境治理业	80.59
489	桑尼能源	电气机械和器材制造业	80.58
490	本山传媒	传媒	80.53
491	株百股份	零售业	80.50
492	奥祥通风	铁路、船舶、航空航天和其他	80.48
493	天济草堂	医药生物	80.47
494	小勇机器人	电子通信	80.45

续表

排名	企业品牌	所属行业	品牌价值
495	南桐特种水泥	建材	80.41
496	华科数通	互联网和相关服务	79.94
497	太原邦意	机械制造	79.61
498	龙王食品	食品制造	79.48
499	中快餐饮	餐饮	79.46
500	茂硕电源	能源	78.58

资料来源:《2017 中国品牌 500 强排行榜》, 亚洲品牌网, 2017 年 6 月 1 日, http://cn500. asiabrand. cn/lijiebangdan/161700200. html。

六 中国企业品牌建设的努力方向

面对日益激烈的市场竞争,加大品牌建设力度,增加品牌建设投入,是企业在激烈的市场竞争中求生存、谋发展的不可或缺的重要战略方向。

(一)传播上的创新

对品牌而言,寻找与用户间新的接触点以及对价值观进行更新这两个方面都需要紧跟时代的步伐,力求创新。企业品牌要与消费者产生交流互动,除了产品和服务之外,还要不断寻找更全面、更及时、更有效的传播媒体,同时力求形式新颖有趣。传统的报刊、户外广告、广播、电视等的作用虽然不容小觑,但其互动性太差,已经无法满足新时代品牌传播的新需求。现在的 Facebook、Instagram、Twitter、微博、微信、视频网站等新媒体以及品牌微电影、原生广告、网红营销、事件营销等新的表现形式都是品牌与用户之间沟通的新方式。这些新方式的运用也让品牌形象的传播更为迅速,传播面也更广。同时,考察现有的广告就会发现,很多广告相互之间的区别不明显,没有自己的个性和特点,无法给人留下深刻的印象进而让人记住。因此,企业在自己的品牌营销活动中,不妨尝试反差性媒体投放策略,寻求避开大型知名品牌的攻势而独辟蹊径,追求传播的直效性。

（二）要在品质与服务两方面下功夫

事实上，广告做得好只是品牌的"面子工程"，真正能够让人记住的，是品牌的"里子"，也就是品牌产品的质量，人们消费的是质量靠得住的产品和服务，而不是广告。不在质量上下功夫，广告做得再好也不能使企业品牌获得可持续的发展。也就是说，品质才是品牌能够长久生存进而发展壮大的根本。比尔·盖茨说："在现代商业竞争中，服务是最后一道大餐。"服务，在品牌时代越来越具有重要的意义。[①] 例如，在中国的家电行业，科龙集团是行业巨头之一，它推出了著名的"全程无忧"的服务品牌，这是国内家电行业服务品牌建设的先声。虽然有一些房地产企业也开始注重产品的售后服务工作，但远未形成完整的行业服务理念，相当多的企业还只是喊一些口号。总之，企业要想在市场竞争中站稳脚跟进而获得发展，就一定要在服务领域下足功夫，也就是要将自己的服务品牌化。在现代社会，企业必须在品质和服务两方面同时发力，才能创立具有持久生命力和价值的企业品牌。

（三）加强企业文化建设，为品牌注入精气神

目前，企业总是高喊"顾客是上帝"，但问题是，从趋势看，将来有可能是"提供产品或服务的组织是上帝"。消费者有可能感谢企业，因为是企业刺激了他们潜在的需求，也许有朝一日有人会说："没有您的产品或服务，我真不知道日子会是什么样！"未来，消费者有可能因认同某企业的企业文化，进而会主动传播这个企业的文化，形成一种文化共享的局面，在这个过程中，消费该企业品牌下的产品或服务就是一种愉快的生活体验和享受。所以，那些有追求的企业，其品牌建设工作绝不会忽略自身的企业文化建设。当然，企业文化与品牌各有侧重。企业文化强调内部的认同，基本属

---

① 《企业文化的重要性和企业品牌建设》，爱问网，http：//ishare.iask.sina.com.cn/f/iFjx28Da63.html。

于管理的范畴，品牌建设追求的是外部认同，是经营活动的一部分。努力将外部认同内部化，又将内部认同外部化，实现内外认同一体化，是企业品牌建设的主要任务。企业文化建设是企业品牌建设工作的基础，企业文化是品牌建设的本源，而品牌则是企业文化、企业精神的标志和旗帜。市场力量（客户、消费者）对企业文化的辨认就是通过品牌来实现的。那些缺乏文化底蕴的品牌终将是苍白的，是难以持久的。也就是说，不重视企业文化建设就不可能创立有价值的品牌。

特别值得一提的是，要防止急功近利、忽视企业文化建设的品牌炒作，炒作出来的品牌是经不起市场经济的狂风巨浪的。那些炒作出来的品牌，一时、一地有可能成功，但很可能是昙花一现，难以持久。当年的某些强势品牌，如秦池、三株、巨人等，可谓红极一时，但在昙花一现之后悄然落幕，已经不再被人们提起了。

（四）通过品牌整合建立品牌管理的科学体系

一段时间以来，企业受制于技术手段、资金、市场等条件，其品牌管理常常表现为不是多品牌运营就是各品牌独自运营。基于现状，根据品牌建设的时代要求，建立科学的品牌管理体系就必须处理好企业的战略性品牌与市场化主导品牌之间的相互关系。要坚决避免企业自有品牌间竞争导致的资源耗散和浪费，避免各企业自有品牌由于个性过于相近而给消费者造成的印象混乱，避免和杜绝产品性能过于相近而导致的难以定价。"非战略性品牌"要服从"战略性品牌"，既要注重品牌差异化，又要考虑企业技术开发和生产之间必要的相互协同。

企业的管理层要对企业自有品牌进行整体规划、指导、协调和监督，必要时请专业公司管理企业相关品牌的营销运营，以各种必要的方式保证品牌建设的有效性。现代企业品牌是非常复杂的一个商业系统，各品牌间应该追求"双赢"甚至"多赢"，这种多元一体化理念应该成为企业品牌管理的共识。

越来越多的中国企业正在"走出去"，已经或将要参与国际市场的竞争，这就要求中国的企业主动寻找与世界一流企业的差距并尽快弥补这些差距，进而在企业品牌建设方面获得必要的优势。总的来说，名牌总是意味着先进的技术、过硬的标准、可靠的质量、优良的服务和严格的管理。当今世界，科学技术在飞速发展，科技成果也在加速向生产力转化，企业的综合竞争力实质上体现的是科学技术上的竞争力，这就意味着企业要创立和建设知名品牌，就必须加大研发投入。

总之，中国企业品牌建设还有很多要做的事，还有很长的路要走。对有志于在新时代的国际国内市场上一显身手、扬名立万的企业来说，挑战与机遇同在。

（五）创设科学的品牌价值评价机制，致力于中国企业品牌竞争力的提升

中国的企业品牌建设水平总体上看远不能满足经济社会发展的要求，特别是中国拥有的国际知名品牌数量还相当有限。与世界一流品牌企业相比，中国企业的核心竞争力普遍还是比较弱的，造成这一局面的原因中有一条就是中国企业对品牌建设的意义认识不足，尤其是对品牌价值评价还相当陌生。

简单地说，品牌价值是指一个品牌所蕴含的利益与资产。对商标品牌价值进行评价不能仅仅局限于其货币价值，还要揭示有形资产、质量、服务、技术创新和无形资产等要素对品牌价值的影响。只有这样，品牌价值评价才能充分发挥自身作用，引导企业尤其是中小企业有针对性地采取改进措施，加强品牌管理，提升品牌价值，增强企业竞争力。[①]

企业从事品牌建设就是要坚持提升产品质量、提高服务水平、从事技术创新，这是一个需要持之以恒的过程，其实质也就是企业实现资产增值的过程。因此，进行科学公正的品牌价值评价，对于激发企业的活力是十分重

---

① 刘平均：《商标品牌经济时代，如何实现"三个转变"、打造中国品牌?》，标天下网，2017 年 7 月 24 日，http://biaotianxia.com/article/4081.html。

要的。

近年来，中国开始注重品牌价值评价研究，已经取得了某些阶段性成果。例如，中国品牌建设促进会从 2013 年开始，连续 4 年开展品牌价值公益评价，这是建立有中国特色品牌价值评价机制的可贵探索。总体来看，这一评价机制实现了四个方面的创新。① 其一，厘清了相对完整的品牌价值评价要素；其二，实施了分类评价；其三，实施了区域品牌价值评价；其四，以发明专利为切入点，对自主创新企业的品牌开展了价值评价。②

亚洲星云品牌管理（北京）有限公司积累了 10 多年的品牌管理经验，创立的具有独享知识产权的品牌价值评价体系也是一个具有较强可操作性和较高科学性的品牌价值评价机制。我们相信，通过中国企业界和品牌管理从业者的共同努力，中国企业品牌价值的提升是完全可以期待的。

---

① 刘平均：《商标品牌经济时代，如何实现"三个转变"、打造中国品牌?》，标天下网，2017年 7 月 14 日，http://biaotianxia.com/article/4081.html。
② 刘平均：《商标品牌经济时代，如何实现"三个转变"、打造中国品牌?》，标天下网，2017年 7 月 14 日，http://biaotianxia.com/article/4081.html。

行 业 报 告

Industry Reports

中国制药行业的企业品牌
建设及其价值评价

周 君*

摘　要：　此次上榜品牌中，修正药业集团的品牌价值约为 1173.76 亿
元，在制药行业排名第 1 位，排第 100 位的浙江仙琚制药股
份有限公司的品牌价值约为 0.78 亿元，100 强的平均品牌价
值约为 86.78 亿元。在 100 个上榜品牌中，品牌价值超过 100
亿元的企业有 15 家，品牌价值为 10 亿～100 亿元的企业有
65 家。榜单上前 10 强品牌的总价值占 100 强品牌总价值的
50.05%，前 20 强品牌的总价值占 100 强品牌总价值的
63.44%，这说明中国制药行业的品牌整体发展比较缓慢，除
了榜首企业，其他企业的品牌价值普遍较低。由于核心竞争

* 周君，1983 年 7 月毕业于兰州大学经济系，获学士学位，现为亚洲品牌研究院院长，研究方
向为企业管理、品牌管理。

品牌蓝皮书

力不足，无论是国内企业品牌还是国际企业品牌都缺乏较强的竞争力，这也就表现为行业品牌价值偏低。通过调研发现，现阶段的制药行业产品同化现象极其严重，自主创新能力较差，导致其行业内品牌竞争异常激烈。由于制药行业的特殊性，品牌仅依靠其产品便很容易建立牢固的客户关系，品牌沟通相对较少，只有12%的客户了解制药行业的品牌。8.3%的客户认同制药行业的品牌是其购买决策的主导依据，这表明制药行业的品牌策略是依靠时间的积累去提升客户的信任度进而提升对产品的忠诚度的，而不是针对品牌。91.7%的客户认为产品是良好品牌必备的特性，这表明良好的产品表现为制药行业的品牌发展提供了坚实的基础。

关键词： 品牌　品牌价值评价　制药行业

一　全球制药行业发展现状及国际顶尖品牌表现

（一）行业概述

制药作为一个行业是我国国民经济的重要组成部分，它是一个传统和现代相结合形成的产业。其主要门类包括化学原料药及制剂、中药材、中药饮片、中成药、抗生素、生物制品、生化药品、放射性药品、医疗器械、卫生材料、制药机械、药用包装材料及医药商业。制药行业对于保护和增进人民健康、提高生活质量、计划生育、救灾防疫、军需战备建设以及促进经济发展和社会进步均具有十分重要的作用。①

---

① 《中国医药行业调查分析及发展趋势预测报告（2015～2020年）》，中国产业调研网，http://www.cir.cn/R_YiYaoBaoJian/05/YiYaoFaZhanQuShiYuCeFenXi.html。

044

（二）行业特点

制药行业具有典型的连续性生产制造的特点，其生产能力相对缓慢且稳定，但始终欣欣向上不容忽视。作为受国家政策影响远大于其他领域的行业，制药行业主要具备以下特点。

1. 高科技

制药行业是一个多学科融合、先进技术和手段高度交汇的高科技产业集群，拥有核心的科学技术是企业在市场竞争中独占鳌头的重要手段和持续发展的动力。从 20 世纪后期至今，新技术、新材料、新领域的研发、探究和应用极大地解决了疑难杂症无法医治的问题，为寻找医治威胁人类健康疾病的药物和手段发挥了重要的作用，也为人类健康事业做出了极大的贡献，使制药产业发生了革命性的变化。

2. 高投入

制药行业从早期的研究到后期的量产，再到最终上市后的市场开发，都需要高资本的投入。尤其是新药在研发过程中耗资大、耗时久，成本投入极高。目前，世界上每种药物从研发到临床再到上市平均需要花费 12 ~ 15 年时间，且过程复杂、严格。以美国为例，从 2010 年至今，市场规模已扩大了 1 倍。而我国用于研究和试验的经费也已突破万亿元大关。

3. 高风险

（1）行业风险

众所周知，GMP 管理①是制药企业生存的条件，是企业获得生产经营资

---

① "GMP" 是英文 Good Manufacturing Practice 的缩写，中文的意思是 "良好作业规范"，或是 "优良制造标准"，是一种特别注重在生产过程中实施对产品质量与卫生安全的自主性管理制度。它是一套适用于制药、食品等行业的强制性标准，要求企业从原料、人员、设施设备、生产过程、包装运输、质量控制等方面按国家有关法规达到卫生质量要求，形成一套可操作的作业规范，帮助企业改善企业卫生环境，及时发现生产过程中存在的问题，并加以改善。简要地说，GMP 要求食品生产企业拥有良好的生产设备、合理的生产过程、完善的质量管理和严格的检测系统，确保最终产品的质量（包括食品安全卫生）符合法规要求。
《药品生产质量管理规范》是药品生产和质量管理的基本准则，适用于药品制剂生产的全过程和原料药生产中影响成品质量的关键工序。大力推行药品 GMP，是为了（转下页注）

格的通行证。一款药品从研发到上市要经历一个漫长的过程，并且需要经过合成提取、生物筛选、药理毒理临床试验等一系列过程，还需要经历人体临床试验，继而注册上市和售后监督诸多复杂的环节。在此过程中，各个环节都存在着很大风险。在临床应用过程中，一旦发现有不良的反应和后果，随时都会被终止应用。所以，药品的成功率很低。

（2）政策风险

鉴于制药行业的特殊性，该行业可能是受法律法规、政策影响、政府行为干预最多、最严、最深的行业之一。影响制药行业的宏观政策因素不仅包括卫生管理法规，而且包括药品管理制度以及药品注册、生产、流通规定等。

各个国家的政策对制药行业的影响都很大。当然，由于各个国家的国情和政策不同，在医疗、药品等方面的支出费用也不尽相同，所以各国对其制药行业影响的相对程度也有差别。

4. 高利润

相较于其他行业，制药行业是一个严重未被满足需求的市场，而且是健康保障的刚需。随着人口老龄化问题的凸显和环境的不断恶化，客观上要求制药行业必须不断推陈出新，以满足日益扩大的医疗需求。由于药品实行专利保护，再加上投入较高，制药行业在药品研究开发方面享有市场独占权，所以制药公司的产品一旦上市，其高昂的药品售价就会为其带来高额的利润回报。制药行业数据显示，一些世界知名品牌企业的销售利润率极高，平均达22%[1]，而一般行业的企业销售利润率达到10%就相当高了，这样的利润率是相当惊人的。

5. 非周期性

制药行业与生命科学息息相关，由于生命科学是永无止境，且不断

（接上页注①）最大限度地避免药品生产过程中的污染和交叉污染，降低各种差错的发生率，是提高药品质量的重要措施。世界卫生组织于20世纪60年代中期开始组织制定药品GMP，中国则从20世纪80年代开始推行。

① 《深圳市生物医药产业发展分析研究》，文档投稿赚钱网，2017年6月12日，https：//max. book118. com/html/2017/0612/114338886. shtm。

探索发展的，所以制药行业是永远成长和发展的行业。由于制药行业的刚需特性，可以说，制药行业是典型的非周期性行业，并且具有很强的抵抗风险的能力，即便发生金融危机，制药行业仍然能够保持平稳的增长态势。

（三）全球制药行业发展现状

根据 IMS 发布的《2018 全球医药市场展望》①，自 2014 年起，全球医药支出持续增长，金额从 2014 年的 400 亿美元上升至 2018 年的 700 亿美元。以美国、德国、法国、意大利、西班牙、英国和日本为主导的发达国家市场是医药支出增长的主体。未来 5 年，21 个新兴医药市场在全世界医药支出增长中的份额有可能进一步增加。而在发达国家的市场结构中，美国市场将继续居于第一位，占全球药物支出总量的 1/3。

在全球人口持续增长、人口老龄化和新兴医药市场医疗普及等各种因素的影响之下，据估计，2018 年全球医药总支出将达 1.28 万亿～1.31 万亿美元，与 2013 年相比，将增加 2900 亿～3200 亿美元。②

1. 主要国家医药产业发展态势

中投顾问发布的《2018～2022 年中国生物医药产业园区深度分析及发展规划咨询建议报告》③ 资料显示，目前，全球生物医药产业呈现集聚发展态势，主要集中分布在美国、欧洲、日本、印度、中国等地区，其中美、欧、日等发达国家或地区占据主导地位。④

拿发展得最好的美国来说，其生物医药产业已在世界上确立了代际优

---

① IMS Health（艾美仕市场研究公司）是全球领先的为医药健康产业提供专业信息和战略咨询服务的公司。艾美仕市场研究公司在全世界 100 多个国家开展市场研究服务，在亚太区的 18 个国家都设有分支机构，是制药和保健行业全球领先的市场情报资源提供商。

② 《2017 年全球医药行业发展趋势分析》，中国产业信息网，2016 年 12 月 16 日，http：// www.chyxx.com/industry/201612/478200.html。

③ 《2018～2022 年中国生物医药产业园区深度分析及发展规划咨询建议报告》，中国投资咨询网，2018 年 4 月 18 日，http：//www.ocn.com.cn/2012/1297shengwuyiyaochanyeyuanqu.shtml。

④ 《国内外生物医药产业发展状况分析》，中国投资咨询网，2016 年 12 月 20 日，http：// www.ocn.com.cn/chanye/201612/asuyk20100400.shtml。

势，即相比最接近的竞争对手如英国、德国等生物医药强国，美国在技术和产业发展上要至少先进两代以上。① 目前，美国在旧金山、波士顿、华盛顿、北卡罗来纳、圣迭戈已经形成了五大生物技术产业区。

再看英国，英国是仅次于美国的生物医药研发强国，其产业的科学基础是其他欧洲国家所无法比拟的，在这一领域，英国已经获得了 20 多个诺贝尔奖。在园区发展方面，英国剑桥生物技术园区已成长为世界最大且从事最尖端科研的生物技术园区之一。目前，英国生物医药产业主要分布于伦敦、牛津、剑桥、爱丁堡等高等院校及科研机构密集的地区。②

亚洲的印度目前生物医药产业发展十分迅速，将生物医药与信息学不断融合，是印度生物医药产业发展的一大特色，印度已成为亚太地区五个新兴生物科技领先的国家和地区之一。印度自 20 世纪 80 年代开始重视生物技术的研发，出台了各种优惠政策以吸引国内外的投资。目前，印度生物医药产业主要分布于班加罗尔、浦那、海得拉巴、新德里、勒克瑙等地区。③

在日本，生物医药领域的起步晚于欧美国家，但发展非常迅猛。日本在 2002 年 12 月提出"生物技术产业立国"的口号，经济产业省出台了产业园区计划，积极推进产业园区的形成，形成了包含各种高科技的主题园区 18 个，而其中的 11 个都是以生物技术或生命科学为重点的产业园区，如大阪生物技术产业园区、神户地区产业园区和北海道生物技术产业园区等。目前，日本的生物医药产业主要分布于东京、北海道、关西等地区。④

---

① 《美国生物医药产业发展借鉴与思考》，百度文库，2016 年 12 月 24 日，https://max. book118. com/html/2016/1224/76406119. shtm。
② 《美国生物医药产业发展借鉴与思考》，百度文库，2016 年 12 月 24 日，https://max. book118. com/html/2016/1224/76406119. shtm。
③ 《美国生物医药产业发展借鉴与思考》，百度文库，2016 年 12 月 24 日，https://max. book118. com/html/2016/1224/76406119. shtm。
④ 《美国生物医药产业发展借鉴与思考》，百度文库，2016 年 12 月 24 日，https://max. book118. com/html/2016/1224/76406119. shtm。

2. 竞争力分析

2016 年 10 月的一项关于全球各主要经济体（国家）生物制药行业竞争力及投资环境（Biopharmaceutical Competitiveness & Investment，BCI）的研究报告显示，经济发展状况（人均 GDP）与 BCI 基本上是呈正相关关系的。但是各经济体的 BCI 指标与其市场容量（总 GDP）关系不大……中国大陆、印度、巴西、俄罗斯等国家或地区落在了后面……而新加坡、韩国、中国台湾、以色列等同为新兴市场的国家或地区已经走到了前列。[①]

研究还表明，即便是成熟市场国家，其 BCI 值也不能避免政府政策的影响。例如，加拿大加强了对专利利用的监管，澳大利亚对源头公司的连带责任惩罚等政策都被看作对研发及投资环境产生了不利的影响，因此其 BCI 指标得分较低。相反，给予研发、监管、市场准入和知识产权系统良好政策环境的成熟市场国家（美国、瑞士、英国等），其 BCI 指标的得分都很高。[②]

（四）国际顶尖品牌表现

1. 美国强生公司

美国强生（Johnson & Johnson）公司是世界上规模最大、产品多元化的医疗卫生保健品及消费者护理产品公司[③]，成立于 1886 年，在全球 57 个国家建立了 230 多家分公司，雇用了 11.6 万余名员工，其产品销往全球 175 个国家和地区。强生公司旗下拥有强生婴儿、露得清、可伶可俐、娇爽、邦迪、达克宁、泰诺等众多知名品牌。[④]

---

① 《2016 年各国生物制药行业竞争力排名》，搜狐网，2016 年 10 月 31 日，http://www.sohu.com/a/117670013_465956。

② 《2016 年各国生物制药行业竞争力排名》，搜狐网，2016 年 10 月 31 日，http://www.sohu.com/a/117670013_465956。

③ 《强生》，百度百科，https://baike.baidu.com/item/% E5% BC% BA E7% 94% 9F/1533441？fr = aladdin。

④ 《强生简介》，百度文库，2016 年 3 月 15 日，https://wenku.baidu.com/view/27ddd64fd1f34693dbef3e1d.html。

2016 年财务报告显示，强生公司实现了 718.9 亿美元的销售额，相较于 2015 年增长率只有 2.6%。2016 年，强生公司处方药业务实现销售额 334.6 亿美元，同比增长 6.5%，已经占到总营业收入的近一半。但这种增长也主要体现在本土市场方面。2016 年，强生公司在本土市场的销售额增长 9.8%，而在国际市场的销售额仅增长 1.8%，相比之下增长幅度略小。①

（1）业务特点

强生公司实施跨国经营，进行多元化战略设计，根据科技研发能力主攻制药、医疗器械及诊断、个人消费品及护理产品三大领域。

强生公司规模最大的产品业务是制药，占比为 45%，医疗器械与诊断设备则是强生公司第二大产品业务，这部分业务的产品还包括心血管支架产品、人工膝关节和髋关节、ACCUVUE 隐形眼镜、血糖测量仪、Ethicon 缝合材料和内窥镜仪器等，但强生公司最为消费者所熟悉的产品业务则是占比仅为 14% 的个人消费品及护理产品，旗下的沐浴液、爽身粉等产品在市场上都占有很大的份额。②

（2）创新表现

强生公司已经连续四年被评为全球最具创新精神的制药企业，多年来一直在积极寻找新的理念和技术，推动药物研发和推广。目前强生公司正在从预防医学、大数据、创新孵育器三个方面不断创新。

强生公司正在通过持续创新来降低整个医疗卫生系统的成本。目前大多数制药公司的核心项目仍然是药物制造，并向患者提供这些药物。强生公司希望在继续前行中努力改变人们对未来医疗的看法，未来的医疗，应是预防重于治愈。

因此，强生公司着眼于如何更好地预测和预防疾病，并发起了一个疾病拦截计划，其疾病拦截加速器单元整合了创新科学、新颖疗法、精准诊断和

---

① 《弃车保帅聚焦核心药品，中国市场成外资药企福地》，搜狐网，2017 年 2 月 20 日，http：//www.sohu.com/a/126702376_202317。

② 《强生公司经营介绍》，淘豆网，http：//www.taodocs.com/p－50028338.html。

新业务模式，通过大数据分析，为世界各地的人们开发解决方案。

强生公司在世界各地的创新热点城市内设立基地，包括旧金山、波士顿、上海和伦敦等。这些基地的管理人员和技术专家负责寻找和建立与本地机构的联系，以寻求创新的科学技术、投资机会和新颖想法。

2. 美国辉瑞公司

美国辉瑞公司创建于 1849 年，迄今已有近 170 年的历史，总部位于美国纽约，是目前全球最大的以研发为基础的生物制药公司。[①] 辉瑞公司的产品覆盖了包括化学药物、生物制剂、疫苗、健康药物等在内的诸多广泛而极具潜力的治疗及健康领域。[②]

辉瑞公司早在 20 世纪 80 年代就已经进入了中国，它目前是在华最大的外资制药企业。目前，辉瑞公司在中国有 1 万多名员工，其业务覆盖了全国 250 余个城市。[③] 辉瑞生物制药在华上市的创新药物已超过 50 种，其治疗领域涵盖了心脑血管及代谢、抗感染、中枢神经、抗炎镇痛、抗肿瘤、泌尿、血液健康（包括血友病）等诸多领域。[④]

2016 年，美国《制药经理人》杂志发布了基于处方药销售排名的全球制药 50 强名单。名单最显著的变化之一是辉瑞公司在两年之后重新超越诺华，再次成为全球制药 50 强榜首。自 2002 年开始，一直处在全球制药企业榜首的辉瑞公司，在 2013 年首次被诺华所取代，成为业界第二名，次年被罗氏超越滑落到第三位。2016 年辉瑞公司重归第一，仍是处方药销售的行业领导者。[⑤]

（1）品牌历史

早期，辉瑞公司的主要业务是生产化工产品，当然也生产药物。1928

① 《辉瑞公司》，百度百科，https：//baike. baidu. com/item/辉瑞公司/2042475？fr = aladdin。
② 《辉瑞公司》，百度百科，https：//baike. baidu. com/item/辉瑞公司/2042475？fr = aladdin。
③ 《辉瑞——全球最大的制药公司》，老虎证券网，2017 年 8 月 31 日，http：//www. psrar. com/2017/08/31/。
④ 《辉瑞公司》，百度百科，https：//baike. baidu. com/item/辉瑞公司/2042475？fr = aladdin。
⑤ 《2016 年中国医药行业市场运行现状及投资前景分析》，搜狐网，2016 年 10 月 20 日，http：//www. sohu. com/a/116602049_ 499186。

年，青霉素被发现。辉瑞公司以此为契机开始生产抗生素。1998年以后，辉瑞公司因其开发的万艾可在商业上获得巨大成功而先后吞并了华纳兰伯特公司和法玛西亚公司，成为美国最大的药品生产企业。2009年辉瑞公司宣布正式完成了对惠氏公司的收购，其全球最大药品制造商的地位得到了进一步的巩固。①

（2）业务特点

辉瑞公司作为目前世界最大的制药公司，凭借其强大的产品线和出众的营销能力，近年来一直稳居医药类公司前列。辉瑞公司的收入主要来源于以下几个方面：生物化学制药、动物制药、保健类药物以及营养品业务。

关于生物化学制药，辉瑞公司拥有强大的产品线，包括心血管、内分泌、神经系统、泌尿系统、抗感染类等各个方面。从销售额来看，有12个销售额在10亿美元以上的"重磅炸弹式"的药物，包括用于降低血脂的立普妥，2011年销售额为96亿美元、治疗神经系统疾病的乐瑞卡，2011年销售额为37亿美元、预防肺炎的13价肺炎疫苗沛儿，等等。②

辉瑞公司还有世界上销量最大的动物制药，包括面向兽医和家畜生产者的疫苗、驱虫药、抗感染药、药物性饲料添加剂以及其他药品。2011年实现销售额42亿美元，相较于2010年，保持了17%以上的增长速度。

辉瑞公司的保健品业务主要来自合并前的惠氏公司，主要有钙尔奇、维生素等产品。2011年销售额为30亿美元，相较于2010年，保持了10%以上的增长。

辉瑞公司的营养品业务也主要来自合并前的惠氏公司，主要有婴幼儿配方奶粉、成人奶粉等产品。2011年销售额为21亿美元，比2010年增长

---

① 《辉瑞公司》，百度百科，https：//baike. baidu. com/item/辉瑞公司/2042475？fr = aladdin。
② 《辉瑞公司战略分析》，百度文库，https：//wenku. baidu. com/view/8b87dbf3581b6bd97e19ea6d. html。

15%。①

（3）研究与开发

辉瑞公司的愿景是在充满活力与多元的文化中发展无与伦比的创新产品、一流的内外部科学技术和业界领先的生产力。辉瑞公司宣称将继续运用自身的综合优势，努力寻找最具创新和最有价值的医疗解决方案，为人类健康服务。

位于上海张江高科技园区的辉瑞中国研发中心（CRDC）是辉瑞公司在亚太地区重要的研发枢纽，为辉瑞公司全球范围内的生物及化学制药研究与开发项目提供支持服务。除了与药物开发有关的活动外，该中心还设有亚洲研究团队，执行与协调辉瑞公司的亚洲研究战略，并与亚洲各地的学术研究机构、临床实验机构（CRO）以及政府研究机构合作，增强亚洲地区的研究能力。到目前为止，辉瑞中国研发中心投资额已超过 1.5 亿美元，现有各类研发人员 900 余人，并在武汉光谷生物产业中心成立分中心，大大扩展了其在国内的研发规模和合作领域。②

二　中国制药行业发展现状

20 世纪 80 年代，随着改革开放序幕的拉开，中国加快了大力发展现代产业的步伐，制药行业随之获得空前的发展。

根据国家统计局的统计，2016 年我国医药行业主营业务收入达到 28062.9 亿元，同比增长 9.7%；行业实现利润总额 3002.9 亿元，同比增长 13.9%。③ 与之前的行业发展态势相比，医药制造业增速已经明显放缓，但受我国人口老龄化、全面放开二孩政策、医改政策继续深入、人均收入水平

① 《辉瑞公司战略分析》，百度文库，https：//wenku. baidu. com/view/8b87dbf3581b6bd97e19ea6d. html。
② 《辉瑞公司》，百度百科，https：//baike. baidu. com/item/辉瑞公司/2042475？ fr = aladdin。
③ 《2016 年中国医药行业经营利润持续增长　毛利率小幅上升》，360doc 个人图书馆，2017 年 2 月 27 日，http：//www. 360doc. com/content/17/0227/11/40574178_ 632372377. shtml。

提高等因素的影响，"十三五"期间医药制造业将长期维持在中高速平稳增长的新常态。①

另据商务部公布的数据，近年来，包括药品批发企业、药品零售企业和药品零售药店在内的药品流通企业的市场销售规模持续扩大，2014年药品流通企业的销售总额达15021亿元，同比增长15.23%。在《全国药品流通行业发展规划纲要（2011～2015年）》的指导下，药品流通企业的流通效率有所提升，销售规模持续扩大，经济效益稳步增长，总体呈现持续向好的发展态势。

从行业整体规模来看，2015年我国药品流通市场销售规模继续扩大。全年药品流通行业销售总额为16613亿元，扣除不可比因素同比增长10.2%。其中，药品零售市场销售额为3323亿元，扣除不可比因素同比增长8.6%。②

在中国，药品的需求量逐年增加，这与人口数量、人口结构和患病率密切相关。对于人口数量和人口结构，国家能够出台相应的政策加以控制，但是在患病率方面，控制难度相对较大。在我国历次的卫生普查中，1998年、2003年、2008年和2013年居民两周患病率分别为15%、14.3%、18.9%和24.1%。③ 由此可见，居民患病率呈现逐年上升的趋势。值得注意的是，患病率大幅提升的主要原因是人口老龄化。

由此可见，伴随我国社会经济的持续发展、现代产业结构现代化步伐的不断加快，制药行业的政策扶持力度会逐渐加大，资金投入也将不断增加。而人们健康意识的不断增强，以及人口老龄化和环境污染等社会问题的日益加剧，也将加速药品市场销售数量和销售额进一步增加。因此，制药行业将拥有巨大的发展空间。

---

① 《2017年我国医药行业发展现状分析》，中国产业信息网，2017年7月21日，http：//www.chyxx.com/industry/201707/543320.html。
② 《2017年我国医药行业发展现状分析》，中国产业信息网，2017年7月21日，http：//www.chyxx.com/industry/201707/543320.html。
③ 《2016年中国医药行业市场运行现状及投资前景分析》，搜狐网，2016年10月20日，http：//www.sohu.com/a/116602049_499186。

三 中国制药行业品牌价值100强
分析报告及领军品牌表现

（一）《2017 Asiabrand 中国制药行业品牌价值100强榜单》解读①

此次上榜品牌中，修正药业集团占据排行榜第 1 位，其品牌价值约为 1173.76 亿元，第 100 强浙江仙琚制药股份有限公司的品牌价值约为 0.78 亿元，100 强的平均品牌价值约为 86.78 亿元。②

上榜品牌中，品牌价值超过 100 亿元的企业有 15 家，品牌价值为 10 亿~100 亿元的企业有 65 家。③ 中国制药行业品牌价值分布情况见图 1。

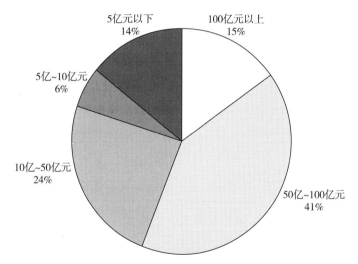

图1 中国制药行业品牌价值分布情况

资料来源：《2017 中国制药行业品牌 100 强榜单及分析报告》，亚洲品牌网，2017 年 6 月 1 日，http://cn500. asiabrand. cn/xinwen/861800207. html。

---

① 《2017 中国制药行业品牌 100 强榜单及分析报告》，亚洲品牌网，2017 年 6 月 1 日，http://cn500. asiabrand. cn/xinwen/861800207. html。

② 《2017 中国制药行业品牌 100 强榜单及分析报告》，亚洲品牌网，2017 年 6 月 1 日，http://cn500. asiabrand. cn/xinwen/861800207. html。

③ 《2017 中国制药行业品牌 100 强榜单及分析报告》，亚洲品牌网，2017 年 6 月 1 日，http://cn500. asiabrand. cn/xinwen/861800207. html。

上榜品牌中，前 10 强品牌的总价值占 100 强品牌总价值的 50.05%，前 20 强品牌的总价值占 100 强品牌总价值的 63.44%，这说明中国制药行业的品牌整体发展缓慢，除了榜首企业，其他企业的品牌价值较低。由于缺乏核心竞争力，无论是国内企业品牌还是国际企业品牌都缺乏竞争力，表现为行业品牌价值偏低。[1]

（二）中国制药行业品牌现状

通过调研发现，现阶段的制药行业产品同化现象极其严重，自主创新能力较差，导致其行业内品牌竞争异常激烈。由于制药行业的特殊性，品牌仅依靠其产品便很容易建立牢固的客户关系，品牌沟通相对较少，只有 12% 的客户了解制药行业的品牌。8.3% 的客户认同制药行业的品牌是其购买决策的主导依据，这表明制药行业的品牌策略是依靠时间的积累去提升客户的信任度进而提升对产品的忠诚度的，而不是针对品牌。91.7% 的客户认为产品是良好品牌必备的特性，这表明良好的产品表现为制药行业的品牌发展提供了坚实的基础。

（三）中国医药行业领军品牌表现

1. 修正药业集团

修正药业集团于 1995 年 5 月由董事长修涞贵创立，是集中成药、化学制药、生物制药的科研生产营销、药品连锁经营、中药材标准栽培于一体的大型现代化民营制药企业。[2] 修正药业集团在突出药品主业的同时，还规范涉猎大健康产业、旅游业和房地产业，有志于多元化和国际化发展。[3]

截至 2016 年底，集团下辖 127 个子公司，拥有员工 10 万余人，存量资

---

① 《2017 中国制药行业品牌 100 强榜单及分析报告》，亚洲品牌网，2017 年 6 月 1 日，http：//cn500. asiabrand. cn/xinwen/861800207. html。
② 《修正药业集团营销有限公司建百年修正》，3156 医药网，2013 年 4 月 28 日，http：//zixun. 3156. cn/u10000 a118119. shtml。
③ 《修正药业集团企业介绍》，猎聘网，https：//www. liepin. com/job/21403561945. shtml。

产达 170 亿元。拥有 24 种剂型,医药、保健品等品种 2000 余个,其中独家品种 109 个。销售过亿元的品种有 50 多个,过 10 亿元的品种有 20 余个,具有开发潜力的品种有 50 多个。其中,通过二次开发培育了肺宁、消糜栓、六味地黄、颈腰康、益气养血等 10 多个销售额在 5 亿元以上的大品种;采用新型制剂技术开发斯达舒微丸、分散片,确保了修正药业集团在国内胃药市场的地位。修正药业集团拥有集科技管理、创新药物研究、新技术成果转化于一体的科研体系,拥有中高级技术专家 300 余人,取得授权专利 700 余个,荣获国家级科技进步奖 7 个。拥有一系列国家认定的研究机构,集团科技创新中心旗下拥有北京修正新药物研究院、修正生物医药(杭州)研究院、北京药膳研究院等 6 个研究院所。集团每年的科研经费投入为 10 亿元左右。修正药业集团 2016 年工业总产值为 646 亿元,实现销售收入 636 亿元,在 2016 年度中国制药工业百强榜中,修正药业集团名列第二。①

(1)创新表现

修正药业集团科技创新中心经过 15 年的建设,形成了集科技管理、创新药物研究、新技术成果转化于一体的科研体系。集团坚持以市场为导向、社会效益与经济效益并重的研发思路,努力实现创新药物研发的"差异化、特色化",做到"生产一代、研发一代、储备一代"。多年来,开发并投产上市的新药品有 80 个,保健食品、保健卫生用品、化妆品共计 200 多种,完成工艺技术攻关 400 余项,实现质量标准提升 300 余项。承担国家重大科技项目 32 项、省级科技项目 116 项、市级科技项目 18 项。拥有一批享有自主知识产权的大品种和核心技术,已获国家授权专利 252 项,其中发明专利 58 项、实用新型专利 6 项。

修正药业集团科技创新中心根据"建百年修正"的战略目标要求,坚持中成药、化学制药、生物制药、健康科技、养生保健等领域全面发展,致力于为人类健康事业做出更大的贡献。

---

① 《修正药业集团简介》,修正药业官网,2012 年 8 月 24 日,http://www.xiuzheng.com/zjxz/jtjj/2012 - 08 - 24/20. html。

（2）营销表现

第一，跨界营销。

在多年摸索"创新营销"的道路上，修正药业集团不论是产品营销还是品牌营销，都强调实践突破与创新。修正药业集团的独特之处在于，特别注重选择那些受众黏合度和关联度高的营销平台，强调广告投放的话题性、高关注度与品牌契合度。①

在 2016 年 6 月 16 日至 8 月 15 日的中超联赛中，修正药业集团以比赛积分榜与赛程冠名、字母条展示、口播、中插广告等方式在乐视视频、乐视体育、乐视 App 等多维度的硬广曝光，实现了霸屏中超，如何让跨行业的硬广投放无违和感，且能达到良好的营销效果呢？对此，修正药业集团从内容关联、受众圈层融合、情境一致三个维度打造与乐视平台的深度跨界营销模式。②

修正药业集团还将宣传阵地延伸至中国名片——高铁，以国家品牌的高度，提升修正品牌影响力，是修正药业集团全面布局品牌战略的一个新开端。近年来，随着中国技术的快速发展，中国高铁已发展成为中国新名片，成为大国实力的象征。"修元正本，造福苍生"，修正药业集团斥巨资选择高铁阵地，通过大传播、大平台，依托高铁品牌的优势，将修正药业集团以民为本的服务理念传递至数亿乘客。"十年企业做市场，百年企业做品牌"，修正药业集团斥巨资打造高铁品牌专列，标志着修正药业集团在品牌升级的进程中迈出了坚实的一步，更展示出修正药业集团建设百年民族品牌的雄心。对于整个医药行业而言，修正药业集团以高铁为基点打通传播生态圈的战略布局，具有极大的借鉴意义。

第二，内容营销。

修正药业集团在网络情景剧《废柴兄弟》中实施了从产品、道具植入

① 《修正药业李佳：医药领域的营销创变者》，搜狐网，2017 年 1 月 11 日，http://www.sohu.com/a/123993056_120899。

② 《修正药业李佳："健康中国"理念引领修正持续打造医药民族品牌》，县城经济中国网，2017 年 1 月 11 日，http://xyjj.china.com.cn/2017-01/11/content_9279591.htm。

到剧情、理念植入的完美升级，借助剧中幽默诙谐且极具正能量的废柴创业故事和精神将修正药业集团的健康理念传达给广大的"废柴迷"，以"品牌＋IP"深度捆绑的形式成为医药类企业营销的新典范。①

2016年修正药业集团为凤凰视频大型谈话类节目《锵锵三人行》冠名，与名嘴主持窦文涛及两岸三地传媒界名嘴精英，一起讨论天下大事，并结合社会热点植入修正品牌理念，让修正品牌以话题形式走进观众的视野。② 与此同时，修正药业集团还与凤凰平台金牌栏目《鲁豫有约》冠名合作、原创时政脱口秀节目《又来了TalkShow》赞助合作，再次形成与情感对话、时事话题吐槽类谈话节目的黏性连接。③

第三，开启"健康正能量"营销模式。

近年来，修正药业集团致力于大健康产业，获得了迅速的发展。按照修正药业集团董事长修涞贵的说法，就是修正药业集团要在"三修"（修元、修养、修正）的大健康理念引导下，不断规划、完善大健康产业发展布局，线上线下O2O全面应对"已病防变"和"未病先防"，向"大健康"领域层层深入，实现修正"大健康"宏伟蓝图。④

2. 扬子江药业集团

扬子江药业集团创建于1971年，是一家跨地区、产学研相结合、科工贸一体化的国家大型医药企业集团，也是科技部命名的全国首批创新型企业。⑤

2016年12月12日，"2016年中国品牌价值榜"揭晓，扬子江药业集团

---

① 《修正药业李佳："健康中国"理念引领修正持续打造医药民族品牌》，县城经济中国网，2017年1月11日，http：//xyjj. china. com. cn/2017－01/11/content_ 9279591. htm。

② 《修正药业李佳："健康中国"理念引领修正持续打造医药民族品牌》，县城经济中国网，2017年1月11日，http：//xyjj. china. com. cn/2017－01/11/content_ 9279591. htm。

③ 《修正药业李佳："健康中国"理念引领修正持续打造医药民族品牌》，县城经济中国网，2017年1月11日，http：//xyjj. china. com. cn/2017－01/11/content_ 9279591. htm。

④ 《修正药业李佳：做医药营销创新者　创"健康中国"下民族品牌》，凤凰商业，2017年2月24日，http：//biz. ifeng. com/a/20170224/44547660_ 0. shtml。

⑤ 《公司新闻》，扬子江药业集团官网，http：//www. yangzijiang. com/html/gsnews _ detail. aspx？id＝3797。

以953分的品牌强度和228.42亿元的品牌价值荣获中国生物医药板块品牌强度、品牌价值双料冠军。①

2017年上半年，扬子江药业集团累计实现产值345亿元、销售收入340亿元、利税41.8亿元，同比分别增长14.5%、14.3%和14.6%，集团总部缴纳税收17.33亿元，同比增长16.5%。②

（1）创新表现

扬子江药业集团坚持将技术创新、管理创新作为企业发展的重要支柱，创造性地提出"基于黄金圈法则的药品质量风险管控模式"，在提升研发能力、质量控制水平、品牌价值、经济效益等方面成果显著。2016年集团研发投入超过16亿元，近五年研发投入占比均超过3.1%，拥有国家级新药研发平台4个，以博士、硕士为核心的研发团队1200多人（占员工总数的9%），建立了涵盖12个治疗领域、20余种剂型、330个品规的庞大产品群。

扬子江药业集团在北京、上海、广州、成都、泰州等地建立了创新小分子、生物大分子、化学仿制药和中药研发中心，并在美国、荷兰、中国香港等地设立信息站，广泛收集新药信息和人才资源，聘请了某国际知名制药企业全球研发副总裁担任药物研究院院长，邀请10余位"海归"专家学者加盟公司，主持创新药研发，拓展创新团队的国际化视野，提升技术创新水平。

扬子江药业集团已获国家科技进步奖3项、省部级科技进步奖10项，主导制定国际中药材质量标准5项、国家药品标准180余项，授权发明专利130余件，另申请PCT专利10件，其中5件PCT已获得20余个国家授权。集团有15个产品被列入国家火炬计划，10个产品被评为国家重点新产品，近百个产品被评为省级高新技术产品，先后获得国家创

---

① 《求索进取，护佑众生——奋进中的扬子江药业集团》，扬子江药业集团官网，http://www.yangzijiang.com/html/company.aspx。

② 《扬子江药业集团今年上半年实现销售收入340亿元》，苏中在线，2017年7月1日，http://news.szzaix.com/szcj/newsshow-78128.html。

新型企业、技术创新示范企业、中国医药研发产品线最佳工业企业等多项创新荣誉。[1]

（2）企业责任

长期以来，扬子江药业集团坚持回报社会，积极主动履行社会责任，在赈灾、扶贫、拥军、助学等活动中始终不甘人后。2000年以来，持续16年独家资助中华医学科技奖评选。至今已累计向社会捐赠款物总价值超过4亿元。[2]

四 影响中国制药行业企业品牌价值提升的因素

（一）制药企业多而杂

据不完全统计，现阶段中国制药企业数量约为4800家，其中国有大型药企占总数的20%~30%，70%为民营企业。[3] 大多数企业专业化水平不高，缺乏研发能力，并且缺乏自身品牌和特色药品。大多数企业不仅规模小、设备陈旧，而且技术水平落后、管理水平较低、生产条件较差，生产能力远远低于世界先进水平。

（二）市场集中度不高

我国制药企业不仅数量多、规模小，而且布局不合理，制药企业按照行政区划分而不是按照药品的合理流向设置。有些地区大大小小的制药企业有上百家，但有些地区制药企业只有几家，这与全国医药大流通、全国统一市场的矛盾十分突出。我国药品生产和流通企业的市场集中度普遍较低，这就

① 《扬子江药业集团有限公司》，百度百科，https：//baike. baidu. com/item/fr = aladdin。
② 《喜迎十九大 新华日报整版解读扬子江药业集团砥砺奋进的这五年》，扬子江药业集团官网，2017年10月26日，http：//gufen. yangzijiang. com/news_ view. asp？ id = 180。
③ 《药品一致性评价引发4800家药企重洗牌》，财新网，2016年6月6日，http：//companies. caixin. com/2016 – 06 – 06/100951787. html。

使其难以获得与处于垄断地位的医疗机构平等的谈判地位，从而难以获得相应的经济利益。

（三）研发投入不足，影响产业持续发展

国家统计局统计数据显示，2013 年我国医药制造业规模以上企业研发投入仅为 266.9 亿元，占相应营业收入的比重仅为 1.30%。[①] 这与欧美发达国家的平均水平（研发投入占营业收入的 15% ~ 20%）相比，差距十分明显，这是我国制药行业科技发展和创新能力提高的巨大障碍。

（四）药物品种与原材料品种不匹配

中国是世界上药品原材料的生产大国。但是药品的研究开发技术不高、水平比较低，大多数药品的质量不高，难以进入国际市场。在中国，平均一种药品的原材料只能做成三种药品，而国外一种药品的原材料能够做成几十种药品。所以，如果研究开发技术落后，药品的质量稳定性也就相对不高。

五 中国制药行业发展趋势

（一）全球医药中心正在转向中国

自 1978 年至今，我国的医药市场迎来了辉煌的发展时期，平均销售收入递增幅度远高于全球医药市场的平均水平。国内市场旺盛的需求成为中国医药产业发展的动力源。自中国加入 WTO 后，全球医药市场变化不小，其中最重要的一个变化就是越来越多的全球跨国医药企业将原料药产品转移给中国企业生产，而很多的国外企业也史无前例地与中国企业合作，甚至有一部分国外企业干脆直接被中国企业并购或者收购。这些举措不仅给中国带来

---

① 《2017 年中国医药工业行业市场供求状况及行业变动趋势及影响行业发展的有利和不利因素》，中国产业信息网，2017 年 5 月 21 日，http://www.chyxx.com/industry/201705/524362.html。

了先进的仪器设备、先进的技术和成熟的安全质量理念，而且给中国的医药市场带来了订单和利润，更重要的是提升了我国医药行业的核心竞争力和国际地位。

近年来，世界制药企业纷纷落户中国，其中不乏一些国际化的知名大公司，中国成熟的市场环境为其提供了优良的研发环境和巨大的市场空间。①

在国内，北京中关村、上海张江高科技园区、成都高新区、西安高新区等地区涌现出一大批医药研发公司。这些公司不仅承接来自国际的医药研发外包业务，自身也不断加大投入，努力研发新技术、新药品，在国内带头实践和推广国际的 GLP 和 GCP 标准。② 不仅如此，在开展业务的同时，也培养了大批优秀人才，为中国的制药行业做出了重要的贡献。

跨国医药公司在华建立医药研发中心和加大投资力度，势必带动中国制药行业的整体发展，为中国的制药企业带来更多合作和学习的机会。同时，也会为中国的制药企业在科技创新和新药研发方面带来极大的支持。与国际优秀医药企业合作，共同研发、共享成果，加快了我国制药产业的发展进程。

（二）国内外资本市场青睐中国制药产业

2017 年 4 月 8 日，在"中国医疗健康产业投资 50 人论坛首届年会"上，中国医药企业管理协会副会长王学恭发表讲话，对医药行业经济指标、面临的机遇和挑战，以及未来行业的发展趋势等问题进行了深入分

---

① 《中国医药行业要勇于直面医药政策与环境》，中国制药网，2018 年 1 月 7 日，http：//www.zyzhan.com/tech_news/detail/4698.html。

② GCP 是 Good Clinical Practice 的缩写，中文名称为"药品临床试验管理规范"，是规范药品临床试验全过程的标准规定，其目的在于保证临床试验过程的规范，使结果科学可靠，保护受试者的权益并保障其安全。GLP 是 Good Laboratory Practice 的缩写，中文直译为"优良实验室规范"。GLP 是就实验室实验研究从计划、实验、监督、记录到实验报告等一系列管理活动而制定的法规性文件，涉及实验室工作的所有方面。它主要是针对医药、农药、食品添加剂、化妆品、兽药等进行的安全性评价实验而制定的规范。制定 GLP 的主要目的是严格控制化学品安全性评价试验的各个环节，即严格控制可能影响实验结果准确性的各种主客观因素，减少实验误差，确保实验结果的真实性。

析。自 2016 年以来，医药行业总营业收入为 2.9 万亿元，比上年增长 0.9%。医药行业的增加值增速为 10.6%，高于全国平均增加值增速，仅次于汽车制造业排名第二。① 由此可见，中国医药行业的市场需求量巨大，且行业的价值呈现逐年上升的态势，行业利润率高。这对国内外资本有极大的吸引力。

近年来，国内外资本持续关注中国制药产业，投资机构数量显著增加，这些投资机构既包括许多世界著名的投资银行，如高盛、美林、软银、鼎晖和蓝山等，也包括许多国内的优秀投资机构，如九鼎投资、高特佳、元禾控股等。2016 年，国内外投资中国制药企业的资本机构数量达到 226 家，是 2010 年参与医药行业投资机构数量的 2 倍多。② 这些国内外投资机构在帮助中国制药企业实现增资的同时，也成功打通了中国制药企业通向国际资本市场的通道，促进了中国制药产业的国际化进程。

国内外投资机构投资有潜能和有价值的中国制药企业，从中获取了资本回报；而获得投资的企业，其技术和产品迅速走向市场，获得了源源不断的发展动力。

（三）"中国制造"走出国门的时机正在到来

长期以来，中国医药市场所使用的药品以国外品牌为主，其中一些尖端的科研技术和用于治疗疑难杂症、重大疾病的药品更是牢牢掌握在一些国际知名医药企业手中。除了中药之外，中国自主研发的技术和药品少之又少。中国药品走向世界，一直是中国制药行业的梦想。时至今日，随着国家综合实力的增强，政府对医药领域给予了足够的重视和关注，在医药领域培养了一批优秀人才，中国制药行业已经具备了一定的基础和条件。GMP、GCP、

---

① 《两位院士、20 位 A 股药企掌门、50 位投资大佬认为三年后行业趋势会这样！》，新药汇网，2017 年 4 月 9 日，http://www.xinyaohui.com/news/201704/09/9375.html.
② 《清科观察：〈2017 医药行业投资研究报告〉发布，深度解析医药行业 2017 投资策略》，投资界，2017 年 3 月 17 日，http://research.pedaily.cn/201703/20170327410697.shtml.

GLP、GSP 等质量规范的推行和 EHS 管理体系的建设①，更让中国的制药产业迈上一个新台阶。一大批出国深造的专业人才和在跨国公司工作多年的"海归"人员的回国发展，加快了我国制药行业的发展步伐，因此，中国制药行业"走出去"的时机已经成熟，这将带动中国制药行业实现更大的跨越。

---

① GMP 是药品生产质量管理规范，GCP 是药物临床试验质量管理规范，GLP 是药物非临床研究质量管理规范，GSP 是药品经营质量管理规范。EHS 是环境（Environment）、健康（Health）、安全（Safety）的英文缩写。EHS 管理体系是对环境管理体系（EMS）和职业健康安全管理体系（OHSMS）两个体系的整合。

B.3
中国食品行业的企业品牌建设及其价值评价

张聪明 *

摘　要： 此次上榜品牌中，中粮集团有限公司的品牌价值约为
1118.98 亿元，在食品行业排名第 1 位，排名第 100 位的烟
台枫林食品股份有限公司的品牌价值约为 0.11 亿元，100
强的平均品牌价值约为 79.67 亿元。在 100 个上榜品牌中，
品牌价值超过 100 亿元的企业有 17 家，品牌价值为 10 亿~
100 亿元的企业有 45 家。榜单上前 10 强品牌的总价值占
100 强品牌总价值的 57.65%，前 20 强品牌的总价值占 100
强品牌总价值的 75.95%，这说明中国食品行业的品牌发展
处于相对健康的状态，虽然排名靠前的企业品牌价值较高，
但整个行业的品牌策略偏于保守，导致榜单的品牌价值较
低。因此，大部分企业的品牌价值有待提升。然而，现阶
段食品行业品牌的发展形势依然不容乐观。“雷同”的品牌
策略导致食品行业品牌缺乏独特性，差异化的品牌竞争将
是食品行业未来的主流策略。安全与信任问题是制约中国
食品行业品牌发展的一个重要问题，这在某种程度上也为
国外食品品牌占有一定的市场份额提供了条件。分析榜单
可以发现，食品行业品牌发展并不均衡，排名靠前的品牌
几乎垄断了食品行业，行业内大量中低端品牌竞争激烈。

---

* 张聪明，博士，中国社会科学院俄罗斯东欧中亚研究所研究员，研究方向为转轨经济、企业
制度、企业文化等。

关键词： 品牌 品牌价值评价 食品行业

一 全球食品行业发展现状及国际顶尖品牌表现

（一）行业概述

食品是指各种供人食用或饮用的成品和原料，以及按照传统既是食品又是药品的物品，但不包括以治疗为目的的物品。[①] 食品内涵的第一部分是指加工后的食物，即供人食用或饮用的成品；第二部分是指通过种植、饲养、捕捞、狩猎获得的食物，即食品原料；第三部分是指食药两用物品，即既是食品又是药品的动植物原料，但不包括药品。因此，食品科学家把食品的定义简述为：食品是有益于人体健康并能满足食欲的物品。[②]

食品行业是对农、林、牧、副、渔等部门生产的产品进行加工制造以取得食品的生产部门，与人们的生活密切相关。[③]

（二）行业分类

食品行业所涉门类十分广泛，一般来说可分为十大类：制糖工业、发酵工业、粮油加工、罐头食品加工、烟草工业、饮料工业、调味品工业、屠宰加工、食品冷藏工业及食品加工废料利用工业。但是根据第三次工业普查的分类方法，食品行业包括采盐业、食品加工业、食品制造业、饮料制造业、烟草加工业五个部分。[④]

---

① 《食品行业定义及分类》，中国报告大厅网，2014 年 8 月 29 日，http：//m. chinabgao. com/k/shipin/12394. html。

② 《食品行业定义及分类》，中国报告大厅网，2014 年 8 月 29 日，http：//m. chinabgao. com/k/shipin/12394. html。

③ 《食品行业研究报告》，文档投稿赚钱网，2014 年 3 月 19 日，https：//max. book118. com/html/2014/0319/6740624. shtm。

④ 《了解食品行业的概况及发展趋势》，百度文库，https：//wenku. baidu. com/view/8e0787a9e2bd960591c67775. html。

其中，采盐业可细分为盐加工业；食品加工业及食品制造业分为粮食加工业、植物油加工业、糕点及糖果制造业、制糖业、屠宰及肉类加工业、蛋品加工业、乳品加工业、水产品加工业、罐头食品制造业、加工盐业、食品添加制造业、调味品制造业及其他食品制造业①；饮料制造业分为饮料酒制造业、酒精制造业、无酒精饮料制造业、制茶业及其他饮料制造业②；烟草加工业分为烟草烘烤业、卷烟制造业及其他烟草加工业。

（三）行业特点

与其他行业不同的是，食品行业的行业壁垒不大，门槛较低，科技含量不高，是一个完全自由竞争的行业，但这并不意味着没有竞争，正是因为自由竞争才更激烈；因为食品是人类生活中的必需品，所以食品行业具有永恒的生命力，这吸引了社会各个层面的消费者，受众范围极广；食品企业不会因社会经济波动而大幅波动，受经济活动的影响较小；食品行业市场规模较大，但是产品小且种类繁多，生产量大，虽然食品单价不高，但消费量非常大；对于食品企业来说，良好的品牌形象和广泛的销售网络是企业在竞争中脱颖而出的首要条件；受贮藏方式、环境等变化的影响，产品质量容易变质，所以产品往往有保质期限制；产品通常进行配方化的生产，生产自动化程度较高；食品在加工、运输、贮藏、销售、消费者使用的过程中均需包装，但为了对产品进行促销，经常有拆包、并包、组合包装的需要。

（四）全球食品行业发展现状

据统计，2016 年 1～12 月，全国食品行业累计完成进出口总额同比增长 -3.57%，主要集中在新西兰、美国、日本、中国香港、韩国、巴西、马来西亚、澳大利亚、德国、泰国等国家或地区。其中，新西兰累计完成进出

---

① 《食品行业研究报告》，文档投稿赚钱网，2014 年 3 月 19 日，https：//max. book118. com/html/2014/0319/6740624. shtm。
② 高晓晨：《我国食品行业的发展以及安全问题》，豆丁网，http：//www.docin.com/p - 561034041. html。

口总额同比增长 7.82%，美国累计完成进出口总额同比增长 -1.97%，日本累计完成进出口总额同比增长 -1.13%，中国香港累计完成进出口总额同比增长 3.72%，韩国累计完成进出口总额同比增长 9.25%。①

（五）全球食品行业发展趋势

1. 适应消费者对透明度的关注，天然产品成亮点

近年来，世界各地食品安全问题层出不穷，每年食品生产和销售丑闻等重大的食品安全事件时有发生，这一方面严重地影响了消费者的身心健康，导致巨大的财产损失；另一方面使消费者对相关部门的监管以及食品制造商丧失了信心，产生极度的不信任感。为了赢得市场和消费者的信任，制造商需将自身的产品信息自觉、诚实、透明、公开地展示给大众。例如，必须明确标注食品原料的产地和产出时间，以及食品生产过程中的生产者、收获者、制造者、销售者，从生产源头上使食品安全得到保障。虽然实现食品生产信息的透明有不同的方式，如"透明工厂""透明车间"等，但是最终的目的都是使消费者了解其所购买的食品的安全性，保障消费者对食品安全的知情权，接受社会各方面的监督。

为了满足消费者对食品安全性和可靠性的迫切要求，全球食品行业的生产日益转向天然原料制成的产品。据英敏特全球新产品数据库 2016 年 9 月至 2017 年 8 月的统计，在全球食品饮料企业发布的产品中，天然产品的比例为 29%，高于 2006 年 9 月至 2007 年 8 月发布的 17% 的天然产品比例。②

2. 消费者热衷于平衡饮食和自我保健，食品生产进一步向多元化发展

随着经济的高速发展，人们的生活水平也得到了明显的提高，于是，人们对消费提出了更高的要求。由传统的注重口味和便利转而越来越注重健康饮食，不仅形成了个人独特的健康饮食和生活方式，而且通过平衡饮食和分

---

① 《2016 年度全国食品行业出口贸易情况分析》，搜狐网，2017 年 4 月 2 日，http：//www. sohu. com/a/131618692_ 652944。

② 《2018 全球食品饮料行业五大趋势发布》，搜狐网，2017 年 11 月 3 日，http：//www. sohu. com/a/201167321_ 617332。

配时间可以释放生活压力。

追求平衡饮食的主要表现是，消费者通常喜欢根据自身所处的环境和状态自行安排饮食和摄入营养成分，对健康的定义有自己的理解。据统计，约有2/3的加拿大人认为可以通过偶尔吃甜味烘焙食品来放松自己，不必过度担心营养成分。同样，大约40%的英国消费者赞成不健康的零食（如高糖或高盐）也可被视为平衡饮食的一部分。① 与国外的消费者相比，中国消费者对甜品的选择更加多元化。

预计2018年食品企业会根据市场和消费者对平衡饮食和保健的需求，生产多种种类、配方和尺寸的食品。与此同时，食品企业也会根据消费者的个人需求，为其定制"私人化"的产品以满足他们独特的饮食需求。

3. 将更加注重食物的质感和风味

随着生活节奏的加快和生活压力的增大，人们对食品的风味有了更高的要求。因为食品的形状、颜色、质感、风味或其他比较特别的配方可以刺激感官，能够帮助消费者逃离工作、生活等方面的压力，留存幸福的感觉和美好的回忆，对消费者来说更具吸引力，甚至会促使消费者在网上自愿发布称赞产品的社交媒体帖子，这对食品企业来说无形中扩大了影响力，提升了知名度。

据预测，2018年，对食品行业甚至食品消费者来说，食物的质感和风味将是最关键和最重要的，注重产品的质感特别是咀嚼所发出的声音、舌齿的触觉和吞咽的满足度将成为食品市场发展的趋势。不同层次、不同口味的食品会分割出不同的消费群体。食品企业可以根据消费者的口味开发出更多具有不同质感和风味的产品。最明显的例子就是，2017年美国卡夫公司在制作奥利奥的奶油中加入了跳跳糖，推出全球限量版的"火焰奥利奥"，这正是对食品行业发展趋势的迎合。

4. 网络技术的发展助力食品消费个性化

随着科技的发展，在线购物变得越来越轻松，为了节省时间和精力，在

---

① 《快观察：2018年想要多卖货，这五个食品饮料流行基因值得关注……》，搜狐网，2018年1月26日，http://www.sohu.com/a/219195989_173413。

线购买食品变得日益普及，个性化新时代来临。电子商务网站能够使消费者足不出户就能享受到个性化推荐、跨品类组合、定期购物和快捷平价的送货服务以及智能化解决方案。有些食品企业还通过推荐商品组合、自动补货、创造产品、简单智能家居同步以及"线上+线下"等方式吸引消费者。据统计，65%的20~49岁的中国消费者使用手机而不是台式机或笔记本电脑进行网上购物，有77%的人因网上购物能够送货上门而选择这一购物方式。[①]

5. 科技手段使全球食品供应更加便利化

科学技术在食品制造业中发挥着越来越重要的作用，一些具有前瞻性的公司正在尝试用实验室替代农场和工厂，开发科技含量高的产品，这对传统的食品生产供应链是一种挑战。然而，那些用于实验室研发、培养或合成的食品在市场上还只是刚刚出现，前景有待观察。

（六）国际顶尖食品品牌——雀巢

雀巢集团在全球拥有500多家工厂，为世界上最大的食品饮料公司。目前，雀巢集团旗下拥有2000多个国际和地方性品牌，业务遍布全球191个国家和地区。[②]

1. 业务特点

2016年，历经150年的发展，雀巢集团总营业收入为900亿美元[③]，列全球食品行业第一位。其产品线涵盖固体液体饮料、营养和健康产品、冰激凌和乳制品、宠物食品、烹调预制食品、糖果、饮用水等众多领域（见图1）。

---

① 《英敏特：2018年全球食品饮料行业的五大发展趋势》，食品饮料招商网，2017年11月30日，http://www.5888.tv/news/100872。

② 《雀巢携手广州第一健康 举办"爱在金秋 怡养健康"关爱老人公益活动》，雀巢中国官网，2017年9月25日，http://www.nestle.com.cn/media/pressreleases/20170925 - nestle - yiyang - joined - with - gz - 1st - health - to - care - about - the - seniors。

③ Mote Chan：《百年企业雀巢帝国是如何炼成的？》，搜狐网，2017年10月27日，http://www.sohu.com/a/200669201_782465。

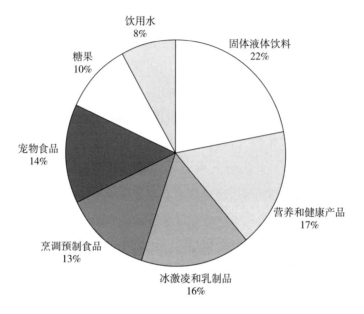

图1 2016 年雀巢集团不同产品营业收入占比

注：Mote Chan：《百年企业雀巢帝国是如何炼成的?》搜狐网，2017
年10月27日，http：//www.sohu. com/a/200669201_ 782465。

资料来源：雀巢集团2016年年报。

2. 雀巢集团旗下价值10亿美元品牌盘点

我们按照销售额排序，由高到低整理了雀巢集团旗下13个标志性的10
亿美元级品牌（Billion Dollar Brands，10亿美元是行内一线品牌的里程碑）
（见表1）。

表1 雀巢集团10亿美元级单品品牌销售额排行榜

单位：10亿美元

排名	品类	品牌名	LOGO	2016年销售额
1	咖啡	雀巢咖啡	NESCAFÉ	12.2
2	咖啡	胶囊咖啡	NESPRESSO.	3.1

续表

排名	品类	品牌名	LOGO	2016 年销售额
3	速食	斯托弗		3.0
4	瓶装水	优活		2.6
5	巧克力糖果	奇巧		2.5
6	婴儿食品	嘉宝		2.4
7	婴儿食品	能恩		1.7
8	即饮咖啡	雀巢咖啡		1.5
9	乳制品	Nido		1.2
10	咖啡	多趣酷思胶囊咖啡及咖啡机		1.2
11	瓶装水	波兰天然泉水		1.2

续表

排名	品类	品牌名	LOGO	2016 年销售额
12	即饮茶	雀巢冰爽茶	NESTEA	1.2
13	其他热饮	美禄	MILO	1.1

资料来源：《雀巢财报》。

二 中国食品行业发展现状

食品工业在世界经济中的重要性是不言而喻的。在中国国民经济工业各门类中，食品工业列第一位。国家统计局数据显示，2016 年 1～12 月，全国规模以上食品工业企业（不含烟草）累计完成主营业务收入 110986.2 亿元，同比增长 6.5%；实现利润总额 7247.7 亿元，同比增长 6.1%。①

2016 年 1～12 月，我国农副食品加工业、食品制造业及酒、饮料和精制茶制造业完成工业增加值（现价）占全国工业增加值的比重分别为 4.8%、2.3% 和 2.2%，同比分别增长 6.1%、8.8% 和 8.0%。②

我国食品行业的发展状况具体如下。

（一）肉类加工业

2016 年，我国肉类总产量为 8540 万吨，比上年下降 1%；进口 467.2

---

① 《2016 年全国规模以上食品工业企业主营业务收入增长 6.5%》，中商情报网，2017 年 2 月 10 日，http://www.askci.com/news/dxf/20170210/11260690233.shtml。
② 《2016 年 1～12 月食品工业运行情况》，工业和信息化部官网，2017 年 6 月 8 日，http://ghschina.miit.gov.cn/n1146285/n1146352/n3054355/n3057601/n3057602/c5677009/content.html。

万吨，比上年增长 63.4%。禽蛋产量为 3905 万吨，比上年增长 3.2%。肉禽蛋市场供应总量增加，产品结构逐渐适应消费需求的变化。①

2017 年第一季度，全国肉类加工行业规模以上企业主营业务收入为 3157.43 亿元，同比增长 7.46%。其中，牲畜屠宰 1246.71 亿元，同比增长 10.52%；禽类屠宰 714.97 亿元，同比增长 2.52%；肉制品及副产品加工 1126.63 亿元，同比增长 6.91%；肉、禽罐头 69.12 亿元，同比增长 12.07%。屠宰业务收入占比为 62.1%，肉制品加工业务收入占比为 37.9%。相比较而言，屠宰企业相对集中，平均经营规模较大；肉制品加工企业相对分散，平均经营规模较小。②

（二）乳制品工业

据国家统计局数据，2016 年 1～11 月，全国共有规模以上乳制品企业 627 家（2015 年为 638 家），主营业务收入为 3181.5 亿元，同比增长 5.59%（2015 年为 1.51%）；实现利润总额 232.4 亿元，同比增长 13.12%（2015 年为 5.73%）。③

从产量来看，2016 年我国乳制品产量达 2993.2 万吨，累计增长 7.7%。预计未来 5 年（2017～2021 年）年均复合增长率为 5.65%，2021 年产量将达到 3811 万吨。④

我国乳制品行业受奶源质量、行业内兼并重组和国际乳品竞争等因素制约，机会与挑战并存的局面将长期存在。

---

① 《去年，你泡了几包"深夜方便面"？〈食品工业发展报告〉告诉你全国方便面产量真相》，搜狐网，2017 年 8 月 24 日，http://www.sohu.com/a/167022204_387211。
② 《中国肉类协会：2017 年一季度全国肉类加工行业分析》，搜狐网，2017 年 5 月 13 日，http://www.sohu.com/a/140301851_619076。
③ 《乳制品行业 2016 质量报告发布：平稳向好发展》，财经网，2017 年 1 月 9 日，http://mini.eastday.com/a/170109151024706.html?qid=999dh03。
④ 《中国乳制品行业市场分析：由规模增长向品质升级》，搜狐网，2017 年 2 月 17 日，http://www.sohu.com/a/126518763_327889。

（三）水产品加工业

对于水产品加工业来说，2017年既面临发展机遇又面临挑战。针对水产品加工业发展瓶颈问题，国家出台了一些政策、措施，国务院办公厅《关于推进农村一二三产业融合发展的指导意见》以及一系列推动农（渔）产品加工业发展的政策，将给水产品加工业的转型升级和快速发展提供政策激励。①

（四）饮料工业

近年来，随着饮料行业智能化、小批量、定制化的生产需求不断增加，"减糖"的呼声也日益高涨。基于此，饮料企业逐渐意识到，开发新产品、提高产品品质、加大品牌培育力度，才是在激烈的市场竞争中制胜的法宝。2016年国家整体经济发展速度平缓，维持了近4%的增长。②

随着市场需求的多样化发展，饮料企业纷纷加大了创新力度，提供安全、营养、美味、健康的产品是行业发展的方向。

（五）制糖工业

总的来看，制糖企业的生产经营形势依然严峻，尽快制止和扭转糖料生产下滑势头，进而实现糖业健康、稳定、可持续发展，已经成为迫切需要解决的问题。③

（六）方便食品

2016年，方便食品行业在创新、增加自动化设备投入、减少人力成本

---

① 《去年，你泡了几包"深夜方便面"？〈食品工业发展报告〉告诉你全国方便面产量真相》，搜狐网，2017年8月24日，http：//www.sohu.com/a/167022204_387211。
② 《去年，你泡了几包"深夜方便面"？〈食品工业发展报告〉告诉你全国方便面产量真相》，搜狐网，2017年8月24日，http：//www.sohu.com/a/167022204_387211。
③ 《去年，你泡了几包"深夜方便面"？〈食品工业发展报告〉告诉你全国方便面产量真相》，搜狐网，2017年8月24日，http：//www.sohu.com/a/167022204_387211。

等方面表现不俗，市场形势有了明显好转，行业整体走出低谷，出现了明显的回暖迹象。

可以预计，未来一个时期内，微冻微波熟制食品、高品质食品、传统特色小吃、个性化和定制化食品、素食、清真产品等将成为今后产品开发的主流。[①]

（七）发酵工业

2016 年，大宗产品的结构性产能过剩问题依然没有得到有效缓解。今后应在国家产业政策引导下，切实做到"去产能、降成本、去库存、抓环保、促发展"[②]，进行全方位的有效调整。

（八）食品添加剂和配料工业

2016 年，食品添加剂和配料行业保持平稳发展态势，实现了产销双增长。

未来几年，全球食品添加剂市场每年可能有 3% ~ 5% 的增长。[③] 另外，功能性食品、婴幼儿配方食品和特殊膳食食品可能成为新的增长点。[④]

（九）营养与保健食品制造业

中国的保健食品行业多年来一直处于高速增长之中。2015 年我国保健食品行业主营业务收入约为 4000 亿元，2016 年达到 4568 亿元，增长14.2%。根据国家食品药品监督管理总局的相关数据，截至 2016 年底，我国已审批保健食品产品 16544 件，其中国产保健食品 15792 件、进口保健食

---

① 《2018～2023 年方便食品行业市场调研与投资潜力研究报告》，51 行业报告网，2017 年 10 月 20 日，http://www.51baogao.cn/bg/20171020/93795.shtml。
② 《去年，你泡了几包"深夜方便面"？〈食品工业发展报告〉告诉你全国方便面产量真相》，搜狐网，2017 年 8 月 24 日，http://www.sohu.com/a/167022204_387211。
③ 《行业分析报告——食品添加剂行业》，MBA 智库文档网，http://doc.mbalib.com/view/f56d144fbc2e796f2e63096011389628.html。
④ 《去年，你泡了几包"深夜方便面"？〈食品工业发展报告〉告诉你全国方便面产量真相》，搜狐网，2017 年 8 月 24 日，http://www.sohu.com/a/167022204_387211。

品752件。① 从结构上来看，增强免疫力、缓解体力疲劳、补充营养素、降血脂、增加骨密度、降血糖等保健功能食品的申报频次居高。

从行业发展前景来看，国内孕婴类保健食品的市场空间大，中药类保健食品有潜力，保健食品的监管趋严。②

（十）罐头食品制造业

总体上看，罐头食品制造行业的产品创新力有所提高，行业经营活动保持了稳步向上的良好态势。

未来的预期是，低端同质化价格竞争的落后局面有可能逐步摆脱，以创新、品质取胜的良性竞争是未来发展的趋势。另外，节能降耗是行业整体上应该重视的工作重点。③

（十一）焙烤食品糖制品行业

从国家统计局的统计和行业测算结果来看，中国的焙烤食品糖制品行业在2016年继续保持上升的势头，增长情况较2015年要好。④

预计中国焙烤食品糖制品行业有可能适应消费需求的个性化、全面化以及消费内容的科学性和文化性的新形势，进一步满足健康消费的需求。⑤

（十二）调味品制造业

调味品行业呈平稳增长的态势，产业升级的速度在加快；龙头企业的规

① 《健康转型成效显著　创新升级空间巨大——2016年食品工业发展回顾与2017年趋势分析》，江苏农业网，2017年8月31日，http://www.jsagri.gov.cn/duiwmaoyi/xinxizx/files/673223.asp。
② 《去年，你泡了几包"深夜方便面"？〈食品工业发展报告〉告诉你全国方便面产量真相》，搜狐网，2017年8月24日，http://www.sohu.com/a/167022204_387211。
③ 《去年，你泡了几包"深夜方便面"？〈食品工业发展报告〉告诉你全国方便面产量真相》，搜狐网，2017年8月24日，http://www.sohu.com/a/167022204_387211。
④ 《全国食品工业重点行业2017趋势分析》，搜狐网，2017年9月8日，http://www.sohu.com/a/190700782_783770。
⑤ 《去年，你泡了几包"深夜方便面"？〈食品工业发展报告〉告诉你全国方便面产量真相》，搜狐网，2017年8月24日，http://www.sohu.com/a/167022204_387211。

模效应显现，中小企业竞争激烈；企业的国际化和专业化并购重组引人注目。

未来，企业的优胜劣汰会加剧，资本整合速度可能加快，国际化趋势凸显，供给侧结构性改革推动产业升级，全产业链联动促进行业发展。[①]

（十三）茶加工业

2016年，中国茶行业展现出了蓬勃的生机和活力，各项经济指标都获得了持续稳步的增长。

从发展趋势看，茶加工业的生产规模将继续扩张，从而带动收入增加；科技发展将有效推动生产综合水平提升；消费升级逆向促成产品结构调整加快；社会服务业发展推动企业规模扩大和品牌建设加快。同时，在"一带一路"倡议中，茶具有的文化特色也将助力国内外贸易的发展。[②]

（十四）食品装备业

统计资料分析表明，2016年1～12月，经济增速仍持续放缓，主要经济指标实现正增长；出口交货值为109.84亿元，同比增长8.45%。在主要食品产业的生产领域，基本上实现了食品装备的国产化。随着我国食品工业品质和安全标准的不断提升，对国产食品装备在智能化、自动化、安全性和生产效率方面的要求将更高。[③]

未来，国产食品装备的智能化、自动化、安全性和生产效率都将面临更高的要求。食品装备业有可能出现的六大发展趋势是：第一，智能制造将引领行业发展潮流；第二，绿色制造将成为食品装备业发展的方向；第三，跨界、融合、创新将成为行业发展的主题；第四，食品装备各细分领域将出现

① 《去年，你泡了几包"深夜方便面"？〈食品工业发展报告〉告诉你全国方便面产量真相》，搜狐网，2017年8月24日，http://www.sohu.com/a/167022204_387211。
② 《去年，你泡了几包"深夜方便面"？〈食品工业发展报告〉告诉你全国方便面产量真相》，搜狐网，2017年8月24日，http://www.sohu.com/a/167022204_387211。
③ 《去年，你泡了几包"深夜方便面"？〈食品工业发展报告〉告诉你全国方便面产量真相》，搜狐网，2017年8月24日，http://www.sohu.com/a/167022204_387211。

具有国际竞争力和品牌的企业集团；第五，食品安全检测装备将受到广泛重视；第六，食品安全追溯将实现食品生产过程的数据化。①

三 中国食品行业品牌价值100强分析报告及领军品牌表现

（一）《2017 Asiabrand 中国食品行业品牌价值100强榜单》解读②

此次上榜品牌中，中粮集团有限公司占据排行榜第 1 位，其品牌价值约为 1230.88 亿元，第 100 强恒源食品有限公司的品牌价值约为 0.25 亿元，100 强的平均品牌价值约为 87.03 亿元。

上榜品牌中，品牌价值超过 100 亿元的企业有 18 家，品牌价值为 10 亿～100 亿元的企业有 40 家。中国食品行业品牌价值分布情况见图 2。

上榜前 10 强品牌的总价值占 100 强品牌总价值的 64.56%，前 20 强品牌的总价值占 100 强品牌总价值的 80.36%，这说明中国食品行业的品牌发展处于相对健康的状态，排名靠前的企业品牌价值较高。整个行业的品牌策略趋于稳健，因此榜单的品牌价值较高，榜单尾部企业的品牌价值有待提升。

（二）中国食品行业品牌现状

通过调研发现，91.7% 的客户比较关注食品行业的发展，这为食品行业品牌的发展提供了良好的环境。此外，大约 66.7% 的客户认为品牌是影响其选择的主要原因。然而，现阶段食品行业品牌的发展形势依然不容乐观。

---

① 《全国食品工业重点行业 2016 发展回顾及 2017 趋势分析概述》，商虎中国网，2017 年 8 月 11 日，http：//cn. sonhoo. com/info/961010. html。
② 《2017 中国食品行业品牌 100 强榜单及分析报告》，亚洲品牌网，2017 年 6 月 1 日，http：//cn500. asiabrand. cn/xinwen/8618002012. html。

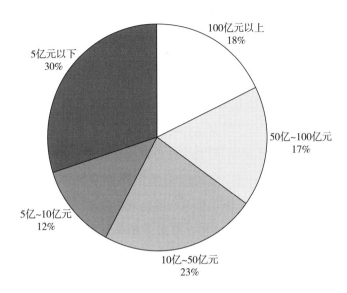

图2 中国食品行业品牌价值分布情况

资料来源：《2017 中国食品行业品牌 100 强榜单及分析报告》，
亚洲品牌网，2017 年 6 月 1 日，http：//cn500. asiabrand. cn/xinwen/
8618002012. html。

"雷同"的品牌策略导致现有的食品行业品牌缺乏独特性，差异化的品牌竞
争将是食品行业未来的主流策略。安全与信任问题是制约中国食品行业品牌
发展的一个重要问题，这在某种程度上也为国外食品品牌占有一定的市场份
额提供了条件。分析榜单可以发现，食品行业品牌发展并不均衡，排名靠前
的品牌几乎垄断了食品行业，行业内大量的中低端品牌竞争激烈。

（三）中国食品行业领军品牌表现

1. 中粮集团：行业第一品牌当仁不让

中粮集团有限公司（COFCO）（以下简称中粮集团）是国际领先的全球
大粮商之一，是中国独一无二的全球布局、全产业链、拥有全球最大市场和
巨大发展潜力的农业及粮油食品企业，致力于在全球粮食主产地和需求增量
最大的新兴市场间搭设稳定的粮食走廊。

作为与新中国同龄的国有企业，中粮集团历经 60 余年发展，成为以粮、

油、糖、棉为核心主业的农业及粮油食品企业，主业涉及食品、金融、地产行业，在中国市场上占据领先优势，并开启了布局世界、打造国际大粮商的历程。

目前，中粮集团资产总额为5373.6亿元，年营业收入为4426.5亿元，年经营总量近1.5亿吨，全球仓储能力为3100万吨，年加工能力为9000万吨，年港口中转能力为6500万吨。在中国，中粮集团综合加工能力超过6000万吨，是中国最大的农产品加工企业，涵盖了中国人日常消费的主要农产品品类，包括稻谷、小麦、玉米、油脂油料、糖、棉花、肉制品、乳制品、酒、茶叶等。230万家终端售点遍布中国952个大中城市、十几万个县乡村，为消费者提供数量充足、品质安全的粮油食品，在维护中国粮油食品市场稳定中发挥着重要的支撑作用。①

全球布局、全产业链、拥有全球最大的市场和巨大的发展潜力，成就了中粮集团独一无二的优势。在稻谷、小麦、玉米、油脂油料、糖、棉花等10多个领域处于行业领先地位，业务遍及全球140多个国家和地区②，已经形成了覆盖全球主要粮油产区、销区的粮油设施布局，拥有全球生产采购平台和贸易网络，中粮集团50%以上的营业收入来自海外业务③，为统筹利用国际国内两种资源、两个市场，稳定中国市场供应，保障粮食安全打下了牢固的基础。

在围绕做大做强粮、油、糖、棉核心业务的同时，中粮集团还建立了食品、金融和地产三大主营业务。在食品领域，中粮集团是优质产品的生产者、优质品牌的创造者，业务涵盖粮、油、奶制品、肉食、酒、茶叶、食品包装，拥有福临门、蒙牛、长城、中茶等具有影响力的食品品牌，将世界1/4以上人口的餐桌与全世界的农场紧密地联系在一起。中粮集团也是卓越

① 《企业简介》，中粮网，http：//special.zhaopin.com/bj/2008/COFCO0319001。
② 《大型企业集团资料——13个不同领域大型企业集团》，新浪博客，2017年9月13日，http：//blog.sina.com.cn/s/blog_ 6a1e05830102x7ik.html。
③ 《大型企业集团资料——13个不同领域大型企业集团》，新浪博客，2017年9月13日，http：//blog.sina.com.cn/s/blog_ 6a1e05830102x7ik.html。

生活空间的建设者，建设商业地产、住宅地产、酒店、旅游地产，并进行区域综合开发。

作为投资控股企业，中粮集团旗下拥有 11 家上市公司。[①]

未来，中粮集团可能继续聚焦主业，建设成为全球领先的国际化大粮商乃至世界领先的综合性食品企业，中粮集团有可能成为国家粮食安全战略、国家食品安全战略的主要执行者。

2017 年第一季度，中粮集团实现营业收入 1017 亿元，同比增长 7%；实现利润总额 25.6 亿元，同比增长 1.2 倍，盈利能力进一步提升；运行质量持续改善，提质增效成果显现，成本费用利润率同比上升 1.34 个百分点，为实现全年目标打下了坚实基础。[②]

（1）创新表现

第一，中粮糖业获批农业部企业重点实验室。

中粮糖业与中粮营养健康研究院联合申报的"糖料与番茄加工质量安全技术研究开发重点实验室"入选农业部企业重点实验室依托单位。

该实验室以"引导产业发展、推动技术创新"为宗旨，致力于在政府相关政策引导下，促进实施产业质量安全共性技术研发活动与技术扩散，推动共性技术应用。主要围绕中粮糖业食糖和番茄业务，开展质量安全保障机理机制研究、质量安全关键共性技术和产品研发、质量安全关键技术转化和集成及综合示范等研究开发工作。其设计意图是逐步形成与市场发展相适应的糖业和番茄加工质量安全保障机制，实现糖料和番茄的品种、种植、采收、加工和市场准入等方面的质量安全和风险管控的标准化，为行业可持续发展提供指导性依据。

第二，中粮集团白志昀获评"2016 年度中国杰出知识产权经理人"称号。

白志昀于 2009 年 1 月加入中粮集团，长期负责集团的知识产权管理工作，编写中粮集团首部知识产权战略，完善中粮集团知识产权管理体系；推

① 《中粮集团简介》，中粮网，http://www.cofcosd.com/content/intro.aspx。
② 《中粮集团一季度利润同比增长 1.2 倍》，搜狐网，2017 年 4 月 17 日，http://www.sohu.com/a/134509167_176352。

动设立集团层面专利管理机构，建立专利管理体系；2010 年建成"中粮集团知识产权电子管理系统"，实现了中粮集团专利、商标、著作权、域名等知识产权数据档案的无纸化，完成了从创设、管理、运营到保护的知识产权全生命周期管理的电子化。

第三，稳中思变，求进创新："全产业链"战略。

中粮集团全产业链粮油食品企业战略是指以客户需求为导向，涵盖从田间到餐桌，即从农产品原料到终端消费品，包括种植、收储物流、贸易、加工、养殖屠宰、食品制造与营销等多个环节，通过对全产业链的系统管理和关键环节的有效掌控以及各产业链之间的有机协同，形成整体核心竞争力，提供安全、营养、健康的食品，实现全面、协调、可持续发展①的一种新商业模式。

（2）营销表现："中粮模式"②。

"中粮模式"的业务流程见图 3。

一是微信公众号为粉丝生成专属海报，包括中粮集团 LOGO、产品宣传图片、用户头像和二维码。

二是对关注微信公众号的新用户发放 0.88 "粮票"的虚拟奖励。

三是新用户将这张海报图片分享到朋友圈，微信好友通过识别二维码，跳转到该微信公众号的关注页面。

四是好友关注该商城，系统将用户和其好友的传播链关系绑定，老用户会收到平台赠送的邀请激励。

五是新用户如果在该平台完成了购买行为，系统会对老用户进行一定比例的现金激励。

"中粮模式"的品牌营销特点如下。

第一，品牌背书。"中粮"品牌是市场传播力和接受度的保证。中粮集团

① 《中国粮油食品（集团）有限公司》，中文百科在线，2011 年 9 月 15 日，http：//www.zwbk.org/MyLemmaShow.aspx？lid=212577。
② "中粮模式"是一种有特色的微信营销方式。参见《中粮微信营销事件背后的术与道》，和讯网，2016 年 2 月 23 日，http：//news.hexun.com/2016-02-23/182391118.html。

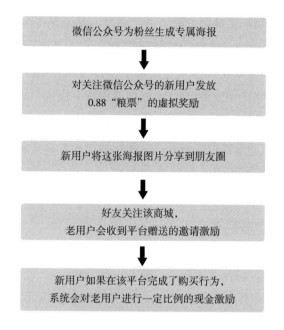

图3　"中粮模式"业务流程

资料来源:《中粮微信营销事件背后的术与道》,和讯网,2016 年 2 月 23 日,http://news.hexun.com/2016 - 02 - 23/182391118. html。

作为农产品、食品等多个产业链的龙头企业,在中国几乎无人不知。普通用户对海报上出现的"中粮"和"世界500强企业"有一种自然而然的信任感。

第二,基于社交。社交工具是"中粮模式"的生长环境。"中粮模式"通过自身微信公众号为粉丝生成专属海报进行传播,特别是在微信群和朋友圈传播。微信拥有超过 6. 5 亿月活跃用户,建立了相对封闭的"熟人社交"机制,这让中粮集团的专属海报刷爆朋友圈,给了这种传播载体和方式一个"野蛮生长"的环境。

第三,去中介化和激励机制。渠道分销机制在现代商业制度中非常重要。渠道分销体系可以调动海量资源,快速提高市场占有率。但是这种渠道分销也带来了诸多弊端。主要是分销商体系的设计、启动成本很高,渠道维护成本也非常高,企业与终端消费者之间的沟通被分销商从中阻隔了。

　　"中粮模式"突破了传统分销体系的窠臼,充分发挥电商的去中介化优势,绕过传统分销中介,将粉丝当作分销商,通过"现金激励"和"返现激励"激发粉丝的圈层传播欲望,让微信公众号海报刷爆朋友圈,促进分销层级的生长,使得在很短的时间内就构建起一个快速有效的分销商体系。

　　第四,会员管理。"中粮模式"所使用的渠道分销返现涉及会员数据、会员传播链数据、订单处理数据以及分销层级返现数据等多种算法和数据模型。显然,会员管理和 BI① 数据处理能力是这种微信营销模式的"幕后英雄"。

　　第五,微信营销新突破。"中粮模式"虽然受到舆论质疑,但这种颠覆性的微信营销方式为企业微信公众号快速增加粉丝数量、开展粉丝间圈层裂变传播、直接获取用户消费数据提供了新的可能,是一种去中介化——企业缩减渠道成本、老用户可以通过资源和人脉获取收益的多方共赢的营销方式。

　　相较于淘宝等传统电商网站,"中粮模式"这种基于微信公众平台的营销模式,因其将社交网络和传统营销理论和模式进行深度结合,所展现的社会影响力和效果相当显著。相关资料显示,"中粮模式"是对微信营销模式的颠覆性突破。

　　2.伊利集团:中国食品领军品牌与国际同类顶级品牌的差异

　　伊利集团的发展历程可以说是中国乳业从小到大、从弱到强的历史缩影。

　　20 世纪 50 年代,95 户养牛专业户组成"呼市回民区合作奶牛场",这是伊利集团的雏形。经过半个多世纪的发展,伊利集团不仅成为中国乳业的一面旗帜,而且开创了中国的"液态奶时代"。同时,伊利集团通过奥运会与世博会,将中国乳业带上了世界舞台。

　　2017 年上半年,伊利集团实现营业总收入 334.94 亿元,同比增长

---

　　① BI(Business Intelligence)即商业智能,它是一套完整的解决方案,用于对企业中现有的数据进行有效的整合,快速准确地提供报表并提出决策依据,帮助企业做出明智的业务经营决策。商业智能的概念最早在 1996 年提出。当时将商业智能定义为一类由数据仓库(或数据集市)、查询报表、数据分析、数据挖掘、数据备份和恢复等组成的以帮助企业决策为目的技术及其应用。

11.32%；净利润 33.68 亿元，较上年同期增长 4.52%。① 与业绩的持续增长相对应的是，伊利集团的净资产收益率连续几年保持在 20% 以上，居全球乳业第一位。

在荷兰合作银行 2017 年 7 月 12 日发布的年度"全球乳业 20 强"中，伊利集团蝉联亚洲乳业第一，位居全球乳业 8 强，连续四次入围全球乳业前 10 强。② 这表明伊利集团在亚洲乃至全球乳业领域具有重要的地位。

单就品牌战略来看，以下几点是伊利集团所看重的。

（1）视品质为生命

伊利集团视品质为生命，专注于生产 100% 安全、100% 健康的乳产品，特别是集团将质量管理战略升级为"质量领先 3210 战略"，聚焦"全球最优品质"，通过持续升级全球质量管理体系，以严苛的质量管控标准管理全球产业链，以此保证零食品安全事件。③

一方面，伊利集团积极向国际标准看齐，与 SGS（瑞士通用公证行）、LRQA（英国劳氏质量认证有限公司）和 Intertek（英国天祥集团）开展战略合作，帮助持续升级伊利品牌的全球质量安全管理体系，强化控制食品质量安全风险的能力。另一方面，伊利集团通过互联网建立了完善的产品追溯程序。一旦原奶入厂即采用条码扫描，随机编号检测。同时，伊利集团还建立了生产过程的产品批次信息跟踪表、关键环节的电子信息记录系统、质量管理信息的综合集成系统和覆盖全国的 ERP 网络系统④，实现了产品信息的

---

① 《伊利集团发布 2017 年上半年财报》，搜狐网，2017 年 9 月 1 日，http：//www. sohu. com/
　a/168849238_ 699143。
② 《伊利乳业》，展发科技网，2018 年 3 月 1 日，http：//www. hubeizhanfa. com/index. php？m
　= content&c = index&f = show&id = 161。
③ 《伊利》，十大品牌网，http：//www. china－10. com/brand/2302. html#companyinfo。
④ ERP 系统是企业资源计划（Enterprise Resource Planning）的简称，是指建立在信息技术基础上，集信息技术与先进管理思想于一身，以系统化的管理思想为企业员工及决策层提供决策手段的管理平台。它是从 MRP（物料需求计划）发展而来的新一代集成化管理信息系统，它扩展了 MRP 的功能，其核心思想是供应链管理。它跳出了传统企业边界，从供应链范围去优化企业的资源，优化了现代企业的运行模式，反映了市场对企业合理调配资源的要求。它对改善企业业务流程、提高企业核心竞争力具有显著作用。

全面、及时和网络化追溯,并且与国家平台实现了对接。①

伊利集团是唯一一家掌控了中国西北、内蒙古和东北三大黄金奶源基地的乳品企业,掌握着中国规模最大的优质奶源基地,以及奶牛生存的众多优质牧场,这些优越的条件为原奶长期稳定的质量和产量提供了强有力的保障。同时,伊利集团积极整合欧洲、大洋洲、美洲的优质奶源资源,为更好地满足消费者对高品质乳品的需求提供了世界性市场保障。相关资料显示,截至2016年底,伊利集团投入奶源升级与建设的资金达到135亿元之巨。截至2016年,伊利集团在中国拥有自建、在建及合作牧场2400多家,其中具有行业重要影响力的标杆性大型标准化、规模化牧场多达1200家,这使其标准化、规模化养殖的奶源供应比例达到了100%。②

(2)注重国际化

截至目前,伊利集团在世界上乳业发达的地区构建了一张覆盖全球资源体系、全球创新体系、全球市场体系的骨干网络。在欧洲,与意大利乳业巨头斯嘉达结盟,还在荷兰成立了一个海外研发中心(欧洲研发中心);在大洋洲,在新西兰投入30亿元建设一体化乳业基地③;在美洲,主导实施高端智慧集群(中美食品智慧谷),它集聚整合了一大批世界顶尖的大学和科研机构,包括常青藤联盟名校、全球综合排名前10位的大学以及在农业、管理、生命科学等各个领域全球排名第一的高校、科研院所和机构,如宾夕法尼亚大学、康奈尔大学、耶鲁大学、多伦多大学、加州大学戴维斯分校、沃顿商学院、明尼苏达大学等,在营养健康、产品研发、食品安全、农业科技、畜牧兽医、生态环保、企业管理、人才培养等多个领域展开全方位、立体式的密切合作,形成了中美乃至全球范围内在农业食品方面集聚院校机构最多、实力最强、涉及领域最广、最前沿、模式最独创、机制最灵活、影响

① 《伊利品牌介绍》,买购网,http://www.maigoo.com/maigoocms/special/chi/010YILINIUNAI.html。
② 《奶业"十三五"规划发布 伊利发挥龙头作用引领中国奶业振兴》,网易新闻,2017年1月14日,http://news.163.com/17/0114/16/CAOMHF6I00014AEE.html。
③ 《伊利30亿投建全球最大一体化乳业基地》,中金在线,http://special.cnfol.com/11082,00.shtml。

最深远、受益面最大的高端、超前智慧集群，这有可能成为中美创新合作的新引擎、新动能和新典范，这种大规模、高规格的产学研合作是推动国际商贸合作、造福人类的善举。①

（3）创新改变未来

伊利集团长期坚持和推动创新发展战略，现已建立起了多个领先的技术研发机构和产学研合作平台，这是伊利集团持续推动行业创新的主体。

目前，伊利集团着眼于国际乳业研发的重点领域，整合海内外的各路研发资源，在全球布设了一张涵盖世界领先研发机构的创新网，在亚洲、欧洲、大洋洲和美洲地区开展全产业链的创新合作，已经取得了丰硕的成果。② 通过整合全球创新资源，伊利集团先后研发和推出了安慕希、金典、QQ星、畅意100%、金领冠、畅轻、巧乐兹、伊利牧场以及冰工厂等众多明星品牌，赢得了消费者的高度信赖。

为了为创新提供科技支持，伊利集团与专业机构联合创建"乳业研究院"，作为长期致力于推动中国母乳研究事业的专门机构，与国内外多方权威营养机构携手合作，建立了针对中国人的母乳数据库。与此同时，伊利集团还创立了"母婴营养研究中心"，适时发布《中国母乳研究白皮书》。③

相比之下，国际顶级的食品企业品牌——法国达能集团则有另一种风采。

总部位于法国巴黎的达能集团创建于1966年，作为一家跨国食品公司，达能集团将"通过食品，为尽可能多的人带来健康"作为企业使命，在鲜乳制品等领域开展业务。达能集团将"商业成功和社会进步"作为自己的追求目标，致力于为其利益相关者创造一个更为健康的未来。达能集团的利

---

① 《内蒙古伊利实业集团股份有限公司》，北京市密云区人民政府官网，2017年12月14日，http://www.bjmy.gov.cn/mlmy/stjj/ppzl/8a317b3b6005669a016052c1245918a4.html。

② 《伊利全球创新网络为中国乳业创新做"乘法"》，国际在线，2015年3月31日，http://news.cri.cn/gb/42071/2015/03/31/7211s4919002.htm。

③ 《伊利：将社会责任融入企业血脉》，同花顺财经网，2016年12月15日，http://news.10jqka.com.cn/20161215/c595567962.shtml。

益相关者包括全球 10 万名员工、产品消费者、业务伙伴、原料供应商、公司股东以及业务所在社区人员。①

2016 年，达能集团的销售总额超过 219 亿欧元，其中 50% 以上的销售收入来自新兴市场。② 达能集团旗下拥有碧悠、诺优能、爱他美、牛栏、纽迪希亚、脉动、依云、富维克、Aqua、Bonafont 等众多知名品牌，已经成功地树立了一个值得信赖的品牌公司形象。达能集团是目前全世界排名第一的鲜乳制品生产商、世界第一的瓶装水生产商、世界第二的饼干生产商、全欧洲最大的酱料及调味品生产商、法国国内最大的婴儿食品生产商。③

达能集团是一个上市公司，在法国巴黎的泛欧证券交易所（Euronext Paris）上市。同时，达能集团还通过美国存托凭证项目（ADR）在美国场外交易市场 OTCQX 交易。而且，达能集团还被纳入旨在反映企业社会责任的几个国际著名指数，如道琼斯可持续发展指数、富时社会责任指数、Vigeo 和 Ethibel 可持续发展指数等。④

达能集团的品牌战略具有以下特点。

第一，并购和出售。从达能集团的成长和发展历程中可以总结出其扩张战略的显著特征：在世界各地尽可能收购当地的优秀品牌，实行的是本土化、多品牌战略；持续、坚定地退出衰退行业，适时转向朝阳行业，毫不犹豫地及时放弃边缘产品和效益差的企业；坚持全球化公司定位，与国际竞争对手在任何形式的市场上展开博弈。相关资料分析表明，适时"吞"（并购）和"吐"（出售）是达能集团的竞争秘籍。多品牌战略最初是并购的副产品，后来参股变为达能集团的核心战略。

第二，对不同类别的产品不采取统一品牌名称。一般来说，企业在广告

---

① 《达能助推"健康中国"战略，再获"营养促进贡献奖"殊荣》，食品饮料招商网，2017 年 5 月 30 日，http：//www. 5888. tv/news/95595。

② 《达能，世界健康食品的领导者》，达能中国网，http：//www. danone. com. cn/company。

③ 《达能助推"健康中国"战略，再获"营养促进贡献奖"殊荣》，食品饮料招商网，2017 年 5 月 30 日，http：//www. 5888. tv/news/95595。

④ 《达能（中国）生命早期营养荣膺"2018 中国杰出雇主"》，达能中国网，http：//www. danone. com. cn/news－485。

上采用统一品牌能够产生所谓的规模效益，也有利于向销售渠道和消费者推介新的产品。然而，如果使用统一品牌，就不可能很好地为每一个产品创造和维持一个独特的认同感和品牌形象。尤其是在两种产品性质不同时，统一的品牌很可能会在消费者中造成混乱。为了避免出现这一问题，达能集团对不同类别的产品采用不同的名字。例如，达能酸奶用的主要品牌是达能，饼干用的主要品牌是卢（LU），瓶装水用的主要品牌是益维安（Evian）。这三个品牌是达能集团的国际性品牌，其销售额占达能集团总销售额的40%。

第三，超强研发实力成就众多品牌。以婴幼儿奶粉为例，为了保证自身在全球行销的产品质量的一致性，达能集团不仅在全球统一采购奶源和原材料，而且在旗下所有婴幼儿奶粉品牌中全部采用统一标准的质量管理体系，在原料采购、产品加工、运输、销售以及售后服务全过程中一以贯之。

目前，达能集团在全球拥有德国、荷兰、新加坡三个婴幼儿营养研究中心，在营养、新陈代谢、免疫、肠生理学、微生物学、脑功能和产品工艺等多方面从事系统的全方位的研究，投入研究工作的科研人员有1200多名。同时，达能集团还得到了全球100家大学组成的研究网络、200家医院临床研究网络和50家工厂发展网络的支持。达能集团每年投入产品研发的资金接近2亿欧元，目的在于为消费者提供尽可能好的产品。例如，依据研究发现的成果——母乳中的某种成分可以帮助改善婴儿的肠道环境，达能集团开发出了具有类似功能的益生元组合产品，该成果在多个国家取得了发明专利，从而使达能集团牢牢掌握了行业核心竞争力，这些国家包括欧洲的21个国家，大洋洲的澳大利亚、新西兰，以及亚洲的中国。①

与此相对应，中国食品领军企业品牌伊利似乎应该向国际顶级品牌达能学习，在通过战略性并购重组实现品牌国际化方面做出进一步的努力。

3. 娃哈哈集团：因可口可乐而欢笑？

杭州娃哈哈集团有限公司（以下简称娃哈哈集团）创建于1987年，是

---

① 《研发实力成就达能公司多品牌战略》，太平洋亲子网，2012年7月23日，http://www.pcbaby.com.cn/home/dongtai/1207/1120325.html。

中国最大、效益最好的饮料企业，饮料产量位居世界前列。

30 多年来，娃哈哈集团一直保持稳健发展，企业规模和效益连续 19 年位居中国饮料行业第一，是中国 500 强企业、中国民营 500 强企业。[①]

（1）娃哈哈集团的品牌战略

第一，创新驱动发展，确保领先地位。娃哈哈集团 30 多年来一直坚持不断创新，从跟进创新到引进创新，再到自主创新及全面创新，通过创新取得领先优势，占据主动。综合性企业研究院是技术研发、产品创新的主体。

第二，大力推进转型升级，打造企业发展新引擎。近年来，智能技术与产业结合成为发展大势。娃哈哈集团在饮料行业率先践行"中国制造 2025"，成立了精密机械公司、机电研究院等科研机构，致力于智能化饮料生产线和智能装备产业化研究，拥有了一支具备较强专业技术能力的科研队伍，承接了工信部重大科技专项、国家 863 计划等多项国家级、省级、市级重大科研项目。2015 年，娃哈哈集团的"食品饮料流程制造智能化工厂项目"入选中国首批工信部智能制造试点示范项目[②]，在打造食品饮料全数字化管控的智能工厂上进行了实践探索，填补了国内空白。

同时，娃哈哈集团还开展了工业机器人、高端直驱电机等工业自动化核心部件和装备的研制工作，并已成功自主开发了串/并联机器人、高速装箱机、自动物流分拣系统等智能设备，成为食品饮料行业中具备自行研发、自行设计、自行安装调试设备能力的企业。

（2）娃哈哈品牌的国际参照物——可口可乐

1886 年，可口可乐公司在美国佐治亚州亚特兰大市诞生，迄今已有 130 多年的历史。

可口可乐公司拥有 20 个年销售额超过 10 亿美元的品牌，其中的 18 个为少卡路里、低卡路里或无卡路里饮料。"10 亿美元品牌"产品包括健怡可口可乐、零度可口可乐、芬达、雪碧、Dasani、酷乐仕维他命获得、

① 《娃哈哈集团简介》，娃哈哈集团官网，http：//www.wahaha.com.cn/news/155。
② 《娃哈哈智能工厂项目入选工信部 2015 智能制造示范项目》，凤凰资讯，2015 年 7 月 22 日，http：//news.ifeng.com/a/20150722/44222751_0.shtml。

POWERADE、美汁源、Simply、Del Valle、乔雅和 Gold Peak 等。①

假如可口可乐公司的工厂被一把大火烧掉，全世界第二天各大媒体的头版头条一定是银行争相给可口可乐公司贷款。据说这是可口可乐公司的高管最爱说的一句话，从这里也可以看出这个历史长达百年的品牌的底气。

可口可乐公司的成功得益于开疆辟土的市场谋略。就其品牌战略而言，人们总结出的要点包括以下几个方面。

第一，塑造国民品牌形象，强化消费场景。从20世纪20年代开始，可口可乐公司就将自身和美国人的生活方式结合在一起，从"解解渴吧"，到"停下来喝一杯，提提神儿"，再到"在红招牌下停下来喝一杯"这些广告语的变化，就能看出可口可乐公司在逐渐强化自己的消费场景。

第二，输入全球品牌，因地制宜。美国每与一个国家建交，可口可乐公司便随之而来，于是"可口可乐"在全世界人们心中便成了美国的代名词，可口可乐公司也凭借在美国的强大影响力影响了全世界。在中国，可口可乐公司入乡随俗，选用典型的春节聚会场景拍摄广告，通过贴春联、放烟花等民俗活动，来提高品牌与中国文化的融合度。可口可乐公司每到一个国家就会调整自己的文化落脚点，力求成为本土文化的一部分。

第三，广告的多样性、创造性。可口可乐公司非常注重广告效应，将"圣诞老人"作为注册商标，在电影中植入广告，请明星代言，甚至总统都是可口可乐品牌的代言人，等等。这些都是可口可乐公司长盛不衰的秘诀。

第四，国际经营中的本土化发展战略。可口可乐公司坚持在世界不同的地区、不同的文化背景下、不同的宗教团体和种族中有针对性地实施差别化策略，也就是随着具体的时空情境变化及时调整自身在文化形态中的位置，这就是可口可乐公司所谓的本土化战略。

（3）娃哈哈品牌的促销手段

第一，使用广告。娃哈哈品牌自创立以来，一直坚持用广告方式进行传

---

① 《世界500强企业中率先实现100%水回馈，可口可乐积极践行"水的承诺"》，搜狐网，2016年8月30日，http://www.sohu.com/a/112722536_362016。

播。从早期的"喝了娃哈哈,吃饭就是香",到后来的"我的心里只有你",这些广告口号都已被广大消费者所熟知。娃哈哈集团的广告以促销产品为主,其情节单一,一般以介绍产品的功能为主题,通常用一两句顺口的广告口号作为卖点,诉诸受众的视觉和听觉,以此来吸引消费者的注意。这种广告的目的通常都很明确,那就是要在短期内快速提高产品知名度,以便增加产品销量。

有专家分析认为,就广告的水平来说,可口可乐公司的广告要比娃哈哈集团做得好。一方面,可口可乐公司关注的目标顾客群是非常明确的——那就是追求时尚、喜好运动的年轻人。而娃哈哈集团虽然在开创之初仅仅以儿童为目标顾客,但随后其产品链实现了不断的扩展,这就使其目标顾客变得模糊不清。拿"娃哈哈"纯净水来说,其目标消费者涵盖了所有人,而"娃哈哈"果奶饮品的目标消费者却只是儿童,"娃哈哈"系列果汁饮料的目标受众其实主要是年轻的女性消费者……如此复杂多样的消费群体,要归纳出一个共同的品牌形象来描述"娃哈哈",确实是比较困难的。另一方面,从营销重点来看,可口可乐公司的广告主要营销的是品牌,是品牌代表的企业文化,它不仅要促销产品,更关键的是要通过广告向消费者灌输可口可乐品牌所代表的意义,以便消费者加深对该品牌的了解,最后成为品牌"福音"的传播者。企业追求的是长期的可持续的发展,而娃哈哈集团的广告主要是介绍产品性能、增加销量。一般来说,在新产品的导入期,做好一两组产品的广告是非常有效和有必要的。但是,娃哈哈集团让人感到遗憾的地方在于,在产品的销售局面有了很大的改善后,并没有用包含新主题的广告来巩固和扩大自己的品牌产品在市场上的影响力,而是继续着力于介绍产品性能的广告。另外,当广告越来越注重产品促销的时候,产品就会给人一种"没有文化",只是一个"功能产品"的印象,而不是像可口可乐品牌那样是一个富含意义和价值的"文化产品",由此可能导致广告与产品之间的刚性循环:广告要不断地寻找精准的"卖点",产品要不断地突出新的功能,其结果就可能是广告投放量要不断增大,或者产品功能要不断强调有新意,最后的落脚点也就是保证销量有所增加。

第二,与别的互补品牌联合营销。

可口可乐与互补品牌联合营销的案例很多。合作历史最久的应该是和麦当劳之间的合作了。这种合作的历史可以追溯到 20 世纪 50 年代麦当劳刚刚诞生的时候。相反，娃哈哈集团所做的联合营销工作无论是在内容上还是在效果上，与可口可乐公司相比都还存在明显的差距。

（4）娃哈哈品牌的营销渠道

可口可乐公司的营销渠道与普通大公司相比没有明显的差距，都是这样的路径：以人口集中的城市为中心，通过供应商、生产商得到产品，然后经分销商销售，最后到达消费者手里。在中国，可口可乐公司营销的特点是建立瓶装厂，利用自己拥有的独特优势——秘方，与其他厂商竞争。目前，可口可乐公司也在由中心城市逐渐向二线城市甚至农村市场推广。

有意思的是，娃哈哈集团的营销渠道与可口可乐公司的正好相反。娃哈哈集团明智地绕开了百事可乐公司和可口可乐公司占据垄断地位的一、二线大城市，坚持"农村包围城市"的营销战略，成功地避开了竞争对手的锋芒，进入了对手势力相对孱弱、一时难以顾及的广大农村市场，获得了自己生存与发展的适宜空间。尤其值得一提的是，娃哈哈集团经过多年努力构筑起来的大分销、深渗透的销售网络居功至伟。另外，在价格上，娃哈哈集团比可口可乐公司和百事可乐公司低 10% ~20%，以价格优势吸引了更多大众消费者的注意，让广大农村市场的消费者享受到了碳酸饮料带来的福利。

也就是说，与国际大品牌相比，娃哈哈集团在促销方面有提升空间，在销售渠道方面有独到的特点。改善促销手段，保持渠道特点，也许就是中国食品行业领军品牌娃哈哈品牌建设的近期着力点。

四 影响中国食品行业企业品牌价值提升的因素

我国食品行业存在的影响企业品牌价值提升的问题不容忽视。

（一）行业结构依然不合理

一是从行业结构来看，食物资源粗加工多，深加工和精加工少，烟酒等嗜好食品所占比重较大，特殊人群食用的食品发展较慢。二是从产品结构

看，产品品种花色少、档次低、包装差、更新换代慢，产品结构不能完全适应市场需求的变化。三是从地区结构看，西部地区省份食品行业比较落后。西部地区 12 个省份食品行业产值仅占全国食品行业总产值的 13.5%，而东部地区的山东、广东、江苏及中部地区的河南 4 个省份食品行业产值占全国食品行业总产值的比重高达 38.6%。①

（二）食品行业的品牌企业规模小，生产的集中度较低

一般来说，国内粮油加工企业合理的经济规模为面粉加工 400～600 吨/日、稻谷加工 200～400 吨/日，而我国 78.9% 的面粉企业的生产规模为日处理小麦 50～100 吨，80% 的稻谷加工设备为日处理 50 吨以下的小机组，远远低于国际平均日处理量。②

（三）尚未真正形成食品市场、食品行业和农业原料基地之间的产业链

有分析说，中国的食品企业与农业生产者之间没有建立稳定的产销关系，也没有形成利益共享、风险共担的机制，分散的农业生产提供的原料在品种、品质、规格等方面远不能适应食品行业的要求。例如，我国小麦种植面积和产量均为世界第一，但适宜加工的高面筋蛋白含量的小麦品种严重缺乏；苹果种植面积和产量均为世界第一，但适宜生产高档苹果汁的苹果种植基地基本没有。③

（四）食品生产技术水平有待提高，加工技术储备依然不足

目前，中国食品行业的科技成果主要存在于食品初级加工领域，精、深

---

① 《分析：我国食品工业存在主要问题》，中研网，2014 年 12 月 11 日，http：//www. chinairn. com/news/20141211/112849680. shtml。

② 《食品行业现状及发展趋势》，中华文本库，http：//www. chinadmd. com/file/pwocperiwzax 3wttx6rszoru_ 2. html。

③ 《分析：我国食品工业存在主要问题》，中研网，2014 年 12 月 11 日，http：//www. chinairn. com/news/20141211/112849680. shtml。

加工领域和食品行业综合利用方面的研究成果较少，相比国际食品顶级品牌的水平还有很大的差距。

（五）食品行业的标准体系、质量安全控制体系有待进一步完善

虽然中国的大部分食品加工产品已有国家或行业标准，但普遍存在标准滞后、制定周期长、标准水平偏低的问题。有的标准与国际食品法典标准不接轨；加工过程中质量控制体系不完善，产业化程度不高。[①] 这些都是影响食品行业企业品牌建设的负面因素。

（六）食品安全和环境污染问题较多

食品安全问题是全世界关注的问题。近年来，我国出口食品被投诉的信息时有所闻，这说明与发达国家相比，中国在食品加工技术和质量监管等方面还存在很大的差距。这就要求我们必须以品牌建设为龙头，尽快与国际接轨，全面改善品牌形象，提高食品出口产品的竞争力。

五　中国食品行业发展趋势

（一）全球经济形势纷繁复杂，人民币汇率波动有可能影响中国食品产业的战略布局

全球范围内的经济形势和金融市场的前景仍然动荡不定，中国经济虽然增长平稳，但同样面临诸多风险，外部环境的变化和动荡使得国内消费市场对于经济可持续增长的要求变得更加迫切，人民币汇率的调整和变化、农产品进出口规模和结构的变化、原材料成本的提高、境内外融资条件的变化以及海外并购活动等都将对中国食品行业及农业的未来发展产生各种各样的影响。这要求食品生产经营企业从战略上去把控风险，寻找机会，谋求发展。

---

① 《分析：我国食品工业存在主要问题》，中研网，2014 年 12 月 11 日，http://www.chinairn.com/news/20141211/112849680.shtml。

（二）传统食品生产经营可能面临巨大的转型挑战，竞争激烈

2016 年上半年，近 50% 的包装食品公司营业收入（或净利润）下滑。从零售渠道方面来看，全国 50 家主要零售企业的营业额比上年下降了 3.1%。[①]

一方面，对食品消费者来说，我国经济增长放缓、住宅商品房价格飙升等因素影响了他们对未来的预期，居民在工作、教育、健康和生活上的焦虑感增强，日常消费变得更加谨慎，不必要的支出逐步缩减。另一方面，整体上看，人们的生活水平还是有很大提高的，消费支出的重点从日常所需的食物或日用品逐渐转向体验式的或者注重生活品质的那些非快消类产品或服务上。对于品牌企业来说，传统市场的增长空间日益逼仄，市场竞争越来越激烈。

（三）社会发展将持续推动居民消费需求由量多转向质优，年青一代的消费习惯、人口老龄化、计划生育政策调整将深度影响未来食品消费市场，企业品牌在竞争中的意义和价值将进一步彰显

目前及未来一个时期，80 后作为已经成熟的消费人群，其消费能力将逐渐增强，他们的消费趋于理性，更加注重消费的品质；人口老龄化的趋势日益明显，这使得保健品、健康食品日益受到市场追捧；计划生育政策中的全面放开二孩政策有望使婴幼儿配方奶粉需求增长。

（四）日常生活中主副食品的消费增长空间有限，食品品类结构趋于高级化，品牌将变得更加重要

人们发现，相当长一个时期以来，大众乳制品、普通粮油制品、肉类等日常的主副食品行业板块消费增长的速度普遍放缓。消费者越来越注重饮食消费的安全性、健康性，具体表现就是趋向于消费更高端的产品。这种消费需求和销售模式的变化已经并且将进一步给从业者带来冲击，可以预见，以

---

① 数据来源于光明食品集团与荷兰合作银行联合发布的《2017 中国食品产业发展趋势报告》。

品牌建设为主导的生产技术升级、经营管理科学化、现代化将越来越重要。

具体来说，乳制品行业可能保持低速增长，黄油、乳酪等乳制品的消费还可能增加；粮油制品的消费增速趋缓，小包装大米很可能取代散装产品而趋于流行，食用油品结构会更加丰富；肉类消费总体增长有限，但牛肉消费应该还有很大的增长空间。

（五）市场对包装食品的健康、安全、美味等品质有更高的期待，这也是对企业品牌建设的具体要求

在一线城市，"健康"已经不再是一个仅仅停留在营销层面的概念，它正逐渐成为居民的一种寻常生活方式。同时，伴随着消费者的选择日益多样化，人们对食物除了有色、香、味的要求外，更多地关注起质量和健康指标来。对于包装食品的生产者和经销商来说，一方面，要不断地推出有新意的产品，以此引起消费者的关注和兴趣，激发他们尝试的意愿；另一方面，提供给市场的新产品一定要能持续维持对消费者的吸引力并转化为实实在在的购买行为，并以此来提升对相应品牌的整体喜好度和黏性，从而实现品牌增值。

（六）消费者的生活方式在变，西式餐饮和进口食品被越来越多的人所接受，国内食品企业品牌面临更激烈的竞争

西方发达国家的饮食及消费方式被时尚人士认为是一种值得追捧的高品质生活方式，各类西式的休闲方式、餐饮形态在国内大城市得以推广，西方的食品、饮品和某些生活习惯被一些本土居民所接受。例如，咖啡的生产、行销、消费有快速增长，色拉也得以流行，橄榄油被青睐，黄油、奶酪被接受、使用，各种西式糕点开始进入居民的日常生活，等等。毫无疑问，国内食品企业品牌面临越来越激烈的竞争。

（七）商业模式面临转型，国内食品企业品牌的市场机遇与挑战并存

传统市场的扩张和发展趋缓，竞争却日益激烈。面对这种局面，国内的

食品、农业公司应该积极行动起来，在横向整合、跨界协作、资产轻量化、渠道拓展等方面有所作为。例如，实施同业间兼并，以提高市场份额；开拓新的细分领域，以提升专业化水平；开展跨界合作，以寻求新的增长点；通过轻资产化运作，以降低资本投入、提高资本回报率；拓展和整合营销渠道，以提高品牌运营效率。

（八）食品行业的产业链一体化可能进入新阶段，食品企业品牌可能形成链状形态

食品行业企业目前面临的市场压力比较大。一方面，居民的消费意识在不断变化和增强。基于此，食品产业的各环节都有以更少的资源完成更多的生产和营销任务。相关企业面临迎合消费者需求、提升服务品质和工作效率等方面的诸多挑战。另一方面，国内市场上农产品的价格水平整体高企，价格的波动性也有所增大，这就给产业链下游各环节造成了更大的成本负担和潜在风险。在这种形势下，为了给整个产业链营造相对平稳的增长环境，从而在某种程度上缓解市场压力，就必须增强产业链各环节之间的有效协同。因此，食品行业产业链的整合有可能成为未来一个时期的行业潮流。在这种背景下，参与合作的企业品牌可能形成链状集成，这使得品牌个性的必要性随之增加。

B.4
中国酿酒行业的企业品牌建设
及其价值评价

摘　要：　此次上榜品牌中，五粮液集团有限公司的品牌价值约为
1425.91亿元，在酿酒行业排名第1位，排名第100位的山
东孔府家集团有限公司的品牌价值约为0.42亿元，100强的
平均品牌价值约为56.64亿元。在100个上榜品牌中，品牌
价值超过10亿元的企业有38家，品牌价值为5亿~10亿元
的企业有18家。榜单上前10强品牌的总价值占100强品牌
总价值的77.5%，前20强品牌的总价值占100强品牌总价
值的88.2%，这说明品牌价值较高的酒类企业只占极小的
比例，大多数企业的品牌价值依旧维持在相对较低的水平
上。榜单显示，中国酿酒行业的两极分化现象比较严重，这
种不健康的行业格局将限制其发展。仅有大约12%的消费
者了解酿酒行业的品牌状况，这意味着酿酒行业对品牌的培
养投入不足。现阶段，酿酒行业品牌虽然依托传统文化，但
与国外品牌相比，无论是品牌文化建设的强度还是市场策略
都存在不小的差距，这也就导致了中国酿酒行业低端品牌萎
靡，中端品牌竞争激烈，虽然高端品牌发展状况良好，但受
到国外品牌的竞争和挤压。此外，酿酒行业的特殊性导致其
品牌拥有寄生性，酒类品牌更多地依附于餐饮及礼品行业，

* 张聪明，博士，中国社会科学院俄罗斯东欧中亚研究所研究员，研究方向为转轨经济、企业
制度、企业文化等。

这说明其品牌更容易受外部客观环境的影响。通过调研发现，大多数企业的品牌定位模糊，试图施行"通吃"的品牌行销策略，这导致其品牌个性不鲜明，很难建立起良好的客户关系。联合品牌及品牌文化将成为未来酿酒行业的核心竞争力。

关键词： 品牌　品牌价值评价　酿酒行业

一　全球酿酒行业发展现状及国际顶尖品牌表现

（一）全球酿酒行业发展现状

2016 年全球酒精饮料市场规模为 4983 亿美元。[①]

2016 年，全球市场对酒精饮品的需求下降了 1.3%，而过去的 5 年里平均下降速度仅为 0.3%。尽管全球酒精饮品消耗量整体有所下降，但英国品酒类杂志 IWSR 仍预测 5 年后这一趋势将会回转，到 2021 年酒精饮品消耗量将增长 0.8%。[②]

在 IWSR 的统计中，啤酒和苹果酒的销量分别下降了 1.8% 和 1.5%，这是造成酒类整体销量下滑的重要因素。静止葡萄酒的销量下降 0.5%，但烈酒和起泡酒的销量分别增长了 0.3% 和 1.8%。IWSR 的编辑认为新兴市场国家持续的经济颓势以及一些酒类管理方面的规定可能是造成出现这一现象的原因。如南非与美国对苹果酒的需求量减少了 15.2%，导致全球苹果酒销量下滑。而在啤酒这个下降幅度最大的品类中，中国则施展了影响力。作

---

① 《2017 年全球酒精饮料市场规模发展现状》，中国产业信息网，2017 年 7 月 13 日，http://www.chyxx.com/industry/201707/540979.html。
② 《目前国际酒精饮料消费趋势怎么样?》，红酒世界网，http://www.wine - world.com/qa/20170602215150290。

为全球最大的啤酒消费国，中国 2016 年啤酒销量下降了 4.2%，巴西和俄罗斯的销量分别下降 5.3% 和 7.8%[①]，这三个国家啤酒销量的减少被 IWSR 认为是影响全球啤酒销量的重要因素。

烈酒是全球酒精类表现比较好的，除了伏特加销量同比减少 4.3% 以外，杜松子酒、龙舌兰酒以及威士忌的销量分别增长 3.7%、5.2% 和 1.7%。

伏特加销量的下滑依然是因为俄罗斯。迄今俄罗斯仍是最大的伏特加市场，然而除了消费者支出减少以外，俄罗斯的年轻人受西方影响，没那么喜欢伏特加，况且伏特加比啤酒要贵。2007 年伏特加销量占俄罗斯酒类销量的 53%，到了 2015 年只占 39%。

根据 IWSR 的预测，未来酿酒行业将依靠威士忌复苏，在接下来的 5 年内全球酒精类饮料销量平均增长 0.8% 左右。[②]

（二）国际顶尖品牌——喜力啤酒

喜力啤酒公司于 1863 年创建于荷兰的阿姆斯特丹市。目前，喜力啤酒公司的产量居世界第二位，同时，作为世界上最著名的啤酒酿造公司之一，它还是世界上最大的啤酒出口企业，与此相适应，"喜力"是全球当之无愧的最具国际化的第一啤酒品牌。喜力啤酒公司的生产经销方式包括当地生产/出口、特约授权生产等，通过多种方式的相互配合，喜力啤酒公司的产品目前行销全球 170 多个国家和地区。

2016 年喜力啤酒公司经调整后的经营溢利增长 9.9%，达到 35.4 亿欧元，高于市场预期。年内喜力啤酒公司收入自然增长 4.8%。[③] 2017 年上半年销量自然增长 2.6%，高于市场预测的 1.7%；收入增长 3.8%，达到

① 《全球酒精饮品销量暴跌 中国啤酒为什么卖不动了?》，中研网，2017 年 6 月 9 日，http://www.chinairn.com/news/20170609/160613254.shtml。
② 《2016 年全球酒业不好过 啤酒行业销量下滑度破纪录》，搜狐网，2017 年 6 月 9 日，http://www.sohu.com/a/147545644_667738。
③ 《〈外企业绩〉喜力去年经调整后经营溢利增长一成 胜市场预期》，财经新闻网，2017 年 2 月 17 日，http://www.howbuy.com/news/2017-02-17/5021317.html。

104.8 亿欧元；年盈利提升 48.6%，达到 8.71 亿元。①

1. 业务特点

总部设在荷兰阿姆斯特丹的全球知名啤酒品牌喜力啤酒公司是世界上最成功和最有名的啤酒厂家之一，甚至在 007 系列的电影里都能看到它的身影。1997 年，喜力啤酒公司和拥有 James Bond 名称专营权的公司签订协议，策划了很多激动人心的营销方案，如情节紧张激烈的电视广告、具有高科技感的社交媒体内容、智能产品等。

事实上，喜力啤酒公司是很多高质量的体育和音乐活动的赞助人，包括欧洲橄榄球冠军杯和自 2005 年起就一直作为赞助商提供赞助的 UEFA（欧洲足球协会联盟）。

2. 喜力啤酒公司的品牌策略

多年以来，喜力啤酒公司在营销方案中投入了大量的资金，希望自己的追随者可以和品牌产生一种更新颖和更复杂的联系，即在体验层面的连接。而正因为人们在社交媒体中对体验的日渐重视，这项策略也适时地迎合了市场的需求。

喜力啤酒公司的营销团队着力与音乐创作、体育运动进行合作，并且不断地以现代科技新手段去实现营销创意。例如，针对那些喜欢节庆的消费者，喜力啤酒公司最新发明了一种手环，演出现场的观众可以选择手环上亮起的红灯或绿灯来决定下一首歌是不是要进行更换。

品牌精细的社交营销分类，如 "Share the Sofa" "Champion the Match"，通过高涨的话题讨论度，提高了品牌关注度，并且把喜力品牌带到了一个至高的位置——和冠军联赛紧密相关的啤酒品牌。

喜力啤酒公司最受欢迎的社交平台是脸书（Facebook），在这个平台上，它有超过 2 亿名粉丝。相比其他品牌，毫无疑问，喜力名列第一。

喜力啤酒公司的 Facebook 注重传递与粉丝有关的娱乐内容，特别是针

---

① 《喜力啤酒 2017 年上半年净利润 8.71 亿欧元》，手机凤凰网，2017 年 8 月 2 日，http：//i. ifeng. com/lady/vnzq/news？aid=126224092&m=%3D。

对足球爱好者。就像球场里激励球员的教练一样，喜力啤酒公司也希望通过激发粉丝的热情来评论转发和"Like"自己的主页。这种方法既优雅又聪明，既卖出了啤酒，又没有任何一句提到啤酒的广告词。2012年，喜力啤酒公司的Facebook巴西主页发起了"One Like One Balloon"活动，取得了巨大的成功。活动的一部分就是如果页面上每次有一个新的"Like"，那么喜力啤酒公司的巴西办公室就会吹起一个绿色的气球。仅仅一天的时间，整个办公室就被气球填满了。这次活动给喜力啤酒公司带来了数以千计的评论和超过100万名新粉丝。

喜力啤酒公司的营销团队在推特（Twitter）上也有不俗的表现。例如，在Twitter喜力主页上，经常会分享很多高质量的与体育运动相关的短文字、音乐、视频和图片。图片分享可以很专业地帮助喜力品牌在冠军杯这种高级别的足球竞赛上保持自己的品牌曝光率。在Twitter页面上的喜力就像一个高级别的足球迷，通过精心组织的内容，营销团队不仅让喜力品牌展现出对足球运动极高的专业理解力，而且展现了对足球运动团队精神的尊重，同时还热情地邀请粉丝加入非常有对话性的互动中。所以，当你进入Twitter喜力主页时，你就像坐在酒吧里的球迷中间，一边讨论一场球，一边喝喜力啤酒。

与Twitter形成鲜明对比的是，在Instagram这个平台上，喜力啤酒公司的营销团队展现的是更个性化和更人性化的一面，希望传递出品牌更多的独特个性和粉丝的人生故事。通过平台使用者自主产生的内容，甚至是特别的粉丝的人生故事，让世界各地的粉丝产生一种联系感。

喜力啤酒公司的营销团队在社交媒体上的努力无疑是成功的。他们通过不断地在不同社交平台提供创造性的、清晰的与品牌内容相符的内容，在全球范围内，将每一个受众都紧紧联系在一起。他们了解粉丝的语言、习惯、幽默感，因此没有必要去不断推销自己的产品，仅仅给自己的粉丝一个充满惊喜的体验就足以加强品牌和用户之间的联系。

二　中国酿酒行业发展现状

（一）白酒

1. 行业持续复苏

2012 年，政府先后出台"禁酒令"和限制"三公消费"的政策，白酒行业进入深度调整期，行业标杆茅台价格持续下滑，白酒上市公司业绩持续低迷。

经过一段时间的持续调整，一方面，中国国内的白酒渠道库存已经基本消化；另一方面，国内白酒的消费升级提速，商务消费和普通民间消费趋于正常，白酒行业重新得以复苏，上市的白酒企业作为行业内龙头企业率先恢复增长。从 2017 年半年报来看，上半年营业收入和净利润增速均超过20%，白酒行业延续复苏势头。①

从中报数据来看，名酒业绩均加速向好，同时渠道库存保持良性水平，价格稳步上行，行业上行周期持续得到验证。

从营业收入来看，白酒板块 2017 年上半年实现营业收入 818.71 亿元，同比增长 21.02%，营业收入增速自 2016 年第三季度以来呈现逐季加速的态势，2017 年第二季度同比增速达到 23.71%，其中贵州茅台、古井贡酒、酒鬼酒、山西汾酒、水井坊 2017 年上半年营业收入增速超过 20%。从净利润来看，白酒板块 2017 年上半年实现净利润 250.59 亿元，同比增长25.7%，净利润增速超过营业收入增速，主要是产品结构升级叠加费用使用效率提升驱动净利润实现更快增长。②

一方面，高端白酒的价值回归与大众消费升级实现了较好的对接；另一

---

① 《专题：白酒行业高景气度有望延续》，优秀范文网，2017 年 9 月 22 日，http：//www.yxtvg.com/toutiao/5180485/20170922A0A24A00.html。
② 《食品饮料行业：整体业绩趋势向好　白酒及调味品当先》，金融界，2017 年 9 月 26 日，http：//stock.jrj.com.cn/2017/09/26040523167627.shtml。

方面，中高端白酒的市场需求也得到某种程度的释放，白酒行业的景气度得到正向刺激，实现了全面回升，龙头品牌纷纷提价。

根据中国报告网发布的《2018～2023年中国白酒市场运营态势与投资前景评估报告》，贵州茅台供给相对有限，下游需求强劲，一批价逐步上升，随着中秋和国庆旺季的来临，为了控制价格，茅台加大供应量，虽然近期一批价有所回落，但仍处于1300元以上；五粮液新管理层上任后积极务实，一批价也上升到810元以上，经销商的经营动力大幅增强；泸州老窖2017年以来多次上调国窖1573出厂价，目前计划内价格达到760元，计划外价格达到810元，全年销量有望突破历史新高。高端白酒一批价稳步上行为二、三线龙头品牌留出了价格空间，在行业持续复苏的背景下，剑南春、水井坊、古井贡酒等白酒企业品牌接连提价。

2. 业绩分化明显

整体来看，在18家上市白酒企业中，有15家企业的营业收入和净利润均实现同比正增长，仅金种子酒业和皇台酒业的营业收入与净利润同比均出现下滑。

分公司来看，一、二线龙头品牌在集中度提升和行业分化背景下表现更佳，而品牌、渠道较弱的小型白酒企业继续承压，业绩分化较为明显。

高端白酒消费景气持续，茅台、五粮液、泸州老窖2017年前三季度营业收入增速均超过15%，净利润增速超过25%。2017年上半年，贵州茅台营业收入同比增长36.06%，净利润同比增长27.81%；五粮液营业收入同比增长17.85%，净利润同比增长27.91%；泸州老窖营业收入同比增长19.41%，净利润同比增长32.73%。[①]

次高端白酒在外部环境改善和内部经营改善的双重推动下，业绩增长较好，水井坊、山西汾酒、沱牌舍得、酒鬼酒等公司的营业收入同比分别

---

① 《七成大消费公司净利增长　机构延续"吃药喝酒"》，凤凰财经，2017年8月31日，http：//finance. ifeng. com/a/20170831/15627449_ 0. shtml。

增长 71%、41%、13% 和 27%，净利润同比分别增长 26%、71%、169% 和 138%。[①]

三线白酒业绩分化明显，皇台酒业营业收入同比下滑 39.61%，金种子酒业营业收入同比下滑 24.54%，顺鑫农业、伊力特、老白干酒、迎驾贡酒、金徽酒等公司营业收入仅实现个位数增长。[②] 我们认为，在消费升级的背景下，行业分化仍将延续下去，中高端白酒依然有较大的增长空间。

（二）葡萄酒

中国的葡萄酒市场在 2017 年得到复苏，进口葡萄酒获得了异常迅猛的增长。2017 年，我国进口葡萄酒总量同比增长 44.58%，进口额同比增长 34.30%。[③]

中国在实行节俭政策之前，葡萄酒消费主要集中在高端市场，用价格昂贵的葡萄酒送礼是中国人打通“关系”的途径之一。经过三年多的政策环境变化后，葡萄酒开始走入“亲民时代”，大众消费日益成为市场主流，葡萄酒的酿酒企业和分销商正在把营销的焦点从政府官员转向普通居民消费者。

2014 年以来，受市场复苏和“零关税”政策的双重刺激，进口酒市场呈现迅猛增长的态势，已成为酒业的又一个风口。2015 年中国酒类累计进口量为 5.83 亿升，比上年增长 42.40%，进口额为 37.35 亿美元，比上年增长 29.70%，两项增长指标同时创下了 2013 年探底之后的新高。从进口酒的结构来看，啤酒、葡萄酒的进口数量和金额都有大幅增长，特别是从进口

① 《白酒 2017 年中报综述：延续高景气，从确定性到高成长》，腾讯证券网，2017 年 9 月 22 日，http://www.yxtvg.com/toutiao/5180485/20170922A0A24A00.html。
② 《2017 年我国白酒行业发展现状及业绩分化情况分析》，中国报告网，2017 年 10 月 19 日，http://market.chinabaogao.com/yanjiu/10192aQ02017.html。
③ 《2017 年中国葡萄酒市场现状分析及行业发展趋势》，搜狐网，2017 年 7 月 25 日，http://www.sohu.com/a/159743293_99965517。

量和进口额两个指标来看，葡萄酒都是进口酒类中最大的品种，进口量占比为 29.93%，进口额占比为 52.85%。[1]

2017 年，中国进口葡萄酒的总量达到 5.5526 亿升，比上年增长 44.58%，进口总额为 20 多亿美元，比上年增长 34.30%[2]，这表明葡萄酒市场复苏后获得了加速增长。

2016 年，散装葡萄酒进口量为 1.46 亿升，与 2015 年相比大幅增长 78.5%；进口额为 9877 万美元，比 2015 年增长 41.94%；进口均价为 0.65 美元/升，同比下降 23.5%。[3] 这种变化的市场行情是，国内消费者对葡萄酒的总体认知水平有所提高，原瓶装的进口葡萄酒越来越受到国内消费者的青睐，2016 年瓶装酒的进口量为 3.96 亿升，进口额为 18.8 亿美元，均创下了历史新高。[4]

进口葡萄酒进入中国市场，使国内消费者有了更多高品质、高性价比的优质葡萄酒可供选择，尤其是原瓶酒进口价格趋于下降，使葡萄酒竞争格局由最初的低门槛、小规模、低价格竞争转变为品牌和性价比的高水平竞争。

目前，中国葡萄酒行业平均利润率为 10% 左右，进口葡萄酒利润为 15%～20%，关税减免让进口企业利润骤增，共同掀起了进口热潮。[5] 这对国产葡萄酒行业造成了极大的威胁。

（三）啤酒

中国报告大厅网发布的《2016～2021 年中国啤酒行业专项调研及投资

[1] 《2017 年中国葡萄酒市场现状分析及行业发展趋势》，搜狐网，2017 年 7 月 25 日，http：// www. sohu. com/a/159743293_99965517。

[2] 《2017 年中国葡萄酒市场现状分析及行业发展趋势》，搜狐网，2017 年 7 月 25 日，http：// www. sohu. com/a/159743293_99965517。

[3] 《2017 年中国葡萄酒市场现状分析及行业发展趋势》，搜狐网，2017 年 7 月 25 日，http：// www. sohu. com/a/159743293_99965517。

[4] 《2017 年中国葡萄酒市场现状分析及行业发展趋势》，搜狐网，2017 年 7 月 25 日，http：// www. sohu. com/a/159743293_99965517。

[5] 《2017 年中国葡萄酒市场现状分析及行业发展趋势》，搜狐网，2017 年 7 月 25 日，http：// www. sohu. com/a/200719830_826637。

价值预测报告》数据显示，国内啤酒业近年来持续低迷，销量同比下滑。自 2011 年起全国啤酒销量便进入了持续的下行阶段，2014 年首次出现负增长，2015 年下滑趋势进一步扩大至 - 4.97%，行业持续不景气促使公司业绩下滑，啤酒企业整体表现不佳。① 上市啤酒企业营业收入从 2013 年开始便持续下滑，2015 年下半年同比下滑 4% 左右，进入 2016 年第二、第三季度，营业收入回升至 2% ~4% 的小个位数增长，与白酒、零食、坚果等食品子类的高景气、高增速形成鲜明对比。

不过，也有资料显示，中国啤酒行业已从 2016 年 8 月起实现恢复性增长，消费市场活跃和餐饮行业复苏是其动力。② 统计数据表明，2016 年 8 ~12 月，中国啤酒的月度产量一直保持正增长，2016 年全年啤酒行业的累计产量达到 450.64 亿升，累计同比只有 0.1% 的下降幅度，基本上止住了 2016 年上半年 4.3% 的大跌趋势。③

三　中国酿酒行业品牌价值100强分析报告及领军品牌表现

（一）《2017 Asiabrand 中国酿酒行业品牌价值100强榜单》解读④

此次上榜品牌中，五粮液集团有限公司占据排行榜第 1 位，其品牌价值约为 1425.91 亿元，第 100 强山东孔府家集团有限公司的品牌价值约为 0.42 亿元，100 强的平均品牌价值约为 56.64 亿元。

---

① 《啤酒行业业绩两极化　2017 年将呈现弱复苏趋势》，中国报告大厅网，2017 年 7 月 4 日，http：//www.chinabgao.com/info/97803.html。
② 《2017 年中国啤酒行业现状分析》，中国报告大厅网，2017 年 3 月 8 日，http：//www.chinabgao.com/k/pijiu/26574.html。
③ 《2017 年中国啤酒行业现状分析》，中国报告大厅网，2017 年 3 月 8 日，http：//www.chinabgao.com/k/pijiu/26574.html。
④ 《2017 中国酒行业品牌 100 强榜单及分析报告》，亚洲品牌网，2017 年 6 月 1 日，http：//cn500.asiabrand.cn/xinwen/8618002013.html。

上榜品牌中，品牌价值超过 10 亿元的企业有 38 家，品牌价值为 5 亿 ~ 10 亿元的企业有 18 家。中国酿酒行业品牌价值分布情况见图 1。

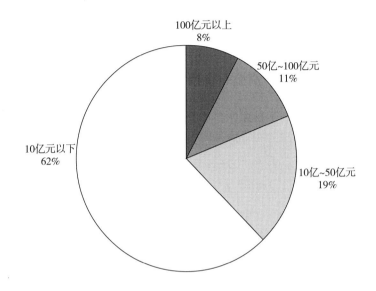

图 1　中国酿酒行业品牌价值分布情况

上榜前 10 强品牌的总价值占 100 强品牌总价值的 77.5%，前 20 强品牌的总价值占 100 强品牌总价值的 88.2%，这说明中国品牌价值较高的酒类企业只占据极小的比例，然而大多数企业的品牌价值依旧维持相对较低的水平，同时也显示了中国酿酒行业发展的窘迫状况。

（二）中国酿酒行业品牌现状

榜单显示，中国酿酒行业的两极分化现象比较严重，这种不健康的行业格局将限制其发展。仅有大约 12% 的消费者了解酿酒行业的品牌状况，这意味着酿酒行业对品牌的培养投入不足。现阶段，酿酒行业品牌虽然依托传统文化，但与国外品牌相比，无论是品牌文化建设的强度还是市场策略都存在不小的差距，这也就导致了中国酿酒行业低端品牌萎靡，中端品牌竞争激烈，虽然高端品牌发展状况良好，但受到国外品牌的竞争和挤压。此外，酿酒行业的特殊性导致其品牌拥有寄生性，酒类品牌更多地依附于餐饮及礼品

行业，这说明其品牌更容易受外部客观环境的影响。通过调研发现，大多数企业的品牌定位模糊，试图施行"通吃"的品牌行销策略，这导致其品牌个性不鲜明，很难建立起良好的客户关系。联合品牌及品牌文化将成为未来酿酒行业的核心竞争力。

（三）领军品牌——五粮液

四川省宜宾五粮液集团有限公司（以下简称五粮液集团）是全球知名的以白酒生产为主的特大型集团公司。目前，五粮液集团已形成以酒业为核心主业、多元化发展（现代机械制造、高分子材料、现代包装、现代物流为支柱产业）的现代产业格局。公司现有职工超过 5 万人，生产经营场所占地面积为 12 平方公里，拥有从明初连续使用至今且从未停止过发酵的老窖池，也拥有一大批现代化、规模化的酿酒生产车间。[①]

2016 年，五粮液集团的总资产价值为 956.28 亿元，营业总收入达到 703.08 亿元，利润总额为 100.29 亿元，利税总额达到 157.5 亿元，出口创汇达到 2.16 亿美元。五粮液集团荣列中国企业 500 强，居第 208 位，也是中国制造业企业 500 强，排在第 98 位。其股份公司实现营业总收入 245.44 亿元，利润总额达 93.37 亿元。目前，五粮液集团的品牌价值估值为 958.59 亿元，在中国酿酒行业品牌价值 100 强榜单中连续 23 年稳居白酒制造类第 1 位。[②]五粮液股票的总市值已突破 2000 亿元，在全国酒类上市公司中排在第 2 位，在四川省 110 家上市公司中排在第 1 位（分红额也排在第 1 位）。[③]

1. 创新表现

（1）创新科技产品——自由度

"自由度"产品是五粮液集团有创意的产品品牌，产品为一盒装两瓶

① 《2017 四川宜宾五粮液系列酒品牌营销有限公司简介》，中公金融人网，2017 年 12 月 20 日，http://sc.jinrongren.net/gqzp/2017/1220/8155.html。
② 《2017 年最受赞赏的中国食品饮料公司，第一名是谁？》，搜狐网，2017 年 12 月 13 日，http://www.sohu.com/a/210238330_100066774。
③ 《中国名酒 扎根德国 香飘欧洲 五粮液高端品鉴会即将在杜塞尔多夫闪亮登场》，搜狐网，2017 年 9 月 4 日，http://www.sohu.com/a/169569555_359082。

酒，一瓶为 280 毫升的 69 度优级原度调和精华液，一瓶为 620 毫升的 38 度优级基酒，基酒瓶上标有经无数次实验而获得的精准酒精度刻度，在饮此酒时，通过两种酒的掺和，以及简单的手法就可自由调出 38 度、42 度、45 度、52 度等数种不同的新度数白酒。[1]

（2）开"五粮 e 店"，创新白酒零售新模式

"五粮 e 店"线上线下一体化连锁新零售终端，在北京、上海、广州、成都、郑州、宜宾六城六店同步启动运营测试，与之配套的"五粮 e 店 App"同步上线。[2]

"五粮 e 店"是五粮液集团实施供给侧结构性改革、创新驱动发展战略，运用大数据手段，直接面向最终消费者的创新型智能连锁零售体系。

2. 营销表现

五粮液是中国三大名酒之一，是中国高端白酒品牌引领者，拥有悠久的历史和独特的品牌文化。过去，白酒品牌主要采用"广告 + 区域经销商"的方式进行营销，通过投放广告来提高品牌认知度，带动区域经销商加盟，从而通过区域分销来提升整体销量。

显而易见的是，在移动互联网时代，有不少传统企业在这波数字化营销浪潮中积极转型。传统品牌五粮液的数字化营销之路，需要创新，更需要创造新奇有趣的营销玩法。

（1）借势奥运热点：五粮液为你倒上一碗好酒

对于五粮液集团来说，要想在互联网时代实现与受众的亲密互动，借势当下热点，结合流行趋势，是最快最有效的方法。2016 年里约热内卢奥运会如期而至，少不了的当然还有奥运热点借势。而每一个品牌面对奥运热点的问题都一样：如何超越伦敦奥运会上 Nike 创造的"伟大"？如何改变消费者对五粮液品牌的固有认知？如何让五粮液在铺天盖地的品牌鸡汤中脱颖而出？

---

[1] 郭晓娟：《度数高低自己调　五粮液产品"自由度"上市》，宜宾新闻网，2015 年 12 月 18 日，http：//app. ybxww. com/print. php？contentid = 199934。

[2] 《五粮液开"五粮 e 店"，创新白酒新零售模式》，硅谷动力网，2017 年 11 月 22 日，http：//www. enet. com. cn/article/2017/1122/A20171122039820. html。

不管你喝不喝酒，当我们谈论五粮液时，自然会联想到渗透于整个中华五千年文明史中的酒文化。而很多现代奥林匹克的项目在中国古代早有雏形，有些项目甚至发源于中国。古人云：独乐不如众乐！鸡汤喝多了会腻，五粮液集团这次索性倒碗烈酒，玩点不一样的。为何不让现代奥林匹克运动穿越到中国古代，让古人来到现代，大家一起嗨？

伴随赛事进程，五粮液集团制作了一系列"画风清奇"的穿越式动图海报。这一组动图海报使现代奥林匹克运动与古代人物实现了具有强力反差的萌汇集，海报的"软萌贱"文案和 emoji 表情，在受众中产生了强烈的共鸣。

（2）传统品牌新玩法：巧妙设置利益引流，提升受众参与感

人们在项目执行过程中惊喜地发现，2016 年奥运会的画风竟然和互联网的玩法越来越像，大家不再唯金牌论英雄，以前奥运会只有夺金的运动员才能上头条，此届奥运会上，大家更加乐于参与那些和奖牌无关的话题。从傅园慧的"洪荒之力"，到女排"王之蔑视"的表情包……奥运会变成了全民参与的话题。

于是，五粮液集团在官方微博发起"笑奥江湖"的互动话题。巧妙地用利益引流，大大增强了受众与品牌之间的互动，提升了受众参与感。话题引爆后，五粮液微博的总阅读量逼近百万人次，官方微博的粉丝数急剧增加，为五粮液电商导入了巨大流量。五粮液品牌在社会化营销领域小试牛刀，取得了不俗的效果，受众也从中感受到了五粮液的创新意识和品牌活力，这既有效提升了五粮液品牌的知名度和好感度，也定下了品牌营销转型的基调。

（3）线上线下密切配合：打造"五粮液 + Social"新格局

2016 年是五粮液品牌推广的创新之年，创新推广动作不断。2016 年 4 月 20 日下午，五粮液品牌的"耀世之旅"全球文化巡展在成都正式启航。品牌全球文化巡展的主题是"百年世博，荣耀绽放"，在中国共设成都、上海、北京等七站。为了方便受众的参与，五粮液集团在官方微博、微信等媒体上发起"答世博令""寻找城市味道"等有意义的、丰富多彩的网络互动活动和 H5 活动，实现了线上线下的品牌文化聚会。

随着互联网等新技术的飞速发展，以及"互联网 +"时代的全面到来，如何进行有效的传播、实施线上线下精准营销、与受众实现亲密互动，成为传统企业进行品牌建设需要思考的问题。无论是在奥运主题的营销中摒弃沿用"套路"、追踪社会热点进而创造热点吸引年轻受众主动参与，还是在线上线下密切配合展开的各种营销活动中，都给人留下了深刻的印象。

（四）顶级酒品牌：国际国内之比较

1. 百威英博

（1）公司概况

百威英博是全球领先的著名啤酒酿造商，其业务遍及全世界 25 个国家和地区，员工超过 15 万人。根据 2014 年的统计，百威英博总收入达 471 亿美元，其梦想是"最佳啤酒公司，携手你我，酿造更美好世界"。①

（2）业务特点

第一，实施规模化成本领先战略。

百威英博选择规模化成本领先战略，誓作全球最大的啤酒龙头企业。因此，百威英博采取积极的扩张策略扩大其规模。

分析百威英博的财务数据发现，以成本领先为导向的百威英博，采用产品规划、规模采购、渠道管理优化、运营效率提升等方式，通过售价并不高端的产品组合实现了惊人的吨酒盈利。同时，对于规模逐渐庞大的企业来说，成本领先是企业规模化发展中应关注的核心，提升资产收益水平是企业规模化追求的最终目标。

第二，以品牌组合实现多元发展。

百威英博在全球范围内展开并购，以多元化的品牌组合开拓市场。这使得它能够最大限度地优化其全球分销网络，及时引进最优的商业模式。②

---

① 《百威"触电"腾讯　开启战略合作》，搜狐网，2015 年 8 月 20 日，http：//www.sohu.com/a/28478632_ 162758。

② 《看百威英博如何成为世界最大啤酒集团》，新浪财经，2011 年 2 月 19 日，http：//finance.sina.com.cn/roll/20110219/08259401668.shtml。

百威英博通过多元化品牌经营策略力争在全球各主要啤酒市场占据领先地位。与此同时，百威英博还致力于加强各地的地方化运营平台建设。主要是加强与当地合作伙伴的长期合作与交流，传授最新技术和管理经验，推广和分享好的销售营运模式，扶持当地本土品牌，注重培养和雇用本地员工，以期与当地合作伙伴建立稳固的友好关系。

值得指出的是，焦点品牌和基于价值的品牌是百威英博实施多元化品牌组合战略的基础。①

第三，通过全球并购实现发展壮大。

考察百威英博的发展史就会发现，它就是一家通过不断并购实现发展壮大的世界性企业集团。持续的国内外并购，使得它终于成为目前世界上最大的啤酒集团。相关资料显示，百威英博约占世界啤酒市场的 1/4、美国啤酒市场的 1/2。②

2. 青岛啤酒

（1）公司概况

1903 年 8 月德英合资创建的日耳曼啤酒公司青岛股份公司就是青岛啤酒股份有限公司（以下简称青岛啤酒）的前身，这是中国本土历史上最悠久的啤酒制造企业。2008 年北京举办奥运会，青岛啤酒是著名的赞助商之一。青岛啤酒目前的品牌价值为 1168.75 亿元，居中国啤酒行业首位，位列世界品牌 500 强。③

青岛啤酒股票于 1993 年 7 月 15 日在香港交易所上市，它是中国内地第一家在境外上市的企业。1993 年 8 月 27 日，它又在上海证券交易所上市，至此，青岛啤酒成为中国首家在沪港两地同时上市的公司。到 2015 年底，

---

① 《看百威英博如何成为世界最大啤酒集团》，新浪财经，2011 年 2 月 19 日，http://finance. sina. com. cn/roll/20110219/08259401668. shtml。

② 《看百威英博如何成为世界最大啤酒集团》，新浪财经，2011 年 2 月 19 日，http://finance. sina. com. cn/roll/20110219/08259401668. shtml。

③ 《工匠精神生金 "青岛啤酒"品牌价值 1168.75 亿 2016〈中国 500 最具价值品牌〉发布 青岛啤酒连续 13 年蝉联中国啤酒行业首位》，网易财经，2016 年 7 月 2 日，http://money. 163. com/16/0702/03/BQUJJ1SQ00253B0H. html。

青岛啤酒在全国 20 个省份拥有 60 多家啤酒生产企业，公司规模和市场份额居国内啤酒行业领先地位。[①]

从业绩上看，2015 年，青岛啤酒共实现啤酒销售量 84.8 亿升，实现营业收入 276.35 亿元，实现归属上市公司股东的净利润 17.13 亿元。[②]

目前，青岛啤酒远销美国、日本、德国、法国、英国、意大利、加拿大、巴西、墨西哥等 70 多个国家和地区。全球啤酒行业权威报告 Barth Report 依据产量排名，将青岛啤酒列为世界第五大啤酒厂商。[③]

（2）发展战略

第一，品牌带动发展。

"高品质、高价格、高可见度"是青岛啤酒国际化的基准，青岛啤酒老老实实做品牌、兢兢业业做产品，追求的是"品牌带动下的发展"。[④]

青岛啤酒品牌历经 114 年岁月，百年不衰，就是因为它能在与时俱进、自我颠覆、不断创新的过程中不忘初心，以产品和服务造福社会，这使得它能够保持新鲜度和持久的活力。

青岛啤酒实施的"青岛啤酒主品牌＋崂山啤酒第二品牌"的品牌战略，巩固和提升了青岛啤酒在国内中高端产品市场上的竞争优势。

数据显示，2016 年，公司的主品牌青岛啤酒共实现销售量 381 万公升，特别是"奥古特""鸿运当头""经典 1903""纯生啤酒"等高端产品的销售量达到了 163 万公升，依然保持了青岛啤酒在国内中高端市场的领先地位。[⑤]

第二，以产品品质赢得并保有市场份额。

① 《特大利好消息：青岛啤酒 方正科技 云赛智联 广汇物流》，快资讯，2018 年 6 月 1 日，http://sh.qihoo.com/pc/9b8d90917fa2c1cb6？sign=360_e39369d1。

② 《"2018 年度中国啤酒十大品牌总评榜"荣耀揭晓》，搜狐网，2018 年 7 月 18 日，http://www.sohu.com/a/241901640_374853。

③ 《"2018 年度中国啤酒十大品牌总评榜"荣耀揭晓》，搜狐网，2018 年 7 月 18 日，http://www.sohu.com/a/241901640_374853。

④ 《青岛啤酒秉持"四大基因" 深耕"新全球化"》，新浪财经，2017 年 8 月 19 日，http://finance.sina.com.cn/roll/2017-08-19/doc-ifykcirz3051546.shtml。

⑤ 《青岛啤酒秉持"四大基因" 深耕"新全球化"》，新浪财经，2017 年 8 月 19 日，http://finance.sina.com.cn/roll/2017-08-19/doc-ifykcirz3051546.shtml。

青岛啤酒依托其自身品牌、产品所具有的差异性，将精良的品质作为吸引消费者的基础，同时不断提升和丰富品牌的文化内涵，加强生产、服务和消费中与消费者的互动体验，通过不断满足全球消费者日益提高且多样化的品质需求和精神需求来保持和扩大其市场份额。

第三，以创新的方式建设品牌。

青岛啤酒有一个可持续发展的品牌推广模式。青岛啤酒的创新就包括营销模式、品牌推广方式等多方面的企业管理内容。

例如，"全球代言人计划"就被业内普遍看作营销方式创新的经典案例。青岛啤酒尝试在全球100个国家分别找到100个消费者，让他们作为青岛啤酒的代言人。这种新的营销方式在国内啤酒企业中引起了强烈的反响。

四 影响中国酿酒行业企业品牌价值提升的因素

（一）白酒

白酒行业是我国具有浓厚文化色彩的传统行业，但是，白酒行业也是状态百出、漏洞不少的行业。

1. 安全问题

自20世纪60年代开始，勾兑白酒就已经在市场上出现了，这里的"勾兑"主要是指用食用酒精加水和香精兑成白酒，与蒸馏酒生产工艺中的勾兑工艺不一样。那时候采用勾兑之法是形势所迫，由于粮食危机，经济困难，不得已而为之。到现在，勾兑白酒现象还是层出不穷，市面上所卖的大多数低端白酒都是勾兑而成。由于大量使用化学物质和添加剂，勾兑白酒早已失去了真正的酒味。勾兑白酒刺激性强烈，辣喉，饮后酒精被身体快速吸收进入人体内，造成头痛、脸红、醉酒，味道大不如粮食酿造酒，严重损害了饮酒人的健康。

2. 经销商利益最大化

目前我国白酒销售主要是线下销售，厂商分离。同时，白酒产业产能过剩，供过于求，大量产品积压。中小型酿酒企业盲目发展，造成了恶性竞争，厂家为了扩大市场占有率，盲目让利给经销商，使经销商赚足了利润，流通环节利润大于企业利润。流通环节利润的增加，使企业的经营成本逐年上升，企业不得不提高售价，消费者花费高昂的费用买到的却不是质量过硬的产品，厂商也没有过多的利润用以提升产品质量。

3. 行业不透明

近年来，社会公众对白酒行业的猜测和质疑越来越多，"塑化剂"事件之后，疑云更重，行业渐渐失去了某些社会公信力。行业基本知识的传播也不到位，特别是社会上对酿造工艺过程中"勾兑"的误读未能消除。酿造工艺中的"勾兑"本指用不同年份、不同批次、不同产地的纯粮酿造的原酒，在酒厂调酒师的严格监督和指导下进行混合，必要时加水降低酒精度。这种勾兑是为了保证出厂的酒的风味一致，因为不同年份、不同窖池出来的酒，其香味物质的种类和浓度可能有区别，只有经过勾兑才能达到出厂标准。茅台、五粮液等名酒，每一瓶都是勾兑之后才出厂的。而外界将"勾兑"工艺和用酒精加香料勾兑成白酒混为一谈。

4. 引导错误的价值观

综观白酒行业的广告，尊贵、财富、地位、权力等广告语层出不穷，特别是高端白酒，越来越向奢侈品看齐。产品过度包装，通过各种炫人眼目的包装材料，力图打造所谓的高端酒，包装比酒本身还贵。随着人们民主意识的不断觉醒，人们不断认识到平等、和谐才是社会正确主流的价值观。充斥着财富与权力意味的高端白酒，逐渐远离社会大众，甚至被刻上"腐败"的印记。

（二）葡萄酒

与国外相比，中国葡萄酒产业在突飞猛进发展的同时，也暴露出许多令人担忧的危机。

1. 产业存在多头管理问题

葡萄酒产业存在多头管理的情况，这与食品行业是一样的。首先，农业和林业部门管原料种植，质检和工信部门管生产，工商和商务部门管流通，食药

监督部门管消费和卫生。这些管理部门都承担着国家赋予的行政管理职能，理论上都有管理权，实际上就是多头管理。葡萄酒产业涉及三次产业，客观上需要一个统一的管理机构来有效地承担起对葡萄酒产业链条的综合管理职能。

2. 酿酒原料生产中的问题

中国的酿酒葡萄种植向来缺乏统一规划和有效引导，往往是要么在非适宜地区种植，要么在适宜地区种植了非适宜的品种。

3. 产区品牌存在的问题

市场和消费者对中国产区内的企业品牌知之甚少。究其原因，很多葡萄酒企业（包括骨干企业）缺乏积极建立和维护当地产区品牌的意识和作为，甚至在销售过程中互相诋毁中伤，恶意降价，这在一定程度上严重影响了产区的知名度和美誉度。就各产区政府管理部门来说，对产区品牌的创立、维护与推广也不重视。

4. 文化推广中的问题

现有的葡萄酒文化观念基本上是国外葡萄酒文化的移植和复制。在国内，目前急需培育具有中国特色的葡萄酒文化和消费理念，急需培养消费者对中国葡萄酒产品的认同感与消费愉悦感，急需研究与推广中国葡萄酒的文化人才、市场营销人才。

5. 自律与诚信不足

相当多的中小型葡萄酒企业长期处于低水平运营状态，加工灌装或贴牌生产，没有自己的原料基地，不收购原料葡萄，也不自己生产原酒。有的企业甚至不能解决酿酒葡萄的农药残留问题，有的葡萄酒产品添加剂超限量标准，有的企业甚至造假。另外，还存在傍名牌、仿名牌等侵犯知识产权的行为。

6. 进口酒冲击国内市场

多年来，中国葡萄酒的进口量持续以50%的速度增长，进口葡萄酒几乎垄断了国内葡萄酒的高端市场。[1] 结合国内外经济形势来看，未来几年，

---

[1] 《中国葡萄酒产业面临的危机与对策》，光明网，2017年4月27日，http：//shipin. gmw. cn/2017–04/27/content_ 24317516. htm。

中国葡萄酒甚至整个酒类产业将面临国外强势酒类产品的竞争压力。对国产葡萄酒的市场开拓和品牌塑造来说，这是不容忽视的大问题。

（三）啤酒

中国的啤酒行业面临以下几个方面的问题。

1. "买店"就是终端竞争

从20世纪90年代末期开始，中国的啤酒市场开始从买方市场走向卖方市场，表现为产品供过于求，产能明显过剩。在这种情况下，除一些区域强势品牌尚能盈利外，大多数小企业和小品牌深陷亏损状态，时常有大企业收购和兼并中小企业的事情出现。

在一些二、三线城市，啤酒大部分是"现饮"，饭店、餐馆、大排档、夜场是各啤酒厂家争夺的最重要的销售终端。在一定的时间和空间范围内，一个地区的销售终端资源总是有限的，类似于"不可再生"的资源，在有限的范围内，面对有限的终端，啤酒厂商之间的相互争夺必然是异常激烈的。对终端的争夺，实际上是啤酒厂商在为自己的品牌争夺一个展示的"窗口"、争取一定的可见度、培养一种消费的风气。顾客在终端喝不喝你的啤酒，事关重大，所以谁都不敢掉以轻心。在大家都"买店"的氛围下，你不买自然就没有展示的窗口、没有消费的氛围，当然也就没有市场和收益。

2. 渠道的困局和变化

中国的啤酒市场虽然经历了多年的发展，但还是没有形成理想化的"厂商联盟"、战略合作格局，最早是以经销商、二批商分销为主，后来是以厂家为主深度分销，再后来就是现在的深度分销。目前，深度分销已经行不通了，似乎又要回归到大客户和重点二批商身上：啤酒生产厂家又开始走向大客户，关注起渠道和二级分销来，经销模式可能要逐步回归到经销商主导和厂家协助了。这样，经销商的压力无疑是增大了，经销商以前只做配送，以后则需要主导市场运作了。也就是说，经销商需要在营销各环节和市场上投入更多的人力和物力。至于生产厂家，可能会专注于资本运作和品牌建设。

121

3. 品牌被资本绑架

中国啤酒行业最缺什么？人们常常说除了资本运作就是终端营销，但真正有可能起到核心作用的因素被行业长期忽略了。所谓核心因素，其实就是"品牌"。

啤酒行业的竞争激烈，人所共知，但竞争过度导致了严重的后果，行业走向了两个极端：第一，资本运作，进行收购和兼并，企业规模快速扩大；第二，企业为了眼前的市场份额挖空心思抗击竞争，为保销量常年陷于促销战、终端争夺战。大多数企业对真正能起作用的因素，即基于消费者认知的品牌，则没有投入足够的注意力。客观上造成的结果是，企业的品牌战略、品牌规划、形象塑造和品牌维护等最核心的营销工作被"资本"和"终端"边缘化了。

4. 市场销量下滑要求调整产品结构

啤酒行业的规模扩张受阻，主要原因是产品结构不合理。多年以来，除了纯生啤酒的产品创新大幅提升了产品的盈利能力之外，人们很少见到其他的创新和变化，没有新产品，也没有高的盈利水平。现在的局面是，一个很普通的茶饮料新品上市，其零售价都能卖到5～6元/瓶，而那些普通啤酒的零售价也就是每瓶5元左右。

可以预见，啤酒的低质低价、小规模生产、低性价比产品时代已经过去，消费者对高品质甚至高品位的产品有需求，也就是说，产品创新是未来啤酒企业走出困境的最关键的一个要素。啤酒行业的关注点要回归到产品上来，回归到回应消费者新需求上来。

五　中国酿酒行业发展趋势

（一）白酒

第一，酒类企业应主动适应社会阶层分化、消费需求升级的变化，把传统白酒生产与健康产业融合起来，开创、培育和发展中国白酒的养生时代，通过跨越式发展让"大健康"产业迅速成长起来，最终成为一个"绿色增长极"。

第二，酒类企业应充分运用"互联网＋"思维，让白酒产业深度借助现代互联网获得生机。也就是要积极顺应"中国制造 2025"和"工业 4.0"等最新产业发展方向，降低成本、提高效率、改善品质。在国际化方面，酒类企业应重点利用前沿阵地公司的窗口及平台，不断积累参与国际市场的经验，以"走出去""引进来"的方式培养、引进国际酒类营销人才，进一步深化与国际合作伙伴的业务合作关系，逐步扩大中国白酒企业在国际酒精饮料市场上的份额。

第三，可以预测，白酒产品的电商销售占比将会进一步提高，10 年后酒类产品经由电商销售的比重将由目前的 5% 左右上升到 15% 左右。① 对于酒类企业来说，未来的营销策略将不再是盲目求大、求快、求高，在供应链管理、营销技术领先、成本管理战略之下，通过资源集中和市场管理精细化，才可能赢取自己的生存和发展空间。

（二）葡萄酒

第一，葡萄酒将会成为主流酒种。葡萄酒自 2016 年开始将迎来自己的黄金十年，它会成为未来的主流酒种，再加上进口酒不断地进入，逐渐扩大了葡萄酒的消费范围，而且消费者人群有年轻化的趋势，他们对葡萄酒的认知度也在不断提高，这都将带动葡萄酒的销售。

第二，未来 3～5 年葡萄酒产业将迎来一次井喷，井喷之后，市场将真正进入大众酒时代。

第三，快餐酒将迅速崛起并成为主导。快餐酒将会在这一轮的葡萄酒黄金发展时期中，真正成为市场上的核心产品。

第四，中国酒庄酒将在尴尬中迎来成长期。未来 3～5 年，进口酒会成

---

① 《白酒发展趋势》，中国报告大厅网，2018 年 1 月 18 日，http：//m. chinabgao. com/k/baijiu/31397. html。

为最大的一个风口。与此同时，中国酒庄酒也将迎来一个新的增长阶段，成为国内葡萄酒产业发展的新生力量。

第五，超级品牌阵营可能出现。未来会形成由核心大品牌统领的品类细分格局，各品类的市场则由领导品牌分割，品牌力成为核心竞争力，进而形成多个超级品牌。

第六，将会出现"3+1"主流商业模式。这里的"3"，一个是指平台模式，就是建立起一个共赢服务的平台，它应该是一个小组织、大个体，是一些知名大品牌的组织；一个是指品牌模式，就是超级品牌群切割细分市场的模式；一个是指产品模式，就是依托互联网的操作模式，最后形成线上线下的一体化。这里的"1"是指"消费商"，而不是消费者。这是一个新模式，消费商是最轻资产的商业模式，它既是投资者，又是消费者，将成为未来的新力量、新势力。

第七，酒商将出现三种变化。一是将出现供应链整合运营商；二是依托互联网的终端连锁运营商会越来越多；三是依托互联网 B2B、B2C、C2B 的酒商也会增加。

第八，移动互联网将成为主战场。移动互联网已经深刻地影响了我们的生活，它改变了传播方式与传播渠道，改变了需求和产品形态，营造了众多小中心，如自媒体等，构建了超级中心。可以预见，未来酿酒企业在这方面将会有更大的投入和付出。

（三）啤酒

国内啤酒市场经过连续多年的高速增长后，啤酒消费将进入低速增长的常态。啤酒高端化、个性化的发展趋势已经显现。同时，受啤酒消费增长放缓的影响，啤酒企业盈利收窄，其对设备节能降耗及效率提升有较为迫切的需求。

第一，消费升级将带动高端啤酒装备升级换代的需求。在啤酒生产工艺基本成熟的条件下，啤酒装备质量对啤酒产品质量的影响要比其工艺的影响大。工业啤酒对口味的一致性及生产效率有较高的要求，国内多数啤酒厂建厂时间早，设备落后，不具备生产高品质啤酒的能力。消费者对高端啤酒日益增长的需求与国内多数啤酒厂设备落后的现状产生矛盾，亟待啤酒厂通过设备更新改造来解决。高端啤酒需求的增长，也要求啤酒企业在包装上更加突出品位，啤酒包装的更新换代刺激了包装设备需求的增长。

第二，西部地区啤酒装备增长潜力大。华中、西北、西南等地区人均啤酒消费量相对较低，具有较大的增长潜力。近年来国内啤酒企业新增产能主要集中在中西部地区，该区域也成为啤酒企业并购活跃的地区。

第三，多样化、个性化的消费趋势促使国内精酿啤酒设备需求增加。随着精酿啤酒概念在中国逐步普及，以及消费者消费习惯的改变和品位的升级，越来越多的精酿啤酒厂或者小型前店后厂式的精酿啤酒屋会出现，为精酿啤酒设备带来了成长空间。

第四，啤酒厂规模化及节能降耗对啤酒装备提出了新要求。国内啤酒行业市场格局逐步稳定，大型啤酒集团已经开始重新考虑工厂的布局，在关闭部分低效且规模较小的啤酒厂的同时，大规模的旗舰啤酒厂开始出现。因为规模化有利于啤酒厂降低生产成本，提高盈利能力。

节能、环保已经成为新一代啤酒酿造及包装设备的主要特征，具有较强实力的国外啤酒装备品牌已经建立了较高的技术标准，在啤酒行业消费放缓、盈利收窄的大背景下，提高生产效率、降低能耗是啤酒企业的迫切需求。国内多数啤酒厂建厂时间早，当时的规划也已不符合当前城市发展的需要，加之设备落后，近年来老厂的搬迁改造项目逐步增多，啤酒企业借老厂搬迁的机会对设备进行更新改造，以满足现代化啤酒工业的要求。

第五，啤酒消费习惯的改变带来包装设备的新需求。目前国内啤酒包装仍以玻璃瓶为主，国内各啤酒品牌均逐步提高了易拉罐包装的比例。

B.5
中国机械制造行业的企业品牌
建设及其价值评价

王建锋*

摘　要：　此次上榜品牌中，三一重工股份有限公司的品牌价值约为
1262.65亿元，在机械制造行业排名第1位，排名第100位的
山河智能装备集团的品牌价值约为1.22亿元，100强的平均
品牌价值约为74.32亿元。在100个上榜品牌中，品牌价值
超过100亿元的企业有14家，品牌价值为50亿~100亿元的
企业有20家。榜单上前10强品牌的总价值占100强品牌总
价值的61.1%，前20强品牌的总价值占100强品牌总价值的
75.8%，这说明中国机械制造行业正朝着相对健康的方向发
展。然而，那些排名靠后的企业其品牌价值普遍较低，这表
明机械制造行业应加强对整个行业的调控，促使其品牌快速
发展。近年来，中国机械制造行业呈现迅速发展的态势，其
行业设备产量也达到了世界的前端水平，然而尖端方面与国
外相比仍存在不小的差距。从品牌价值榜单可以发现，机械
制造行业维持良性发展态势。产品作为机械制造行业的核心
竞争力，相比国外仍然存在许多不足。自主创新能力弱是制
约行业发展的主要因素，也削弱了对外品牌竞争力。此外，
机械制造行业的生产投入结构直接影响企业的竞争状况，而
国内在这方面的重视程度不够，主要依赖劳动密集型产品，

＊ 王建锋，亚洲星云品牌管理（北京）有限公司执行副总裁，研究方向为企业管理。

导致中国机械制造行业的重要核心技术依靠国外引进，使其核心定义为赶超型发展战略。这种"模仿"的发展模式很难形成独特的品牌个性并建立牢固的客户关系，无形中阻碍了企业品牌的发展。

关键词： 品牌　品牌价值评价　机械制造行业

一　全球机械制造行业发展现状及国际顶尖品牌表现

（一）行业概述

机械制造行业是指从事生产各种动力机械、起重运输机械、农业机械、冶金矿山机械、化工机械、纺织机械、机床、工具、仪器、仪表及其他机械设备生产的行业①，是制造业最主要的组成部分。

机械制造行业的发展水平和规模是衡量一个国家科技水平和经济实力的重要标志之一，是国家重要的支柱产业和国民经济的基础产业，其发展直接影响国民经济各领域的发展。机械制造行业为国民经济各部门和科技、国防提供技术装备，是工业、科技、国防和国民经济的基础，是国家现代化的动力源，是现代文明的物质基础。

随着以计算机和信息技术为基础的高新科技的快速发展，生产制造系统不断发生变化，使得人们在生产制造过程中更加轻松便捷。时至今日，为了迎接制造环境新的挑战，世界主要发达国家都在积极研究探索新的发展战略和生产模式，不仅提出了包括计算机集成制造、精益生产、敏捷制造在内的一系列新型制造系统理念和管理模式，而且根据具体国情，制定了新型制造

---

① 《关于机械制造业的分析及国内数控技术发展趋势现状的分析报告》，中华文本库网，http：//www.chinadmd.com/file/3e6avvvtexo3cppu6ptruusi_ 1.html。

系统转移的战略。毫无疑问，加速更新机械制造系统将有利于在全球竞争环境中立于不败之地。

（二）行业特点

机械制造行业是一个以物质为基础的行业，不会因网络经济和互联网信息技术的兴起而影响其自身发达、先进的地位。机械制造行业是为物质基础提供工艺装备的主要行业，是一个国家富强的重要保障。

1. 技术先进、质量优越、绿色环保

机械制造行业在技术方面存在先进性。首先，现代化制造技术的不断提高，使加工所得的产品具有高性能、高质量、高可靠性、尺寸精确和外观精细等优点。其次，在生产过程中，不仅大大提高了生产效率，降低了人工成本和工人劳动强度，而且提高了产品的开发效率。最后，减少了原材料的损耗，降低了成本，减轻了环境污染。

2. 实用性强、时效性高、市场广泛

机械制造行业具有面向工业生产的实用性强的技术，并且时效性很高，具有广泛的生产市场。其技术应用在不同类型的机械工业生产中，规模较大，层次较高。

3. 符合社会科技发展趋势

机械制造技术是信息技术和高新技术相结合的产物，是活跃在社会科学界的前沿技术，因此机械制造行业是最具潜力的行业之一。

4. 离散为主、流程为辅、装配为重点

机械制造行业是典型的离散型制造业，一般以订单生产为主，将原材料分割成离散的毛坯，经过各道加工工序后进行组装，最后装配出成品。

5. 产品结构、制造工艺复杂

机械制造行业的产品结构和制造工艺相对复杂。新产品开发过程中设计版本的不断更新是不可避免的。另外，加工工艺具有灵活性，生产过程中所使用的设备也是多而杂的。

6. 产品的生命周期较长

中国大中型企业生产的主导产品的平均生命周期为 10.5 年，是美国同类产品生命周期的 3.5 倍。[①]

7. 生产计划非常重要

由于机械制造行业是比较典型的离散型制造业，其产品的工艺过程经常遭遇变更，这就需要有良好的生产计划。由于机械制造行业主要是按照订单来组织生产活动的，计划制订过程中的难题是很难预测订单开始的时间，因此，制订生产计划和原材料采购计划就比较困难。

8. 物料存储相对方便

机械制造行业的企业，其存储方式基本上是在室内仓库甚至室外露天仓库储存，简便易行。

（三）全球机械制造行业发展状况

全球经济的增长离不开机械制造行业的持续进步，而机械制造行业也离不开全球经济的发展大势。双方互为依托，协同发展。在 2008 年全球经济危机爆发之前，新兴经济体（以中国为代表）的需求不断增大，这给全球机械制造行业带来了连续几年的高速发展。随后，2008 年的经济危机使全球机械制造行业遭受重创。根据 VDMA[②] 等机构提供的相关数据和某些行业分析人士的判断，2010~2015 年，全球机械制造行业的平均增长率为 7.8% 左右。[③]

由于经济复苏迟缓和下游产业不景气等因素的影响，2016 年全球机械制造行业市场规模约为 6883.4 亿美元，同比增长 0.6%。2016 年，全球机械制造行业产出继续维持负增长，规模同比下降 4.5%，为 6025.4 亿美元。

---

① 《我国 CIMS 发展历史及现状》，百度文库，https：//wenku. baidu. com/view/6fce31087 9563c1ec5da717d. html。

② VDMA 是德语德国机械设备与制造商协会的缩写，原文为 Verhand Deutschen Marchinenand Anlagenban，简称为 VDMA。

③ 《解析工程机械产品未来发展三大趋势》，盛丰建材网，2012 年 9 月 19 日，http：// www. jiancai. com/info/detail/55 – 347552. html。

预计到 2020 年，行业投资可实现 0.2% 的微弱反弹。

2016 年全球主力区域增速放缓、下滑成为市场增长乏力的主要原因。市场实现正增长的地区主要集中在亚太、中东和北美地区，增速分别为 1.2%、0.2% 和 0.7%。市场为负增长的地区主要是非洲、西欧、新兴欧洲和拉美地区，增速分别为 -1.4%、-0.2%、-0.7% 和 -1.5%。2016 年全球 TOP10 的市场占比合计达 73.8%，其中中国和美国分别占 35.9% 和 14.5% 的市场份额，其他国家占比不足 5%。2016 年全球 TOP5 的市场中，中国、美国、加拿大和日本的市场规模同比分别增长 1.4%、1.0%、0.1%、2.1%，英国则同比下降 1.2%。[1]

（四）国际顶尖品牌表现

1. 卡特彼勒

卡特彼勒公司（以下简称卡特彼勒）是世界上最大的柴油机厂家之一。[2] 在 2017 年《财富》美国 500 强排行榜中，卡特彼勒排名第 74 位。

2016 年，卡特彼勒在全球的销售及收入总额达 385.37 亿美元。截至 2016 年末，卡特彼勒在全世界共有员工 95400 人。同时，卡特彼勒在中国内地拥有 27 家工厂、3 个研发中心、3 个物流和零部件中心，拥有员工 10000 人。[3]

（1）业务特点

卡特彼勒专注于提供解决方案，以帮助客户建设更美好的世界，并为股东带来营利性增长。卡特彼勒以价值为基础，运用以信息为导向的方式指导决策过程，并最终实现持续的营利性增长。卡特彼勒致力于了解客户需求，并且与其合作伙伴通力合作，提供业界领先的产品和服务，主要在以下三个

---

[1] 《全球工程机械行业运行概况分析及预测》，搜狐网，2017 年 7 月 27 日，http：//www.sohu.com/a/160298401_99924170。

[2] 《卡特彼勒》，维基百科，http：//www.baike.com/wiki/卡特彼勒

[3] 《卡特彼勒再登〈财富〉全球最受赞赏公司榜》，卡特彼勒官网，https：//www.caterpillar.com/zh.html。

领域持续发力。

第一，凭借其在运营方面卓越的核心竞争力——安全、质量、精益制造以及有竞争力的成本原则，增强优势；第二，扩展解决方案，提供一体化且满足差异化需求的解决方案，助力客户成功；第三，倚重服务，关注数字化的解决方案和售后市场，以提高客户忠诚度并进一步增强与客户的关系。

卡特彼勒在其涉足的所有业务领域，如建筑、矿用机械设备、往复式发动机、工业用燃气轮机等领域，都居于领先地位。分销系统是卡特彼勒的竞争优势之一，卡特彼勒与其独立代理商的良好关系为提升公司产品和服务的价值创造了条件。卡特彼勒的供应链被业界公认为在全球首屈一指，这保证了它在业界能够保持最低的销售渠道总成本和最佳的资产利用率。卡特彼勒独有的矩阵式业务模型为大型公司进行水平对比提供了公认的基准。

（2）行为准则

卡特彼勒于1974年首次发布的《全球行为准则》定义了其立场和信条，重申了公司自1925年成立之初制定的道德标准必须严格执行。该准则对支持卡特彼勒价值（正直、卓越、团队合作、承诺、可持续性）的行为和行事方式提供了详细的指引，有助于员工将卡特彼勒的价值和原则融入日常行动之中。2015年2月9日，卡特彼勒被批准修订《全球行为准则》，将"可持续性"提升为核心价值，对某些规定进行了澄清、更新或加强，并改善了准则对员工的可读性。

（3）可持续发展

可持续发展是卡特彼勒对建设一个更美好世界的承诺。可持续发展与我们每个人以及每天所做的事情都息息相关。卡特彼勒认为，要取得进步，就要使环境治理、社会责任及经济增长达到平衡。

卡特彼勒的愿景是满足人类的基本生活需求，在践行这一愿景的过程中，卡特彼勒始终把可持续发展铭记在心。卡特彼勒提供既有助于高产、高效地利用资源，又有助于实现愿景的工作环境、产品、服务和解决方案。卡特彼勒深信，这一承诺能够让公司的客户、股东、代理商和员工不

断取得成功。

（4）卡特彼勒在中国

过去几十年，随着城市化和工业化的快速发展，中国经济取得了举世瞩目的成就。作为基础设施建设、能源和交通领域的全球领先者，卡特彼勒见证并参与了中国的发展进程。自20世纪70年代开始，卡特彼勒向中国持续出口机械设备，时至今日，卡特彼勒在中国各地都有发展的足迹。据悉，卡特彼勒目前在中国设有近30家机械制造工厂、4个研发中心、3个物流和零部件供应中心，员工达13000余人。

（5）卡特彼勒品牌历史

1925年，Holt制造公司和C. L. Best拖拉机公司联合组建卡特彼勒拖拉机公司。1928年，卡特彼勒收购Russell Grader。1937年，卡特彼勒设备用于金门大桥的建设。1944年，卡特彼勒设备帮助美国完成了超过7万英里的高速公路建设。1950年，卡特彼勒成立首个海外分公司：位于英格兰的卡特彼勒拖拉机有限公司。1955年，卡特彼勒为美国政府针对南极洲的"深冻行动"提供定制设备。1961年，500多台卡特彼勒设备用于巴基斯坦曼格拉大坝的建设。1962年，卡特彼勒设备用于拓宽巴拿马运河。1967年，卡特彼勒在美国伊利诺伊州皮奥里亚的第一个全球总部大楼建成使用。1969年，卡特彼勒发动机参与阿波罗11号登月计划。1970年，卡特彼勒在美国以外的销售额首次超过美国本土。1983年，卡特彼勒设备用于建设阿根廷亚塞瑞塔大坝。1985年，450多台卡特彼勒设备参与土耳其阿塔图卡大坝的建设。1993年，一批卡特彼勒设备参与中国的三峡大坝建设。1994年，卡特彼勒设备用于大阪关西国际机场的建设。1998年，卡特彼勒收购英国珀金斯，并将公司改名为珀金斯发动机有限公司。2006年，卡特彼勒收购了铁路运输产品及服务供应商Progress Rail服务公司。2008年，卡特彼勒完成对中国山东山工机械有限公司的收购。[1]

---

[1] 《回首过去：卡特彼勒精彩的历史故事》，卡特彼勒官网，https://www.caterpillar.com/zh/company/history.html。

（6）2017 年公司财报及展望

根据卡特彼勒公布的 2017 年第三季度业绩报告，其销售和收入总额为114 亿美元，而 2016 年第三季度的数据则为 92 亿美元。2017 年第三季度公司股票的每股盈利为 1.77 美元，2016 年第三季度的相应数据是每股盈利为0.48 美元。如果不计重组成本，2017 年第三季度调整后公司股票的每股盈利 1.95 美元，2016 年第三季度调整后的相应数据为每股盈利 0.85 美元。2017 年第三季度，工程机械和能源与交通行业运营现金流约为 6 亿美元，资本负债率改善至 36.1%，2017 年第二季度末为 38.6%。2017 年第三季度结束时企业现金余额为 96 亿美元。①

2. 小松制作所

日本的小松制作所（小松集团）是当今世界最大的工程机械及矿山机械制造企业之一，于 1921 年成立，迄今已有 90 多年的发展史。小松集团有大约 180家子公司，员工超过 4 万人，集团销售额在 2015 年达到 18549 亿日元。②

小松集团产品的特点是品类非常齐全，质量非常过硬，服务在世界属一流，它的主要产品包括挖掘机、推土机、装载机、自卸卡车等各种工程机械、大型压力机、切割机等各种产业机械，叉车等物流机械，TBM、盾构机等地下工程机械，以及柴油发电设备等。③

（1）业务特点

有数据表明，小松集团的销售额中有约 50% 来自居世界第一位的产品，如果再加上居世界第二位的产品，居全球第一、第二位的产品其销售额将占整个销售额的 85% 左右。④ 2009 年 3 月，小松集团以 2 万亿日元的销售额雄

---

① 《卡特彼勒公布 2017 年第三季度业绩》，卡特彼勒官网，2017 年 10 月 25 日，https：//www. caterpillar. com/zh/news/corporate – press – releases/h/cat – financial – announces – 2017 –q3. html。

② 《集团介绍》，小松中国官网，http：//www. komatsu. com. cn/aboutus/ji – tuan – jie –shao. htm。

③ 《集团介绍》，小松中国官网，http：//www. komatsu. com. cn/aboutus/ji – tuan – jie –shao. htm。

④ 《解析小松模式：如何做到"非小松不可"？》，铁甲工程机械网，2012 年 4 月 6 日，https：//www. cehome. com/news/20120406/16792. shtml。

踞世界第二大工程机械制造企业之位，尤其是在中国等新兴市场国家，小松集团有十分抢眼的表现，在竞争白热化的中国市场，小松集团连年稳居市场占有率第一的位置。[①]

（2）研发与生产

产品开发对所有的制造商来说都是至关重要的，这一点毋庸置疑。只有在自己熟悉、擅长的领域将能力发挥到极致，生产的产品才会有独创性，也才能够扩大企业品牌的知名度。为开发独具个性的优质产品和独占的技术，小松集团导入了一种独有的新产品开发机制，被人称为"绝对优势工程"。在小松集团，要进入"绝对优势工程"项目之列必须满足几个条件。首先，在某些重要性能或规格配置上，要具有让竞争对手花几年时间都不可能赶上的突出特征，这也是"绝对优势工程"本身的基本含义。其次，与现有的产品相比，成本要能够降低10%以上，并把节省出来的这部分成本专门用于绝对优势产业化的实现上。

满足绝对优势产品的条件之一，也就是"成本削减10%"，这往往是一个非常大的挑战。在这里，开发部门和生产部门能否从早期就开始合作非常关键。例如，液压挖掘机生产的母工厂是大阪工厂，而液压挖掘机的开发部门也设置在大阪工厂。这样，由开发总部部长和生产总部部长作为项目的联合负责人一道推动项目的进行，成本的大幅削减任务才有可能完成。这种协作的关键之处就是开发部门与生产部门要设置在同一地点。

小松集团组织生产布局的一项基本原则是"将生产放在有需求的地方进行"。也就是说，如果中国的市场需求已经达到了一定的程度，那么就应该在中国投资建厂，实施就地生产。当然，上述原则也有例外的情况，也就是被小松集团称为"A类零部件"的核心零部件的生产活动，则必须由小松集团自身在日本国内的工厂完成。

[①] 《解析小松模式：如何做到"非小松不可"？》，铁甲工程机械网，2012年4月6日，https：//www. cehome. com/news/20120406/16792. shtml。

二 中国机械制造行业发展现状

新中国成立以来，机械制造行业的发展大致可以分为三个阶段：第一阶段为新中国成立初期到改革开放时期，这一阶段机械制造行业的形成比较独立完整，主要以委托代加工制造的形式存在；第二阶段为改革开放时期到20世纪90年代初期，这一阶段以运输机械和工程机械等为代表的传统产业得到迅猛发展，表现为以研发设计为主；第三阶段为20世纪90年代初期至今，这一阶段在开放和竞争的环境中进入了结构调整和产业提升的新时期，高新技术产品比重明显上升，自主品牌特征表现明显。

中国的机械制造行业历史不长，总体上还是实力弱、底子薄，再加上面临其他国家的技术封锁，早期的发展相当缓慢。改革开放以来，随着国家经济实力的提高，我国建立了包括轻工业、重工业在内的门类齐全的机械制造行业。依靠广阔的市场、廉价的劳动力和较低的原料成本，取得了高速的发展和举世瞩目的成就。现在，中国已经成为一个制造业大国，与美国、德国、日本共同占据世界前四的位置。

面对越来越激烈的国际市场竞争，我国机械制造行业同样面临很多严峻的挑战。在取得较大进步的同时，也存在诸多问题，与世界上的工业发达国家相比，存在很大的差距。例如，产品质量较差，技术水平也不高，拥有自主知识产权的产品不多，产品制造技术落后，总体创新能力差，组织结构和产品不合理，生产管理理念相对落后。

管理方面，我国企业的管理模式仍然较为传统，大部分企业仍以经验管理为主。

技术方面，由于我国在设备制造技术方面与国际还有一定差距，目前，我国机械制造行业的很多重要设备依然以进口为主。国内技术发展缓慢，后劲不足。

市场方面，社会经济的下行压力对机械制造行业的冲击很大，市场需求

量逐年下滑。销售渠道、基础材料供需方面的问题比较突出；设备超期服役、市场准入机制也存在很多问题。

三　中国机械制造行业品牌价值100强分析报告及领军品牌表现

（一）《2017 Asiabrand 中国机械制造行业品牌价值100强榜单》解读[①]

此次上榜品牌中，三一重工股份有限公司占据排行榜第1位，其品牌价值约为1262.65亿元，第100强山河智能装备集团的品牌价值约为1.22亿元，100强的平均品牌价值约为74.32亿元。

上榜品牌中，品牌价值超过100亿元的企业有14家，品牌价值为50亿~100亿元的企业有20家。中国机械制造行业品牌价值分布情况见图1。

上榜前10强品牌的总价值占100强品牌总价值的61.1%，前20强品牌的总价值占100强品牌总价值的75.8%，这说明中国机械制造行业的发展比较健康。

（二）中国机械制造行业品牌现状

近年来，中国机械制造行业呈现迅速发展的态势，其行业设备产量也达到了世界的前端水平，然而尖端方面与国外相比仍存在不小的差距。从品牌价值榜单可以发现，机械制造行业维持良性发展态势。产品作为机械制造行业的核心竞争力，相比国外仍然存在许多不足。自主创新能力弱是制约行业发展的主要因素，也削弱了对外品牌竞争力。此外，机械制造行业的生产投入结构直接影响企业的竞争状况，而国内在这方面的重视程度不够，主要依赖劳动密集型产品，导致中国机械制造行业的重要核心技术依靠国外引进，

[①] 《2017中国机械制造行业品牌100强榜单及分析报告》，亚洲品牌网，2017年6月1日，http：//cn500. asiabrand. cn/xinwen/861800206. html。

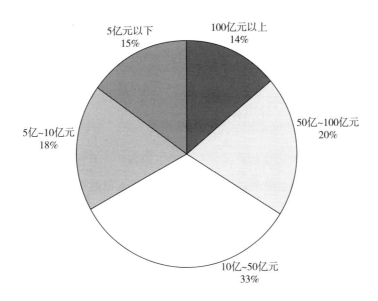

图1　中国机械制造行业品牌价值分布情况

资料来源:《2017 中国机械制造行业品牌 100 强榜单及分析报告》,亚洲品牌网,2017 年 6 月 1 日,http://cn500.asiabrand.cn/xinwen/861800206.html。

使其核心定义为赶超型发展战略。这种"模仿"的发展模式很难形成独特的品牌个性并建立牢固的客户关系,无形中阻碍了企业品牌的发展。

(三)国内领军品牌表现

1. 三一重工

三一重工股份有限公司(以下简称三一重工)是由三一集团于 1994 年投资创建的,成立 20 多年来,获得了持续高速的发展。目前的三一重工已经是全球装备制造业中的领先企业之一。三一重工于 2003 年 7 月 3 日在上海 A 股上市,并于 2005 年 6 月 10 日成为首家股权分置改革成功的企业,实现了股票的全流通。截至 2011 年 7 月,三一重工的市值已经达到 215.84 亿美元,三一重工以此业绩成功入围 FT 全球 500 强,三一重工是唯一一家入围的中国工程机械企业。2012 年,三一重工斥资重金并购号称混凝土机械

全球第一品牌的德国普茨迈斯特，一举改变了行业竞争格局。①

基于"品质改变世界"的企业理念，三一重工每年都将销售收入的5%~7%用于研发②，三一重工追求的目标是将产品升级换代至世界一流水准。凭借不断提升的技术创新实力，三一重工先后三次荣获"国家科技进步奖"，两次获得"国家技术发明奖"，这是新中国成立以来工程机械行业企业获得的最高荣誉。

凭借过硬的技术和一流的产品，三一重工设备广泛参建了以迪拜塔为代表的一系列全球重点工程。截至目前，三一重工6S中心已遍布全国主要大中城市，在全球拥有近200家销售分公司、2000多个服务中心、近万名技术服务工程师。近年来，三一重工相继在印度、美国、德国、巴西投资建设研发和制造基地。③

（1）业务分析

2016年上半年，宏观经济增速下滑，固定资产投资持续放缓，与此相应，工程机械行业总体需求不足。面对不利形势，三一重工实施"转型升级"战略，推进公司业务向国际化发展，积极响应"一带一路"倡议，采用价值销售策略，消化逾期存货，调整组织机构，尽量降低成本费用，在提升经营质量上下功夫，以便为公司未来更好、更快、更健康地发展打好基础。

第一，主导产品依然保持了稳固的市场地位。从业绩上看，2016年上半年，三一重工混凝土机械的销售收入为50.09亿元，依然稳居全球第一；挖掘机械的销售收入达到34.11亿元，在中国国内市场上继续保持连续多年的销售冠军；起重机的销售收入则为13.54亿元，该类产品的市场占有率继续稳步提升，特别是履带起重机（250吨级以上产品）的国内市场占有率继续保持行业龙头地位，汽车起重机（50吨及以上产品）在中国国内市场的份额也居行业前三位。

———————

① 《三一重工介绍》，三一重工官网，http://www.sanyhi.com/company/hi/zh - cn/about/group.htm。
② 《三一重工违规使用淘汰用能设备 曾多次获得科技大奖》，搜狐网，2017年7月31日，http://www.sohu.com/a/161105297_161623。
③ 《三一重工介绍》，三一重工官网，http://www.sanyhi.com/company/hi/zh - cn/about/group.htm。

第二，国际化经营取得了好成绩。2016 年上半年，三一重工实现国际销售收入总额 46.1 亿元，占公司主营业务收入总额的 41.6%。[①]

第三，业务转型取得阶段性成果。2016 年上半年，三一重工积极向军工、举高消防车、环保智能渣土车以及与创业孵化器相关的诸种以前未曾涉及的新业务转型，已经取得了一些实质性进展。

另外，三一重工还积极运用创新技术，在智能控制、物联网应用等方面进行积极的尝试和探索。

（2）品牌营销

三一重工目前取得的成就，与成功营销的作用分不开。三一重工品牌的核心，即用高品质的产品和服务来用心打造品牌形象。三一重工董事长梁稳根将三者之间的逻辑关系梳理得十分清晰：产品 + 服务 = 品牌影响力。

三一重工和许多企业的不同之处在于对品牌工作的高度重视，由一把手直接管理，包括梁稳根在内的众多高管都深度地介入品牌营销。

事实上，外界可能忽视了三一重工通过"海陆空"全方位营销细节来共同提升三一重工品牌竞争力的努力。一般来说，技术与服务共同组成双轮驱动，两者之间相辅相成、缺一不可。三一重工品牌建设的重点就是充分利用一切形式，通过整合各种资源来提升和传播这一核心价值观。三一重工为此打出的第一手好牌是事件营销。分析者认为，近年来，三一重工越来越重视事件营销活动，并邀请媒体与用户共同参与见证。充分利用事件营销的传播影响力，使得三一重工品牌令人印象深刻。三一重工在网络品牌传播方面的动作也越来越频繁。三一重工在品牌建设中依托企业网站平台并结合网络宣传优势，以适应国际市场 B2B 的商务模式。与其他企业重视网络推广不同，三一重工官网与营销工作结合紧密，超出了信息传播的范围，创造性地使品牌与营销相结合，形成了网络推广的一个新亮点。信息与服务的拓展结合，形成了新的资源整合平台，并将其整合到企业的日常营销工作中，为企

---

① 《三一重工股份有限公司 2016 年半年度报告》，http://resource.sanygroup.com/files/20160901170355588.pdf。

业构建覆盖全球的商业营销体系提供了有力支持。

2. 中国中车

中国中车股份有限公司（以下简称中国中车）是经国务院同意，国务院国资委批准，由中国北车股份有限公司（以下简称中国北车）、中国南车股份有限公司（以下简称中国南车）按照对等原则合并组建的 A＋H 股上市公司。经中国证监会核准，2015 年 6 月 8 日，中国中车在上海证券交易所和香港联合交易所有限公司成功上市。中国中车现有 46 家全资及控股子公司，拥有员工 17 万余人，总部设在北京。[①]

中国中车的全部业务和资产直接继承于中国北车和中国南车，是全球规模领先、品种齐全、技术一流的轨道交通装备供应商。[②] 中国中车全面继承了中国北车和中国南车两大公司的资产，创新了管理体制，但依然坚持自主创新、开放创新和协同创新，持续完善技术创新体系，不断提升技术创新能力，建设了世界领先的轨道交通装备产品技术平台和制造基地，以高速动车组、大功率机车、铁路货车、城市轨道车辆为代表的系列产品，已经全面达到世界先进水平，能够适应各种复杂的地理环境，满足多样化的市场需求。中国中车制造的高速动车组系列产品，已经成为中国向世界展示发展成就的重要名片。产品现已出口全球六大洲近百个国家和地区，并逐步从产品出口向技术输出、资本输出和全球化经营转变，其全球化经营日益成熟。[③]

（1）业务分析

第一，铁路装备业务。中国中车的铁路装备业务主要有：机车业务、动车组业务和客车业务、货车业务、轨道工程机械业务。中国中车积极主动地适应国内外铁路运输市场变化和技术发展趋势，加快铁路运输装备技术、产品和服务模式创新，加强新技术应用和新产品研制，不断满足铁路先进适用和智能绿色安全发展要求。在稳定高速动车组销售业绩的基础上，面对国内货车市场低迷、机车市场大幅下滑的经营局面，中国中车正在积极开拓路外

---

① 《公司简介》，中国中车官网，http：//www.crrcgc.cc/g4894.aspx。

② 《公司简介》，中国中车官网，http：//www.crrcgc.cc/g4894.aspx。

③ 《公司简介》，中国中车官网，http：//www.crrcgc.cc/g4894.aspx。

市场和国际市场，加快推进结构调整，系列化、模块化、标准化的产品结构和技术平台是未来的理想结构，需要解决的问题主要是强化关键零部件的创新能力，向服务化转型。

第二，城市轨道与城市基础设施业务。城市轨道与城市基础设施业务主要包括城市轨道车辆、城市轨道工程总包、其他工程总包。面向全球市场，中国中车正在加快城市轨道车辆产品开发和创新，持续完善产品结构，以高品质的产品和服务巩固国内市场，不断扩大国际市场。

第三，新产业业务。中国中车正在按照"相关多元、高端定位、行业领先"的原则，以新材料、风电装备、新能源汽车和环保水处理装备为重点，着力加快培育核心能力突出、行业地位领先的新兴产业。2016年，中国中车的新能源汽车、环保装备业务实现了较快的发展，并购了德国BOGE公司、英国SMD公司，取得了显著的整合成效。

第四，现代服务业务。现代服务业务主要包括金融类业务、物流业务、贸易类业务和其他业务。中国中车以金融、类金融和物流服务为重点，充分发挥金融机构优势，大力推进制造业和服务业融合，促进现代服务业稳健发展。同时，中国中车也在积极探索"互联网+高端装备+制造服务"新模式，倾力打造"数字化中车"。

第五，国际业务。中国中车海外业务布局不断加速。北美、拉美海外区域公司的正式设立，标志着中国中车在发达国家的投资实现了由产品输出向"资本+技术+服务+管理"输出的战略转变。

（2）创新体系建设

中国中车坚持"国家需要至上、行业发展至上"的原则，坚持自主创新、开放创新和协同创新，坚持正向设计方向，建立与完善适应国际化发展需要的技术创新体系，建设具有国际竞争力的系列化产品体系、国际先进的轨道交通装备知识体系、完善的国际化轨道交通装备技术支撑体系，全面提升技术创新能力，推动中国轨道交通装备产业向产业链、价值链高端攀升。①

---

① 《中国中车科技创新体系建设概述》，中国中车官网，http://www.crrcgc.cc/g4878.aspx。

中国中车在轨道交通装备技术标准体系建设中积极发挥作用，初步形成了国际先进的轨道交通装备产品技术标准体系。近年来，中国中车主持或参与起草或制修订 70 余项国际标准，主持或参与起草国家标准 200 余项、行业标准近 1000 项。中国中车积极参加建设具有国际公信力的中国轨道交通行业认证认可体系，加强与欧美等先进地区的轨道交通行业互认互信工作，保证中国轨道交通行业企业的国际竞争力。中国中车加强以专利为重点的知识产权工作，拥有专利量以每年 26% 的速度快速增长，专利质量持续提升。2014 年末拥有专利 13000 余件，发明专利 1800 余件；申报专利 4200 余件，申报发明专利 2000 余件。适应国际化发展战略，近年来国外专利申报数以每年 70% 的速度增长，2014 年获得美国、欧洲、日本、澳大利亚、南非等国家或地区授权专利 30 余件，申报国外专利 79 件，以专利为重点的知识产权保护体系正在形成。①

很明显，中国中车已经初步建设了相对完善、覆盖技术创新工作全过程的技术创新管理体系。②

四 影响中国机械制造行业企业品牌价值提升的因素

近年来，中国的机械制造行业形势不错，市场发展较快，中高端、高效节能、科技含量高的产品制造商通过不断整合，规模和效率都有所改善。但是，我国的机械制造技术与世界先进水平相比仍然存在很大差距，还存在很多问题，主要表现在以下几个方面。

（一）制造技术和基础设备落后

目前来看，中国绝大多数机械制造企业依然采用比较落后的工艺和技术装备进行生产，其中优质、高效的生产能力不足 10%，如数控机床和精

---

① 《中国中车科技创新体系建设概述》，中国中车官网，http：//www. crrcgc. cc/g4878. aspx。
② 《中国中车科技创新体系建设概述》，中国中车官网，http：//www. crrcgc. cc/g4878. aspx。

密设备的使用率不足5%，已经使用了国产数控系列的中档数控机床占比不足25%，高档数控机床的90%左右来自进口。[①] 可见，中国的机械制造行业，从它的技术和基础设备来观察，与发达国家之间还存在一定的差距。

（二）制造工艺落后，产品质量有待提高

新时期以来，中国的经济建设和科学技术取得了长足的发展，特别是电子技术、信息技术取得了令人瞩目的迅猛发展，高新技术越来越多地被运用到了机械制造行业。然而，问题的另一方面是，品质低劣的产品依然层出不穷。在发达国家，加工方法多采用高精密加工、精细加工、微细加工等。但在我国，仍然以传统加工方式为主体，这些方法普及率较低，而且尚在开发和掌握中，工艺水平受到了很大的限制。

（三）自动化技术发展急需提速

近年来，我国计算机技术等高水平的新技术高速发展，机械制造行业的自动化水平有所提高。但自动化、智能化仍然处在低级阶段，柔性制造技术还只是在少数企业中有某些应用。更重要的是，中国在柔性制造单元和计算机集成制造系统方面的研究还处于起步阶段。

（四）缺乏自有核心技术

自改革开放以来，来自世界各国的企业在中国投资，我国也借机引进了不少国外的先进技术设备。不过，在这个过程中，我国并没有掌握多少核心技术，对发达国家的技术依存度很高。不仅如此，我国在关键技术方面的自给率较低，高科技含量的关键装备基本上需要进口。企业依然缺乏具有自主知识产权的核心技术，同时也没有聚集足够的创新能力。创新能力不足又反

---

① 《我国制造技术发展探索》，百度文库，https：//wenku. baidu. com/view/88d1b61da300a6c30 c229fbe. html。

过来延缓了掌握自有核心技术的进程。虽然中国的高技术产业发展速度不慢,但具有自主知识产权的产品很少。

当今世界,机械制造行业的发展趋势是,行业重心正在转向以中国为代表的发展中国家,中国现在是全球性的制造大国。但由于企业普遍缺乏具有自主知识产权的核心技术和过硬的品牌,中国机械制造行业的很多领域目前还只能徘徊在价值链的低端。

(五)自主创新和人才培养缺乏

中国机械制造行业存在的一个问题是重制造而轻研发,这种缺陷导致中国机械制造行业的自主创新在质量、数量上都不及发达国家。很明显,技术创新能力不足是制约中国从世界加工大国向世界制造大国转变的关键因素。创新是行业自我发展的基本路径,也是企业生存和发展的关键。一国经济的发展离不开创新,就机械制造行业来说,在已有机械制造知识的基础上,开拓进取,不断打破旧的框框,开发出新的制造技术并加以运用,就会快速推动机械制造行业的发展。现实是企业缺乏技术创新,这使企业处于被动的位置,企业本身不能领先于同行,也使整个中国机械制造行业水平低于世界机械制造行业的平均水平。一个急迫的问题是,人才培养方面的投入不足、能力不够。人才是技术创新的核心,我国特别缺乏高层次人才,这严重影响了我国的技术创新。

(六)科技研究经费投入不足

机械制造行业是中国最重要的行业之一,其发展、收益、竞争状况直接受科技投入情况的影响。任何一个行业内企业之间的竞争实际上是企业科学技术实力和创新能力的竞争,一般而言,科学技术实力和创新能力的提高需要有相应的资本投入。在发达国家,机械制造行业企业为了保持市场竞争力,都非常重视科技投入。这种高投入换来的当然是科技方面的领先优势,企业以此保持在行业内的领先地位。中国在科学研究和技术开发方面的投入严重不足,这从根本上限制了机械制造行业的发展。

（七）机械制造产业结构有待优化

中国机械制造产业的结构问题不小，主要是企业规模普遍较小而且布局分散，尚未形成相对密集的、规模较大的行业工作体系，专业化分工也不十分合理。

综上所述，中国机械制造行业与国际水平相比，差距是明显的，在管理、技术、创新等方面尤其明显。而这些方面的强弱关系着我国机械制造行业未来的发展和在国际上的地位。所以，清醒地认识自身的差距，发现问题并解决问题，才能将我国的机械制造行业做大做强。不过从中长期看，中国国内的工程机械制造业前景依然相当广阔。

五　中国机械制造行业发展趋势

当前，我国的经济发展已经进入新常态，作为我国国民经济的主导产业，机械制造行业仍然是我国经济增长的支撑行业。可以说，我国机械制造行业的可持续发展之路，任重道远。

（一）全球化

随着全世界各个国家、各个地区、各个行业的联系日益密切，合作更加广泛，所有行业的发展都趋于一体化。机械制造行业的发展已经不能仅仅局限于国内市场，冲出亚洲、走向世界，实现全球化发展势在必行。网络的广泛使用，以及网络通信技术的大力发展推动了机械制造行业全球化的脚步。所以，只有适应全球化的发展趋势，并积极提高国际化的竞争能力，通过学习，汲取宝贵的经验，我国的机械制造行业才能够赶上全球顶尖的水平，甚至实现超越，在全球化的竞争中立于不败之地。

（二）智能化

随着科学技术的不断进步，智能化技术被越来越多地运用在机械制造行

业中。其明显的特点是让机器变得具有一定判断力和决策力，能够根据外界给予的数据信息做出判断和选择。可以预料，智能化生产必将成为机械制造行业未来发展的主流趋势。

（三）节能化

18世纪60年代之后，人类经历的两次工业革命，极大地推动了社会的进步。但是，随之而来的是能源、资源的过度利用和消耗。今天，能源短缺问题已经成为全球性问题，如何减少消耗和绿色发展成为世界各个国家的首要任务。进入21世纪以来，中国的经济实力得到了明显的提高，各行业的发展取得了历史性的突破。对于能源、资源的消耗，我国也出台了相应的政策加以管控。因此，产品节能化将是机械制造行业的发展趋势。

（四）绿色化

传统机械制造技术对环境的污染十分严重，而且工业废弃物很难分解和二次利用。为了更好地解决环境污染问题，我国出台了包括节能和减排在内的比较系统的政策法规。未来，机械制造行业必须采取措施，加大投入，运用科技手段将环境污染降到最低，并且将工业废弃物通过科学的手段"变废为宝"，回收利用。"绿色化"的制造方式才能有助于机械制造行业的长远发展。

（五）网络信息化

中国互联网信息技术起步比较晚，但发展迅速，成效显著。目前，网络已经渗入我国各行业的各个领域，这为企业进行生产经营活动提供了极大的便利。网络提供的信息，大大加强了企业与合作伙伴的联络和交流，同时也加深了对竞争对手的了解。实现网络信息化，企业可以获得更加快速的发展。

综上所述，我国的机械制造行业目前与发达国家相比还有一定的差距。在发展中，发达国家的很多优势值得我国学习和借鉴。但是，我国的机械制造行业同样也具有很好的发展前景,未来的发展离不开国家政策的强大支持,离不开先进的管理机制,同时也离不开高科技的生产技术和策略方法。中国的机械制造行业如果能够将各方面有机结合,发挥综合优势,就一定能消除现阶段存在的行业弊端,实现"中国制造2025"的强国梦。

B.6
中国绿色建材行业的企业品牌
建设及其价值评价

陈 曦*

摘　要：　此次上榜品牌中，中国建材集团有限公司的品牌价值约为
1020.27亿元，在绿色建材行业排名第1位，排名第100
位的北京韩建河山管业股份有限公司的品牌价值约为0.24
亿元，100强的平均品牌价值约为76.17亿元。在100个
上榜品牌中，品牌价值超过100亿元的企业有20家，品牌
价值为50亿~100亿元的企业有16家。榜单上前10强品
牌的总价值占100强品牌总价值的50.1%，前20强品牌
的总价值占100强品牌总价值的69.2%，这说明中国绿色
建材行业虽然居榜单首位的品牌价值较高，但作为新兴行
业，品牌建设还需做出长期的不懈努力。从行业发展周期
角度来看，绿色建材发展在我国尚处于起步阶段。随着经
济社会的发展，已有建材产业的基本服务很难满足客户的
需求，这表明绿色建材行业虽然处于起步阶段，但蕴藏着
巨大的客户需求。然而，绿色建材行业发展较晚，行业的
整体水平不高，且多为中小型企业，产品的创新能力不
强，导致消费者对整个行业的认可度不高，从而很难建立
客户忠诚度。此外，国内法律保护不健全及认证监管力度
不足，导致现阶段绿色建材市场比较混乱，这直接影响了

---

*　陈曦，亚洲星云品牌管理（北京）有限公司副总裁，研究方向为企业管理。

企业品牌的发展。

关键词： 品牌 品牌价值评价 绿色建材行业

一 全球绿色建材行业发展现状及国际顶尖品牌表现

（一）行业概况

所谓绿色建材，又被称为生态建材或者环保建材，还有叫健康建材的，就是指健康型、环保型、安全型的建筑用材料。绿色建材是对建筑材料具有"健康、环保、安全"品性的一种评价。绿色建材特别注重建材对人体健康和环境保护所造成的影响以及安全防火方面的性能。绿色建材一般具有消磁、消声、调光、调温、隔热、防火、抗静电等方面的性能，绿色建材是具有某些调节人体机能的特种新型功能的建筑材料。

据预测，全世界的绿色建材市场规模有可能从 2015 年的 1714 亿美元增长到 2022 年的 3770 亿美元，而 2016～2022 年的年均复合增长率有可能达到 11.9%。[①]

目前来看，国际上就绿色建材的未来发展方向存在以下几种看法。

一是针对一些地方存在的铺张浪费和追求豪华的不良风气，有人主张删繁就简。某些国家已经将省钱（Saving Money）作为可持续发展建筑的一项指标来看待。事实上，自然、质朴的生活和工作环境与可持续发展的理念是和谐一致的，这也与建设节约型社会的要求相一致。

二是主张贴近自然，也就是尽可能选用自然材料，充分而合理地利

---

① Business Wire, "Global Green Building Materials Market Analysis 2015 – 2022: $364 Billion Products & Applications Analysis – Research and Markets", https://www.businesswire.com/news/home/20160215005637/en/Global – Green – Building – Materials – Market – Analysis – 2015 – 2022.

用材料本身的自然特性，如应尽可能建设木结构建筑。例如，从第一次世界大战时期开始流行起来的稻草板建筑材料就特别具有生态优势，其主要原料稻、麦草都是可再生的草本资源，其生产制造过程不会对当地的生态环境造成污染，等等，这些特点都是发达国家用材中表现出来的发展趋势。

三是特别注重环保，主要内容包括以下几个方面。第一，不能有损人体健康，典型的如加拿大的 Ecologo 标志计划、丹麦推广的认证标志计划等，就主要是从保证人体健康不受损害方面来考虑的。第二，不能损害周围环境，对于利用生态环境材料的生产活动，要求其不仅不能污染环境，而且应尽可能地净化生态环境。如带有 TiO_2 光催化剂的混凝土铺路砌块技术目前已开始走出实验室，被推广使用在交通繁忙路段的步行道上，在实践中进一步从事以消除氮氧化物、净化空气等为目的的应用性实验。第三，追求尽可能减少环境负荷。主要的着力点一方面在于降低能量损耗，减少对环境的污染；另一方面追求充分利用工业和生活废弃物，以便减少环境负荷，利用固体废弃物研制建筑材料被认为是绿色建材行业发展的最重要、最有前景的途径。

（二）行业特点

绿色建材行业具有以下特点。

（1）生产过程中所用的原料是工业尾渣、工业垃圾、废液等各种废弃物。

（2）采用低能耗工艺和环保技术。

（3）生产过程中不能使用甲醛、卤化物溶剂或芳香族碳氢化合物做辅料或添加剂。

（4）绿色建材产品以改善社会生产环境、提高人民生活质量为宗旨，也就是说，绿色建材产品要有助于增进人体健康，在生物方面要抗菌灭菌、防霉除臭，在物理方面要隔热阻燃、调温调湿、消磁以及防射线、抗静电等。

（5）产品还要能够循环使用或回收利用那些无污染环境的废弃物。

（三）国际顶尖品牌表现

1. 杜邦公司

杜邦公司成立于1802年，是一家著名的科学企业，它以富于创新的产品、材料和服务，为全世界的市场提供先进的科学和工程力量，为让世界各地的人们过上更美好、更安全和更健康的生活而努力工作。杜邦公司的业务范围涉及世界90多个国家和地区，杜邦公司以广泛的、富于创新的产品和服务在农业与食品、楼宇与建筑、通信和交通、能源与生物应用科技等众多领域提供可信赖的产品和服务。

杜邦公司具有悠久的科学探索史，在这个过程中获得了众多的发明创造。2013年，杜邦公司为研发投入了22亿美元的巨资，获批的美国专利达到1050项，同时还获得约2500项国际专利。杜邦公司在全球各地拥有1万多名科学家和技术人员，他们在超过150家研发机构从事相关的科研工作。[①] 比较起来，目前的杜邦公司正在全球更多的地区与更多的机构和专业人士开展合作。杜邦公司的信条是，"包容性创新"是解决人类所面临挑战的最有效的方式和途径。杜邦公司坚信通过与学者、各国政府、各种企业和相关组织的合作，公司能够找到更多新的、更好的、更有效的方法，这是解决世界食物、能源和防护问题的不二法门。

杜邦公司建筑创新部门旨在帮助建造更高效、可持续的住宅和商业建筑，降低商业建筑的运营成本，打造绿色、健康的地球家园，帮助营造美观、温馨、舒适的高品质家居与办公环境。产品涵盖诸多应用领域，拥有深受信赖的建筑材料品牌。主要包括杜邦™特能®可擦洗壁纸、Corian®（可丽耐®）实体面材、Tyvek®（特卫强®）防风防水透汽膜和防潮隔气膜、Montelli®（蒙特利®）实体面材、Typar®土工布、Xavan®防水衬垫等。杜邦公司正在利用创新的解决方案在现代建筑领域大显身手。

---

① 《我们的公司》，杜邦公司官网，http：//www.dupont.cn/corporate - functions/our - company.html。

（1）杜邦™特能®可擦洗壁纸，让幸福始终如新

2015年，杜邦公司将特能®可擦洗壁纸引进中国市场，完美兼容国际与国内风尚，推出了"至尊"与"至享"布基系列墙纸；2016年初再度推出"乐享"与"梦想"纯纸系列墙纸，以更好地满足中国消费者对高品质生活日益增长的需求。

杜邦™特能®可擦洗壁纸采用独特的新型材料和加工工艺，具有易于清洁、经久耐用等突出的功能性特点。科技结合美学，特能®可擦洗壁纸用细节演绎极致，用科技营造安心舒适、持久如新的家居环境。

杜邦™特能®品牌，源自杜邦公司200多年深厚的科学积淀，该品牌于1948年问世，之后不断开发材料的创新应用。

（2）杜邦™可丽耐®实体面材将创意变为现实

杜邦™可丽耐®从未停止过创新与创意的步伐。全世界的设计师、建筑师、艺术家以及加工商紧密合作，将这款独具匠心的材料应用到酒店、医疗、餐饮等商业空间和住宅家居等领域，实现了设计与科技的完美结合。它具有以下特点。①超强耐用。可丽耐®具有优异的耐用性，能够抵御日常使用造成的磨损。②表里如一。可丽耐®颜色和花纹质地均匀，不会出现脱层和褪色状况。③易于清洁。可丽耐®的无孔表面，可防止污物和污渍渗透。④安全卫生。可丽耐®是一种无孔材料，质地均匀，可实现无缝拼接。可丽耐®不会滋生细菌或真菌，从而保证了面材的卫生安全。可丽耐®已通过 DIN EN ISO 846 国际标准认证，被认定为卫生安全材料。⑤可修复性。可丽耐®实体面材是可修复的。细微损伤可使用温和的研磨清洁剂和磨砂布进行修复。对于使用不当造成的严重损伤，无须拆卸，只需进行简单的现场操作就可修复。⑥无缝拼接。可丽耐®可以完美地呈现无缝拼接的设计效果。如超长桌面，就可使用多块可丽耐®材料现场无缝拼接而成。

（3）杜邦™特卫强®防风防水透汽膜和防潮隔气膜，用于建筑围护系统

特卫强®防风防水透汽膜主要应用在建筑围护结构保温层之外，以其独特的防风、防水、透汽和耐候性能，有效阻隔雨水侵袭，减少空气对流造成的热量损失。在增强建筑的气密性、水密性等性能的同时，还能提供可靠的

透汽性，以保证围护结构内部的水汽能够迅速排出，同时还能避免霉菌和冷凝对围护结构的损害，最终达到保护建筑的目的。另外，特卫强®还有独一无二的材料科技，它能够长久地抵御紫外线和高低温，这让建筑不仅节能而且寿命更持久。

杜邦™特卫强®防潮隔气膜的设计使之能够很好地抵御水蒸气，并具有100％的气密性。这有助于控制传热，大幅提高能源效率。特卫强®防风防水透汽膜与防潮隔气膜结合使用，可打造耐久的整体建筑围护解决方案。它们专为满足目前的可持续建筑要求而设计，并由优质材料和可持续建筑实践专家杜邦公司提供支持。

杜邦™特卫强®防风防水透汽膜和防潮隔气膜在中国建筑市场上已广泛应用于机场、火车站、公共场馆、商业中心、办公楼、工业厂房、住宅等领域。杜邦公司拥有全球领先的建筑科学研究能力，能够提供完整的产品和配件，可以根据不同气候带和不同建筑构造为客户提供合理的设计解决方案。

（4）杜邦™蒙特利®实体面材满足多样化需求

蒙特利®具备抑菌、耐污、阻燃、抗冲击、无缝拼接、不易变色等优异性能，可以通过热弯、浇注、无缝拼接、倒模等多种加工工艺，满足造型的需求，而且色泽匀润、质量上乘，广泛应用于餐饮、地产、医疗保健、银行以及家居室内装修等多个领域，让设计项目具备尊贵、高档的视觉冲击。

杜邦公司已经与全世界的设计师、建筑师、艺术家、设计人员以及加工商合作，利用这种性能优异的材料满足个性化需求。

（5）杜邦™Xavan®的防水体系

杜邦™Xavan®防水衬垫系统，是将Typar®技术产品作为结构加强层进而开发制造成的热塑性的聚烯烃（TPO）复合产品（是一种防水衬垫膜），在此基础上，辅以橡胶密封胶带，最后构成完整的防水防渗体系。这种防水防渗体系重量很轻，而且耐老化，强度很高（抗穿刺、抗撕裂、阻根），安装十分便捷，而且环保，这些特点使得防水防渗体系成为诸多应用领域工程建造的首选材料。杜邦™Xavan®防水衬垫系统具有独特的复合结构，这种

结构对各种植物根部系统的穿刺和破坏有着非常强的抵御抗阻能力。该系统极高的抗拉强度和抗撕裂、抗穿刺强度对保证各类工程项目的防水防渗质量起到了不可或缺的作用。与其他同类产品相比，杜邦 TPO 防水衬垫的配套辅材十分齐全，施工和安装技术体系非常完整，它的重量也很轻，热风焊接技术的使用和橡胶辅材的利用使得安装变得简便易行，节约了大量的人力和工时。经权威机构检验检测，杜邦 TPO 防水衬垫产品的化学性能十分稳定，正常情况下不会发生生物降解，也不会受水生植物的腐蚀，该系统对酸性和碱性溶液也具有很强的耐受性能。在 -45℃ 到 95℃ 的环境条件下，TPO 系统具有非常好的柔性，工作性能很好。从使用周期来看，杜邦 TPO 防水衬垫的寿命是 50 年，而且还可以循环利用、回收利用。

2. CRH 老城堡

CRH 老城堡是一家总部位于爱尔兰、在世界上 35 个国家设有 3700 家分公司、拥有员工约 8 万人的巨型跨国公司。

（1）主要商业项目

基础材料。在欧洲和美国，CRH 老城堡在建筑基础原料供应方面处于领导者的地位。

CRH 老城堡在欧洲水泥（2000 万吨）运营商中排名前十，在芬兰、爱尔兰、葡萄牙、波兰、乌克兰、突尼斯和土耳其排名第一或第二。在美国，CRH 老城堡是最大的沥青生产厂家（4000 万吨），是排名第三的骨料生产商（1.1 亿吨）和排名第五的预拌混凝土生产商（520 万立方米）。CRH 老城堡还积极开展海外投资，在印度以各占一半的股权方式与 Myhome Industries 合资，在中国也有合资企业。①

增值建筑产品。在欧洲和美国，CRH 老城堡在附加值建筑产品的供应上处于领先地位：建筑混凝土、预制混凝土、管道和预应力混凝土、黏土、建筑玻璃、焊接加强筋以及栅栏和安全防护产品。

---

① 《欧洲最大建材公司：爱尔兰 CRH 水泥 CRH plc（CRH）》，美股之家，https：//www.mg21.com/crh.html。

在欧洲，附加值建筑产品产业部主要组织混凝土、黏土和建筑产品的生产。产业部的主要市场分布在欧洲20多个国家，包括荷兰、比利时、英国、德国、法国和瑞士。CRH老城堡正在欧洲市场及各行业寻求领导者的地位，拥有员工约18500人，分布在500多个地区。美洲区附加值建筑产品产业部在加拿大的表现尤为突出。它的系列产品包括建筑产品、预制和玻璃，所有产品无论是在全国市场还是在地区市场都占有领先地位。CRH老城堡是美洲预制混凝土、砂浆、砖、建筑玻璃、铝合金门窗系统等产品的最大生产商，员工人数约为16400人，遍布480多个地区。

专业的建材分销。欧洲分销产业部包括专业建筑商以及自助（DIY）商店，在欧洲的8个国家开展业务。欧洲分销产业部正在欧洲市场及各行业中寻求领导者地位，拥有员工约11000人，分布在700多个地区。美洲分销产业部主要在美国进行经营活动。其分支的下属，即外部和内部产品，无论是在全国市场还是在地区市场都占有领先地位，雇员大约有3400人，分布在180多个地区。①

CRH老城堡注重材料的循环使用。为了节省空间，避免对混凝土废碎块的掩埋，把材料作为路基进行循环使用。

（2）发展战略

1970年CRH老城堡创建后不久，董事会便制定了明确的发展战略，尽管经多年演变，但该发展战略仍适用于今时今日。CRH老城堡的发展战略是基于以下内容制定的：

- 坚持以建材为核心业务
- 在"本地"投资；成为成本最低的市场领导者
- 开发"海外"市场；为未来发展创建平台
- "双赢"的业务模式
- 业务开发部门直属地区和产品业务集团
- 严格的评估、审批和复核流程

---

① 《集团简介》，CRH老城堡官网，http：//www.crhchina.com/about－crh/group－profile。

- 通过交易使中小公司得到扩张

- 保持和发展跨区域、跨产品、跨行业的均衡的投资组合

- 专注于业绩卓著并持续增长

（3）特点分析

CRH 老城堡拥有明确的企业定位和企业文化，在此文化背景下的基本特点如下。

第一，利于发展的联邦式组织结构的集团。

CRH 老城堡在业务方面划分为 6 个产业部，其中 3 个位于美洲、3 个位于欧洲，统一归属于集团中心。在这些产业部中：

- 具有丰富管理经验的运作管理层各自承担高度的责任

- 在集团的指导方针和控制范围内，各地享有自主权的机构帮助与当地的国家和文化需要相融合并使本地的市场知识资本化

- 改变集团的规模和结构，促进利润的提高和收入的增长

- 通过经验、技术和观点的分享，最佳实践团队以产品为基础，促进业绩不断提高

第二，评估业绩和增长的重点。

CRH 老城堡始终把完成目前的绩效与实现未来的发展紧密结合在一起。在全集团范围内，要求业务活动必须产生绩效，以实现目标回报率为目的，进而赢得进一步发展的机会和权利。

- 了解关键绩效测量方法并在全集团内得到贯彻

- 通过每年严格的预算程序和月报系统执行财务控制

- 每月财务结果需要通过分支管理层和集团总部的严格审查

- 奖赏业绩突出的薪酬政策

- 生产、分销和行政管理方面的最佳实践需要与具体目标进行对标

- 通过以下措施达到发展的目的：投资新项目；开发新产品和新市场；先进行中等规模的交易然后使之扩大，当然也有较大规模的交易项目

第三，经验丰富的管理团队。

CRH 老城堡有一个经验非常丰富的管理团队，集团注重人才的培养，把培养有才能的继任管理人作为管理的首要事宜。在集团人力资源部门的指导和支持下，每个分支机构定期执行管理发展战略的审查工作。

经理人员主要来自以下三个不同的方面：

- 内部发展起来的运行经理，有一定的发展潜力
- 具备高资格的金融和开发专业人士，具有一定目标的业务开拓人员
- 与他们的公司一起加入的私人企业家，而且他们有意愿进一步扩大企业规模

这样就实现了一个健康的管理层组合，经理们在之前的工作中积累的熟练的管理技术和高端的管理经验便得以利用。

第四，奖赏业绩突出的薪酬奖励政策。

CRH 老城堡以市场为动力的观念是吸引、留住和鼓励杰出经理人士的关键因素。与绩效紧密相连的鼓励措施主要基于为股东创造的可量化的价值目标。

- 高比例的报酬仍然有可变的潜在性
- 赋予关键岗位的经理持有股份的权利，鼓励他们与股东的长期利益结合在一起
- 雇员的股份参与以及与股权相关的存款计划为不同区域和国家的人们创造了一个享有共同利益的团体

第五，均衡的业务分部。

CRH 老城堡独特的战略均衡性、广阔的地域性和产品的发展蓝图为未来的绩效发展周期提供了稳定的基础，同时也为集团的不断发展壮大提供了多重平台。

以地域划分，其中北美 50%、西欧 35%、新兴区域 15%。以业务划分，其中原材料 60%、混凝土产品 20%、其他产品 7%、分销 13%。①

---

① 《集团简介》，CRH 老城堡官网，http：//www.crhchina.com/about－crh/characteristics。

二 中国绿色建材行业发展现状

改革开放以来，随着中国经济的快速发展和人民生活水平的日益提高，人们对住房的品质与环保水平的要求越来越高，在这种背景之下，绿色建材的研究开发和使用很自然地越来越深入和广泛。建筑物本身以及相应的装饰材料要"绿色化"，这是人类在新时代对建筑这一古老领域的新要求，也是建筑材料行业能够持续发展的必然要求。①

回顾起来，中国的绿色建材行业已经取得了一些积极的成果，但不可否认仍处于初级阶段，今后的发展方向应该是节约资源、节省能源、健康安全、环境友好。应该不断开发越来越多的、物美价廉的绿色建筑材料，为提高人类居住环境的质量做出贡献。

绿色建材行业是建材行业发展到巅峰时从量向质转变的产物，它虽然具有建材行业的特性，但又不完全等同于建材行业。绿色建材更多地依赖于消费者对绿色及健康的需求，所以其行业品牌的发展更加依托于牢固的客户关系。随着经济的发展，建材的基本服务很难满足客户的需求，这表明绿色建材行业虽然处于起步阶段，但蕴藏着巨大的客户需求。然而，由于绿色建材行业发展较晚，行业的整体水平不高，从业者普遍是中小型企业，品牌的产品创新能力不强，这导致消费者对整个行业的认可度不高，从而很难建立客户忠诚度。此外，国内法律保护不健全及认证监管力度不足导致现阶段绿色建材市场比较混乱，这直接影响企业品牌的发展。

在宏观经济形势良好的背景下，进入 21 世纪以来，中国的建筑业获得了前所未有的快速、持续的发展。我国经济的持续快速发展和大规模城镇化的大力推进，特别是新一轮的大规模城市基础设施建设和房地产开发为建筑业的空前发展提供了千载难逢的机遇，庞大的建筑市场也就是建筑材料的需

---

① 《绿色建材的发展》，百度文库，https://wenku.baidu.com/view/065ba844192e45361066f5e6.html。

求市场，所以说，建筑材料的"绿色化"正好顺应了我国经济、社会、环境可持续发展的要求。

"十三五"期间，绿色建筑占新建建筑的比例进一步提高，预计到2020年将占新建建筑的30%。因此，"十三五"期间，绿色建材每年的市场规模预计将超过万亿元。①

三 中国绿色建材行业品牌价值100强分析报告及领军品牌表现

（一）《2017 Asiabrand 中国绿色建材行业品牌价值100强榜单》解读②

此次上榜品牌中，中国建材集团有限公司占据排行榜第1位，其品牌价值约为1020.27亿元，第100强北京韩建河山管业股份有限公司的品牌价值约为0.24亿元，100强的平均品牌价值约为76.17亿元。

上榜品牌中，品牌价值超过100亿元的企业有20家，品牌价值为50亿~100亿元的企业有16家。中国绿色建材行业品牌价值分布情况见图1。

上榜前10强品牌的总价值占100强品牌总价值的50.1%，前20强品牌的总价值占100强品牌总价值的69.2%，这说明中国绿色建材行业虽然居榜单首位的品牌价值相对较高，但作为新兴行业，品牌建设还需做出长期的不懈努力。这是榜单品牌价值整体偏低的主要原因。

从行业发展周期角度来看，绿色建材发展在我国尚处于起步阶段。要想大力发展以"节能、节材、节水、节地和环保"为特征的绿色建筑产业，必须由以"节能、减排、安全、舒适、可循环"为特征的绿色建材产

---

① 《"十三五"绿色建材产业规模每年将超万亿元》，青岛鑫光正建筑节能开发有限公司官网，2016年8月2日，http：//www.qdxgzjn.com/NewsDetail.php？id=50483。
② 《2017中国绿色建材行业品牌100强榜单及分析报告》，亚洲品牌网，2017年6月1日，http：//cn500.asiabrand.cn/xinwen/8618002015.html。

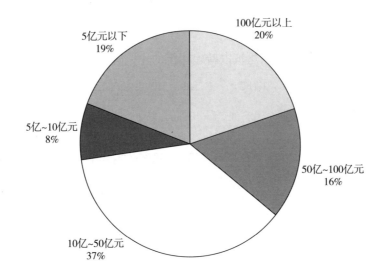

图1 中国绿色建材行业品牌价值分布情况

资料来源：《2017 中国绿色建材行业品牌 100 强榜单及分析报告》，亚洲品牌网，2017 年 6 月 1 日，http：//cn500. asiabrand. cn/xinwen/ 8618002015. html。

业提供基本的物质支撑。随着经济社会的发展，已有建材产业的基本服务很难满足客户的需求，这表明绿色建材行业虽然处于起步阶段，但蕴藏着巨大的客户需求。然而，绿色建材行业发展较晚，行业的整体水平不高，且多为中小型企业，产品的创新能力不强，导致消费者对整个行业的认可度不高，从而很难建立客户忠诚度。此外，国内法律保护不健全及认证监管力度不足，导致现阶段绿色建材市场比较混乱，这直接影响了企业品牌的发展。

（二）领军品牌表现

1. 中国建材集团

（1）基本情况

中国建材集团有限公司（以下简称中国建材集团）是经国务院批准，由中国建筑材料集团有限公司与中国中材集团有限公司重组而成，是国务院国有资产监督管理委员会直接管理的中央企业。[①]

中国建材集团集科研、制造、流通于一体，是全球最大的建材制造商和世界领先的综合服务商，连续七年荣登《财富》世界 500 强企业榜单。资产总额近 6000 亿元，员工总数为 25 万人，年营业收入超过 3000 亿元。拥有 15 家上市公司，其中海外上市公司 2 家。水泥熟料产能为 5.3 亿吨，商品混凝土产能为 4.3 亿立方米，石膏板产能为 20 亿平方米，玻璃纤维产能为 195 万吨，风电叶片产能为 16 吉瓦，均位居世界第一。同时，在国际水泥工程市场和余热发电市场领域处于世界第一。拥有 26 家国家级科研设计院所、3.8 万名科技研发人员、33 个国家行业质检中心、10000 多项专利、11 个国家实验室和技术中心、18 个标委会。[②]

中国建材集团把打造世界一流的综合性建材产业集团作为自己的战略愿景，其战略定位是力争做行业整合的领军者，充当产业升级的创新者，做好国际产能合作的开拓者。

中国建材集团 2016 年年报营业额为 1015.46783 亿元；净利润为 28.22244 亿元，同比增长 1.06%。[③]

（2）创新表现

近年来中国建材集团的重要科技成果如下：

• 高性能水泥的制备与应用的基础研究——高胶凝性矿物体系的研究，国家 973 项目（2001～2005 年）

• 高性能水泥的制备与应用的基础研究——高贝利特水泥熟料与硅酸盐水泥熟料，国家 973 项目（2001～2005 年）

• 高性能水泥的制备与应用的基础研究——性能调节型辅助胶凝组分的研究，国家 973 项目（2001～2005 年）

---

① 《集团简介》，中国建材集团有限公司官网，http：//www.cnbm.com.cn/wwwroot/c_ 000000010008/。

② 《集团简介》，中国建材集团有限公司官网，http：//www.cnbm.com.cn/wwwroot/c_ 000000010008/。

③ 《中国建材股份发布 2016 年度业绩报告》，中国建材集团有限公司官网，2017 年 3 月 30 日，http：//www.cnbm.com.cn/wwwroot/c_ 000000020004/d_ 39723.html。

• 高性能水泥的制备与应用的基础研究——高性能水泥基材料在化学介质和冻融循环协同作用下的性能和失效机制，国家 973 项目（2001～2005年）

• 环境友好型建筑材料与产品研究和开发——功能型环保建筑涂料的研究开发，国家"十一五"支撑计划（2006～2010年）

• 环境友好型建筑材料与产品研究和开发——绿色建筑材料标准、评价技术和认证体系研究，国家"十一五"支撑计划（2006～2010年）

• 城镇人居环境改善与保证关键技术研究——居住区与室内环境噪声控制与改善关键技术研究，国家"十一五"支撑计划（2006～2010年）

中国建材集团十分重视专利管理工作，着力实施知识产权战略，通过采取鼓励引导、树立标杆、强化考核、完善专利管理体系"四位一体"的管理理念，不断强化企业专利申请与保护、相关专利知识培训工作，切实加大知识产权保护力度，提升管理水平，取得了明显成效。2015 年集团专利授权量为 1321 项，专利申请量为 1568 项，累计拥有有效专利 5376 项，其中发明专利 900 项。[①]

2. 海螺型材

（1）基本情况

芜湖海螺型材科技股份有限公司（以下简称海螺型材）是由安徽海螺集团投资、控股的企业，主要从事高中档型材、门窗、建筑模板、家装管材、生态门等新型节能环保产品的技术研发、产品生产、销售及服务，在安徽芜湖、浙江宁波、河北唐山、广东英德、新疆乌鲁木齐、四川成都、山东东营、陕西宝鸡、吉林长春（在建）及新疆和田（在建）建有十大生产基地，公司总资产近 40 亿元，型材年产能达 76 万吨，产销规模连续 14 年位居世界第一。

海螺型材的产品包括固定、内外平开、推拉、圆弧和卷帘等异型门窗和

---

① 《专利与标准》，中国建材集团有限公司官网，http：//www.cnbm.com.cn/wwwroot/c_00000004 00020004/。

各式隔断，其产品系列丰富庞杂，有 50、60、65、70、75、80、83、85、88、92、95、108 等制作塑料门窗的异型材，采用欧洲先进生产工艺，融合中国环境特点和消费者习惯，集科学化与个性化于一身，是国际同行业品种最丰富的企业之一，被誉为"欧式塑料门窗在中国的典型代表"。海螺型材视产品质量为企业的生命线，投资 5000 万元从德国和美国引进了世界一流的先进检测设备①，通过了绿色建材产品认证、国际标准化组织 ISO 9001 质量体系认证及国际标准化组织 ISO 14001 环境管理体系认证，是科技部认定的重点高新技术企业，连续多年被指定为全国型材、塑钢门窗定点生产企业，并于 2012 年 4 月通过了国家工商总局的驰名商标认定。

海螺型材在全国各地设立了 200 多个市场部，在主要中心城市建有 30 多家线下高端门窗体验馆，开设了海螺型材天猫旗舰店，构建了完善的市场销售网络和高水平的售后服务系统，公司的产品除了畅销中国各地外，还出口欧洲、中亚、南亚和东南亚等多个地区。与万科、碧桂园、远洋地产、华润、首创、中海等近 200 家大型房地产企业达成了战略合作。公司成立以来，累计产销高性能塑钢型材 680 万吨，折合门窗 8.16 亿平方米，服务 4000 万个家庭，与使用铝合金门窗相比，为社会节约 1600 万吨标准煤，为我国建筑节能减排事业做出了巨大的贡献。

"十三五"期间，海螺型材将在做强做优型材主业的同时，扩大门窗产业规模，加快建筑模板、管材、生态门等关联产业发展，积极推进国际化发展进程，促进产业结构调整升级，同时发挥上市公司平台作用，加强新型产业调查研究，推动公司战略转型发展，为海螺型材"一强三冠"目标的早

---

① ΛΛMA 即美国建筑制造商协会，是一个成立时间比较早、从事标准制定和产品认证的机构，其前身是美国建筑用铝制造商协会，协会工作的核心是：建筑用门窗等产品结构标准的制定、产品认证、教育培训等一系列服务。在认证方面，自 1962 年开始 AAMA 就被 ANSI（美国国家标准协会）认可，可以为第三方提供认证标识。AAMA 对生产厂商的认证，体现在对产品的消费说明、产品抽样、产品检验等环节。在每个环节上，AAMA 都有严格的检验要求，产品检验必须有独立的检验实验室并要通过生产厂商流水线上的反复连续检验，而出厂商品也必须接受 AAMA 的严格检验。厂商通过检验可获得相应的认证标识，并在销售的产品上加注标志。

日实现做出积极贡献。

海螺型材 2016 年年报显示，公司全年实现营业收入 31.85 亿元。[①]

（2）创新表现

海螺型材将节能降耗与环保作为产品研发的重点，已经取得了很好的效果。

海螺型材的主要产品是塑料型材，作为建筑装饰材料的塑料型材是一种具有节能环保性能的新产品，这对环境保护来说是极其重要的。

海螺型材还通过加强内部管理，严格指标控制，积极推进内部节能降耗工作。首先，致力于提高产品合格率，目前产品合格率超过 99%，而对于占比不到 1% 的废品，其中 80% 被回收循环用于型材生产，20% 被用于管材生产，确保产品 100% 循环利用；其次，采取有效措施，不断降低生产单耗，目前公司电耗仅为 400 度/吨，水耗也不高[②]，均低于同行业的平均水平，而且工业用水除少量蒸发外，均循环回收利用；最后，严格控制料耗和物耗，定期或不定期地抽查倒料残余物，将相关指标纳入考核范围，取得了良好的效果。

此外，海螺型材还通过加强技改，努力实现节能减排。首先，对倒料地坑进行改造，不仅提高了工作效率，而且有效降低了倒料过程中的损耗，同时也提高了扫地灰的利用效率；其次，针对型材切割时产生的噪声和锯屑，公司积极引进先进技术，尝试进行无尘切割，取得了良好的效果。

在国家节能减排方针政策的指导下，公司将充分发挥在化学建材行业的优势，大力发展循环经济，在前期取得成绩的基础上，通过技术研发、资源综合利用等方式继续深入推进节能减排工作，促进和谐企业与和谐社会的协调发展。

在海螺型材系列绿色环保产品中，海螺聚酯合金建筑模板被广泛应用于

---

① 《业绩持续低迷　海螺型材如何扭转困局?》，中证网，2017 年 4 月 29 日，http：//www.cs.com.cn/ssgs/gsxw/201704/t20170429_5262823.html?_t_t=0.5990714794024825。

② 《欧洲最大建材公司：爱尔兰 CRH 水泥 CRH plc（CRH）》，美股之家，https：//www.mg21.com/crh.html。

民用建筑、工业建筑、立交桥、地下管廊等各类基础建设领域，产品采用结皮发泡工艺技术，模板可塑性强，板面薄厚均匀，耐水性能好，可回收再利用，周转可达 30 次。建筑模板绿色环保，无有毒、有害气体排放，生产和使用过程不产生建筑垃圾，施工过程无环境污染，是一种绿色施工典范。使用海螺聚酯合金建筑模板，在提高施工质量的同时，也便于施工现场安全文明施工的管理及绿色施工现场的创建，更为客户降低了工程建设投入成本，经项目单位使用后对比测算，使用海螺建筑模板较传统木模板节省成本50% 以上。公司目前已荣获"全国新型模架最具影响力企业"。

（3）营销策略

在市场竞争的背景下，海螺型材作为塑钢行业的领军企业和以塑钢异型材为主业的上市公司，经过多年的实践，逐渐形成了一套适应市场环境的有效的营销策略。总结起来，有以下几个重要的方面。

第一，企业自我定性为加工企业。

型材产品的技术含量并不高，行业壁垒低，市场竞争激烈，产品利润空间小。同时，由于原材料采购和产品销售两头在外，产品的价格波动一方面受上游采购成本的影响，另一方面又受制于下游市场竞争因素。作为加工企业，受到的市场竞争压力很大，企业必须发挥规模优势，以此来降低成本，提高效率。

第二，海螺型材定位为民用产品。

海螺型材定位为民用产品，在符合国家标准的前提下，始终把市场需求放在营销的第一位，长期致力于提供高品质的产品。鉴于自身产品的最终目标客户通常只是普通老百姓，海螺型材总是将产品档次和价格控制在广大消费者认可和能够接受的范围内。由于同质化产品竞争激烈，海螺型材管理层明白，必须打造企业的核心竞争力才能立于不败之地。对于塑料型材来说，其市场营销必须建立健全的销售网络，尤其是要通过中间商提高市场占有率。企业管理者意识到必须不断强化市场的服务功能，尤其是要全面增强"售前、售中、售后"三个环节的服务意识。与销售相关的物流管理也十分重要，海螺型材一直致力于建立覆盖全国的物流网络体系，在拓展乡镇市场

的同时，还力图开拓国外市场，通过物流网络体系的建设和维护，保障产品的供应能力。

第三，企业品牌建设的目标是树立良好的公共形象。

海螺型材是上市公司，必须通过加强内部管理和外部营销活动树立良好的公共形象，在此基础上以行业龙头的资格获得资本溢价，提升公司品牌价值，促进公司全面发展。作为企业，当然要努力提升企业利润水平，提高股东收益。从公司长期品牌建设来说，要强化制度建设，不断完善公司治理结构，规范公司经营管理行为，也就是为企业长远健康发展建立一个良好的机制。

四 影响中国绿色建材行业企业品牌价值提升的因素

目前，中国绿色建材行业还在从事行业内绿色转型，产业的结合程度差；绿色建材认证、标准化的科学性不足；新型的绿色建材企业规模较小，多为中小型企业，技术创新的投入大、风险高，新产品成本高，市场接受和消化缓慢；社会尚需普及绿色环保意识。同时，相关的金融、法务、专利支持也相当薄弱。

（一）缺少产业发展的协调机制

有分析认为，几年来，绿色建材产业看上去的确一片红火，但凝聚力和向心力相当缺乏，虽然取得了一些成绩，但问题依然不少。

之所以这样，重要原因之一就是绿色建材的发展还没有形成系统的推广方式。

没有系统的、综合的产业推广方式，企业之间、企业与园区之间、园区之间的关系就无法统筹，各企业（园区）各自为政、单打独斗，要发展绿色建材的综合产业，相当困难。

拿传统建材行业来说，它之所以有产能过剩的问题，缺乏产业协调机制是主要原因之一。企业决不能各自为政，绿色建材行业的企业更不能走这条老路。作为新兴产业，绿色建材还要面对市场和技术以及政策方面的不确定因素，龙头企业的带动、好的可推广借鉴的模式都是十分重要的。

（二）权威认证标准尚待落实

绿色建材行业兴起时间不长，行业标准混乱，企业或无所适从，或疲于应付。

2015年，住建部和工信部联合发布了《绿色建材评价标识管理办法实施细则》，对绿色建材评价标识工作的组织与管理、专家委员会的组成、评价机构的申请与发布、标识的申请等都做出了明确的规定，尤其是在绿色建材评价的管理监督方面做出了权威的规定，但真正落实到位还需做很多工作。

（三）产业融合力有待提高

人们通常将不同产业或同一产业不同行业相互渗透、相互交叉，最终融合为一体，逐步形成新产业的动态发展过程①称作产业融合。

绿色建材行业的产业融合，最根本的是要实现与绿色建筑之间的融合。

令人遗憾的是，我国绿色建材与建筑行业还没有做到齐心合力、携手发展。究其原因，首先是我国建筑行业的工业化程度很低，符合绿色建筑发展要求的建材产品的市场推广有很大的难度；其次是建材行业缺乏主动深入建筑行业的意识和作为，产品设计能力也不能适应产业融合的要求。

（四）环保知识不足

新时期以来，一部分人有了绿色环保意识，但社会公众对绿色产品，特别是对绿色建材产品的认知误区不少，这种情况严重制约着我国绿色建材行业的健康发展。

---

① 《产业融合》，搜狗百科，https：//baike.sogou.com/v63286903.htm？fromTitle。

相关资料显示，在中国，53.8%的消费者有购买绿色产品的意愿，但是，只有30%多的居民对绿色建材有基本的认知，对使用绿色建材持欢迎态度。①

五 中国绿色建材行业发展趋势

最近几十年，西欧、美国、日本等发达国家或地区对绿色环保建材的重视程度日益提高。而随着国际交流的日益频繁，中国已经逐步融入经济全球化进程，中国的建筑审美在不断改变，绿色建材将日益成为符合国际潮流的发展趋势。

建筑材料日益多样化，而住宅市场的扩大极大地推动了绿色建材的发展，并不断带动绿色建材的升级。在住宅市场中占据比例最大的绿色建材是绿色地板材料，如实木地板、PVC地板、竹制地板等，但是大量使用木制、竹制地板又需要大量的木材与竹材，所以现今将实木与其他材料相结合以节省木材、节约资源是一个新的方向。此外，在混凝土中加入矿物废渣，不仅能够节约原料，而且可以改善混凝土的性能，提高其适用性。绿色建材还有资源节约型、能源节约型、环境友好型等多样化发展方向。

由于绿色建材应用时间不长，还存在适用性差、寿命较短、与建筑主体结合能力不佳等问题，这对绿色建材行业的发展十分不利。党的十八大报告强调指出，科技创新是提升社会生产力和综合国力的战略支撑，必须摆在国家发展全局的核心位置。在未来创新驱动发展的时代潮流中，如何将绿色建材发展与创新结合起来，用创新促进绿色建材发展，既面临机遇，又面临挑战。

但是，绿色建材毕竟代表了建筑材料的未来和发展方向，符合世界发展的潮流和人类文明发展的新需要。积极发展绿色建材行业，既有助于保护环境，也有助于节约资源，还有助于改善人类的居住环境。所以，中国的绿色建材行业也应该有一个大发展。

---

① 《绿色建材行业亟待突破的四大产业课题》，慧聪涂料网，2016年2月29日，http：// info. coatings. hc360. com/2016/02/290928657426 - 2. shtml。

B.7
中国房地产行业的企业品牌
建设及其价值评价

关新峰 *

摘　要：　此次上榜品牌中，大连万达集团股份有限公司的品牌价值约
为 1991.50 亿元，在房地产行业排名第 1 位，排名第 100 位
的中粮地产（集团）股份有限公司的品牌价值约为 3.62 亿
元，100 强的平均品牌价值约为 138.78 亿元。在 100 个上榜
品牌中，品牌价值超过 100 亿元的企业有 18 家，品牌价值为
50 亿 ~ 100 亿元的企业有 20 家。榜单上前 10 强品牌的总价
值占 100 强品牌总价值的 71.3%，前 20 强品牌的总价值占
100 强品牌总价值的 81.4%，这说明目前中国房地产行业的
整体品牌价值相对比较高，品牌价值的区间分布也比较合理，
行业发展良好。此外，在整个榜单中，仅有少数企业的品牌
价值比较高，大部分企业的品牌价值还有待进一步提升。房
地产行业经过一段时间的迅猛发展，已逐渐进入调整期，这
意味着品牌渐渐显示出其在房地产行业应有的竞争力。从品
牌价值榜单可以发现，房地产行业发展比较健康。当然，房
地产行业虽然已经开始重视品牌价值，但是由于发展时间比
较短及行业的特殊性，仅有少数房地产企业开始进行品牌营
销。通过调研发现，仅有 33.3% 的客户在选择时会受到品牌
的影响，这表明现阶段房地产行业的品牌影响力维持在一个

---

* 关新峰，亚洲星云品牌管理（北京）有限公司副总裁，研究方向为企业管理。

相对较低的水平。此外，房地产市场秩序混乱使市场的泡沫化程度相对较高，从而导致供需结构失衡。不稳定的市场将会在某种程度上限制品牌的发展。

关键词： 品牌　品牌价值评价　房地产行业

一　全球房地产行业发展现状及
国际顶尖品牌表现

（一）行业概况

房产和地产合起来总称为房地产。房产是指建筑在土地上的各种房屋，包括住宅、厂房、仓库以及商业、服务、文化、教育、卫生、体育和办公用房等。地产是指土地及其上下一定的空间，包括地下的各种基础设施、地面道路等。[①]

房地产具有位置的固定性，依据这种不可移动性特征，房地产在经济学中又被称为不动产。

从法律意义上来说，房地产本质上是一种财产权利，这种财产权利是指寓含于房地产实体中的各种经济利益以及由此而形成的各种权利，如所有权、使用权等。[②]

（二）行业分类

房地产投资开发业和房地产服务业是房地产行业的两大业务类别。其

---

① 《房地产没有土地使用权有哪些影响》，华律网，2017 年 11 月 27 日，http：//www. 66law. cn/laws/432022. aspx。

② 《房地产没有土地使用权有哪些影响》，华律网，2017 年 11 月 27 日，http：//www. 66law. cn/laws/432022. aspx。

中，房地产投资开发是指企业在依法获取了国有土地使用权的土地上所进行的基础设施建设和房屋修筑。作为一种投资行为，开发房地产需要在土地、建筑材料、基础设施、配套设施、从业人员、劳动力、资金等诸多方面开展相关的活动。房地产服务业又可分为房地产咨询、房地产经纪、房地产评估和物业管理等几大业务。人们通常把房地产咨询、房地产经纪和房地产评估称为房地产中介服务业。

房地产咨询是指为房地产活动的参与者提供法律法规、政策、信息、技术等方面服务的经营活动。房地产经纪是一种房地产居间介绍和代理的经营活动，其服务对象是进行房地产投资开发、转让、抵押、租赁的当事人。房地产评估是指专业估价人员根据估价目的，按照估价程序，遵循估价原则，以房地产为对象，考虑影响房地产价格的综合因素，以适宜的方法对房地产的价格和价值进行估算和判定的行为。物业管理一般是指房地产的所有者（业主）或其代表（业主委员会）选聘物业管理企业，并与物业管理企业签订物业服务合同，授权物业管理企业对房屋及配套设施、设备和相关场地进行养护、维修、管理的活动。

（三）行业特点

1. 全程计划性

企业从征用土地开始，在建设房屋的基础设施和其他设施时都要严格按照国家计划进行，也就是要按照规划、征地、设计、施工、配套、管理六统一的原则，按照企业的建设和销售计划从事开发和经营。

2. 涉及面广

房地产业务涉及面广，需要打交道的经济往来对象多，企业首先因购销关系与设备、材料物资供应单位等发生经济往来，其次因工程的发包和招标必须与勘测设计单位、施工单位发生经济往来，也有可能会因受托代建开发产品、出租开发产品等与委托单位和承租单位发生多种复杂的业务往来关系。

房地产业经营业务内容复杂，除了土地和房屋开发外还要建设必要的基

础设施和公共配套设施，业务内容包括征地、拆迁、勘测、设计、施工、销售以及售后服务，是"一条龙"式的产业链。

3. 产品具有商品属性

房地产企业的产品是商品，全部要进入市场，要按照供需双方认可的价格转让或销售。

4. 开发周期长、风险大

房地产项目的单体价值高，建设周期长，经营活动的负债程度高，开发期间的不确定因素多。一旦经营决策出现失误，或遭遇销路不畅，即可能造成大量积压，企业资金周转就会面临大问题，企业就可能陷入经营困境。

5. 具有保值、增值的属性

土地是一种不可再生的稀缺资源，但在某些特定时期，一个国家的人口是增加的，人们的物质生活水平也是不断提高的，人们对房地产产品的需求也会相应增加。一方面是土地供给的有限性，另一方面是土地需求的不断增加，这种矛盾在特定条件下就表现为房地产产品的价格呈现不断上涨趋势。因此，与其他产品比较起来，房地产产品具有保值增值的特点。

6. 投资所需资本数额巨大

房地产开发从规划设计开始，要经过可行性研究、征地拆迁、安置补偿、建筑安装，还要建设配套工程、绿化环卫工程等，项目运作少则 1 年，多则数年，才有可能全部完成。各个环节都需要投入大量的资金，总的资金投入量大。

（四）行业发展现状

2016 年全球房地产总值增长 5%，同期国内生产总值（按不变价格）同比上涨 2.3%，增速不及前者。2016 年全球房地产总值相当于同年 GDP 的 2.8 倍，较 2015 年的 2.7 倍有所上涨。2017 年全球房地产总值为 228 万亿美元，其中住宅地产总值为 168.5 万亿美元，商业地产总值为 32.3 万亿美元。

住宅在全球房地产总值中占据绝对主导地位，约占 3/4。住宅地产总值为 168.5 万亿美元，而全球约有 20.5 亿个家庭，照此计算，平均每户住宅的价值约为 82000 美元。当然，住宅价值集中在发达国家，且主要分布在北美和欧洲国家。

北美人口只占全球人口的 7%，而住宅物业价值占比却高达 22%。类似的还有欧洲，以 11% 的世界人口占据着 23% 的住宅物业价值。

欠发达经济体拥有最大的房地产价值增长潜力。在亚洲大部分地区，房地产资产价格的涨势已基本与当地人均 GDP 一致。而在非洲，国民经济和家庭收入的增长为房地产价值创造了巨大的上涨空间。中东和非洲地区拥有 19% 的世界人口，但住宅物业价值只占全球的 6%。

因为世界上大多数房屋属于家庭自住，我们估计全球住宅中只有 34% 属于"可投资"一类，即真正能够出租或在投资者间进行交易的住宅。

全球商业地产中有 67% 属于"可投资"资产，比例高于住宅，但即便如此，仍有大量资产为个人、公司或组织自持自用。

商业地产价值上涨最为显著，同比增长 7%。2017 年商业地产价值达 32.3 万亿美元，其中 21.8 万亿美元属于可投资资产。[①]

（五）国际房地产著名企业品牌

1. 西蒙集团

（1）基本情况

总部位于印第安纳州的西蒙集团（SPG）是标准普尔 100 指数的成分股之一，也是全球最大的商业地产开发商及全美最大的零售地产上市公司。公司的核心业务包括商业地产投资、开发、出租及物业管理，此外还拥有北美地区公开发售的最大的商业地产信托投资基金（REITs）。

西蒙集团的前身是成立于 1960 年的 Melvin Simon & Associates（MSA），

---

① 《全球房地产价值几何？惊人的数据告诉你》，搜狐网，2017 年 10 月 18 日，http://www.sohu.com/a/198743333_291386。

公司成立初期以房地产开发为主业。在经过几十年的稳定发展之后，MSA于1993年底将主要资产组成西蒙集团在纽交所公开上市，其8.4亿美元的融资额成为当时全美最大的IPO之一。上市之后，公司在不断调整其经营策略的同时，也持续开展了有针对性的行业并购。由此，公司进入快速发展时期，规模及盈利能力提升迅速。

西蒙集团的业务经营以美国国内地区为主，遍及北美41个州和波多黎各、墨西哥以及亚洲等其他国际区域。截至2011年底，西蒙集团在全球拥有或持有326处物业，可出租总面积为2278.5万平方米，这些物业每年接待的顾客人数超过了22亿人次。① 西蒙集团的零售地产业态主要包括地区性购物中心（Regional Malls）、奥特莱斯名品折扣店（Premium Outlets）、大都会区购物中心（The Mills）以及社区生活中心（Community/Lifestyle Centers）。以此为依托，公司的收入来源则包括最低租金、超额租金、租户补偿及管理费用四个主要方面。

2017年10月30日西蒙地产公布财报，公司2017财年第三财季净利润为5.14亿美元，同比增长1.79%；营业收入为14.04亿美元，同比上涨3.42%。②

（2）营销策略和品牌特点

在国外市场上，西蒙集团有两个主要的营销策略：第一个是与当地房地产企业密切合作；第二个是以当地货币进行投融资。

从品牌塑造的角度来看，西蒙集团的市场营销策略就是让每个人都喜欢购物广场。

西蒙集团有一个商业模式的核心，那就是将自己的物业打造成零售商及其他商业企业喜欢的市场经营资源。为此，西蒙集团特别重视整个品牌的建设。西蒙集团的市场营销策略体现在广告上，就是不仅着力于消费者心目中

---

① 《美国商业地产之王西蒙地产深度报告》，雪球网，2012年9月7日，http://xueqiu.com/4043855103/22211345。
② 《西蒙地产2017财年第三财季净利5.14亿美元 同比增加1.79%》，同花顺财经网，2017年10月28日，http://stock.10jqka.com.cn/usstock/20171028/c601225253.shtml。

刻画"西蒙"这一品牌，而且积极推销旗下的零售商品牌。

西蒙集团特别注重对其统一商业品牌的推广和宣传，提出的口号是"让每个人都喜欢购物广场"。经过多年塑造，西蒙品牌成了美国高端购物的代名词。

西蒙集团以 Malls 的消费者为中心，与其他公司建立商业联盟，取得了骄人的成绩。例如，与 Visa 和美国银行等合作建立起了大型商场的支付系统，与可口可乐、梅西百货、西尔斯等品牌建立了全国性的营销联盟，进行整体的商业推广、谈判和品牌维护，尤其是在静态和数字媒体上进行有前瞻性的合理推广，取得了很好的成绩。

值得注意的是，西蒙集团以专业的物业管理来提升品牌物业的盈利能力，为此，西蒙集团在以下四个方面下功夫：特别关注收入持续增长的租户和地区；扩大租户群体并适时调整优化租户结构；适时调整资产组合；将注意力集中在核心资产上。

2. 三井不动产

（1）基本情况

三井不动产株式会社（Mitsui Fudosan Co., Ltd., TYO：8801）（以下简称三井不动产）的历史起点可追溯到 1673 年开设的越后屋服装店，其创始人是三井家创始人三井高利（Mitsui Takatoshi）。三井公司于 1914 年开始涉足房地产业，其房地产部门在 1941 年成为独立实体，也就是今天的三井不动产。

三井不动产于 1961 年进入住宅和度假地产业，其著名的业绩是建造了日本首座摩天大楼霞关大厦。三井不动产一直处于日本豪华房产开发的前沿，在建造住宅房产的同时也建造商用房屋。三井不动产多年来建造了一系列著名房产品牌作品。

（2）品牌特点

自 1941 年创立以来，除支撑日本高度发展的临海开发事业之外，三井不动产还在日本第一栋超高层大楼开发、市中心大规模再开发等各个方面始终领跑日本，并不断挑战超大型项目。三井不动产通过时间的沉淀，以提升

价值的方式，推进"逐年优化"，其开发的办公大楼、商业设施、酒店、度假村、商品房、租赁房等，均标榜"Japan Quality"（日本品质）。

"&"是三井不动产的标志，象征着"共生共存""多元化价值体系"。这里并不是简单地以"二者取其一"的方式在开发与环境保护等看起来相互矛盾的概念之间进行取舍，而是追求二者的和谐共存，企业努力追求的是实现多种价值观的融汇与结合。这种和谐共存的理念所强调的，一方面是项目与周边自然环境的"共生"，另一方面是建筑本身与客户需求的"共生"和协调。

在发展住宅事业20年后，三井不动产开始布局商业。其商业开发的理念是，Growing Together，即与顾客、入驻商户一起成长，建设更美好的街区。在该理念的指导下，三井不动产的开发目标是为市民提供"家庭生活方式解决方案""富裕的休闲时间"，为城市创造"城市核心凝聚的魅力场"。三井不动产在项目开发阶段就虚心倾听顾客建议，注重创造充满新发现和新体验的空间，让商业成为度过充实时光的场所。

目前三井不动产的商业产品共有三类：Shopping Park、Outlet Park、城市型商业。

Shopping Park——社区化商业中心。以啦啦宝都为代表，从领先时尚的流行服饰到非日常的娱乐设施，再加上满足各种需求的"区域性商业设施"，是具备日常购物、医疗和教室等服务功能的"Life Style Park"。与周围环境相协调，为顾客提供生活方式建议，繁荣城市，成为地区交流的核心。

Outlet Park——"时间消费型"购物城。通过开设奥特莱斯厂商直销店，除了提供商品和服务外，还提供优质高档的名牌产品。此外，配以娱乐性的设施设计、充实活动、美食天地等购物以外的魅力项目，打造"时间消费型"奥特莱斯购物城。

城市型商业——活力都心型商业。在城市中心打造高档的商业设施，根据各个设施的理念而开展的独此一家的店铺以及包含新营业形态在内的颇具个性的店铺阵容，为上班族和生活在城市中心的顾客提供多样化的生活方式。

3. 凯德集团

（1）基本情况

总部设在新加坡的凯德集团是亚洲规模最大的房地产集团之一，其股票在新加坡上市。

凯德集团的房地产业务包括住宅、办公楼、购物商场、服务公寓和综合房产，是典型的产业内多元化业务。同时，凯德集团还是亚洲最大的房地产基金管理者之一。凯德集团坚持开发优质的房地产产品，提供高质量的房地产管理服务。

凯德集团旗下有众多的上市公司，如澳洲置地、凯德商用、雅诗阁公寓信托、凯德商务产业信托、凯德商用新加坡信托、凯德商用马来西亚信托、凯德商用中国信托和桂凯信托。

1994 年，凯德集团进入中国市场，逐渐成为中国房地产领域具有领先地位的品牌外企。目前，凯德集团在中国 40 多个城市运营超过 130 个项目，开发规模超过 2200 万平方米，总管理资产超过 2000 亿元。在凯德集团的总资产中，中国部分占比近 40%。[①]

作为中国的驰名商标，凯德集团的承诺是全心为客户提供优质的产品和服务。"建宇树人"是凯德集团的价值追求和企业理念。凯德集团珍视员工的创造激情，同时也关注社会公益事业，致力于创造一个和谐、人性化的社会空间。

（2）品牌特点

凯德集团自 1994 年起步，经过 20 年的发展，已经成长为中国最大的外资房地产开发商。

公开数据显示，2012～2016 年，凯德集团的营业额整体呈上升趋势，年均复合增长率达 16.74%。在营业额增长的同时，凯德集团的年净利润也保持较为稳定的上升态势。就 2016 年来看，凯德集团营业收入同比增长

---

① 《林明彦：看好中国楼市未来20年》，亿房网，2013 年 7 月 29 日，http://news.fdc.com.cn/yjgd/596328.shtml。

10%，税后净利润增长 11.7%。其中，营业利润占整个税后利润的比重为 72%，较上年提高 27.8 个百分点。此外，2016 年凯德集团在华住宅总销售额为 180 亿元，相较于 2012 年的 70 亿元，年均复合增长率高达 37%。① 凯德集团能在如此多变的市场环境下保持持续增长，最关键的就在于其专业的运营管理经验、对各地细分市场的深刻洞察、全球性的视野和联动、多年积累的品牌效应以及成熟的团队。

第一，"房地产 + 金融"，打造"轻资产"运营模式。

外界对凯德集团有一个评价，说它是房地产业潜行的大鳄。事实上，无论是从发展背景、企业在亚洲的发展规模还是企业产品的特色和经营风格来看，凯德集团都是一家极具特色的公司。虽然凯德集团在这几年的发展中并不以规模见长，但其在商业地产运营及资本运营等领域的探索已经远远领先于行业，其"轻资产"的运营模式也成为国内多家房地产企业竞相模仿的对象。

早在 2003 年，凯德集团就成立了第一只面向中国的私募基金——凯德中国住宅基金，共筹集资金 0.61 亿美元，全部投放于凯德集团位于中国的项目。两年之后，凯德集团成立了凯德中国发展基金，基金规模达 4 亿美元，用于发展中国市场的住宅项目。其后，凯德集团又成立了两个基金。另外，凯德集团还有 2 只注资中国业务的房地产投资信托，其资产总值达到 297 亿元的规模。②

解决了资金方面的后顾之忧，凯德集团在中国的发展自然也就走上了快车道。时至今日，凯德集团能够拥有现在的商业规模，在很大程度上要归功于其"房地产 + 金融"的运作模式。

第二，不追涨，工匠精神打造综合体。

近年来，楼市的热度持续升温，各大开发商都处在积极拿地的火热

---

① 《凯德集团：房地产业潜行的大鳄》，搜狐网，2017 年 11 月 10 日，https://www.sohu.com/a/203619114_555060。

② 《凯德集团：房地产业潜行的大鳄》，搜狐网，2017 年 11 月 10 日，https://www.sohu.com/a/203619114_555060。

队伍中，上海等一线城市更是成为房地产企业的最爱。本来也应处在拿地队伍里的凯德集团，面对火爆的上海土地拍卖却做出了放弃追涨的决定。

从土地类型看，相较于住宅地，凯德集团更注重综合体地块。综合体策略也是凯德集团在行业竞争中具有的优势的集中体现。凯德集团擅长在地铁交汇的地块打造地铁上盖物业的综合体项目，这些综合体不仅能提升所在区域的生活与商务价值，而且能优化城市商业结构。此外，拿地后项目开发中的工匠精神也是凯德集团擅长且被看重的。凯德集团的综合体项目一直蕴含工匠精神，强调优质的商品才会得到客户的青睐。在凯德集团看来，一家公司要想获得持续的发展，必须发挥自身的专长和特性，而不能纯粹从价格的角度与别人去竞争。

第三，"强求"质量和收益回报。

中国的市场竞争激烈，对现在的凯德集团来说，要想长久地发展下去，规模已经不是最重要的，相对来说更需要"强求"质量和收益回报，更好地利用资源进行整合。

凯德集团的一个战略目标是在中国再造一个嘉德置地（凯德集团曾用名）。事实上，中国目前已经成为凯德集团最大的国外市场。数据表明，来自中国的收入在凯德集团的经营业绩占比中超过了50%。

二 中国房地产行业发展现状

房地产行业在我国的国民经济中占有重要地位，具有资金需求大、产业链长、涉及面广等特点。房地产行业的特殊性，直接影响着国家的经济增长、社会的稳定和国民的生活水平。我国的房地产行业自1978年以来，在经过三个时期的不断发展和不断调控后，已经成为国家最主要的经济支柱型行业。当下，以宏观经济发展形势为基础，结合国家战略目标，我国的房地产行业已经步入总体平衡、持续发展和稳步前进的全新阶段。对于我国房地产行业的发展现状，可以从以下几个方面进行分析。

（一）房地产投资状况

从目前国内房地产的投资情况看，投资依然呈现不断增长的态势，占全社会固定资产投资的比重较大。2017 年 1~6 月，全国房地产开发投资 50610 亿元，同比名义增长 8.5%，增速比 1~5 月回落 0.3 个百分点。其中，住宅投资 34318 亿元，增长 10.2%，增速提高 0.2 个百分点。住宅投资占房地产开发投资的比重为 67.8%。①

2017 年 1~6 月，我国东部地区房地产开发投资 27252 亿元，同比增长 8.4%，增速与 1~5 月持平；中部地区投资 10631 亿元，增长 16.0%，增速回落 0.9 个百分点；西部地区投资 10991 亿元，增长 6.8%，增速回落 0.2 个百分点；东北地区投资 1737 亿元，下降 14.0%，降幅收窄 2.1 个百分点。②

在房屋施工面积方面，房地产开发企业房屋施工面积为 692326 万平方米，同比增长 3.4%，增速比 1~5 月提高 0.3 个百分点，其中住宅施工面积为 472722 万平方米，增长 2.9%。房屋新开工面积为 85720 万平方米，增长 10.6%，增速提高 1.1 个百分点，其中住宅新开工面积为 61399 万平方米，增长 14.9%。房屋竣工面积为 41524 万平方米，增长 5.0%，增速回落 0.9 个百分点，其中住宅竣工面积为 29760 万平方米，增长 2.5%。③

从投资结构来看，投资对象逐渐由商业转向住宅。

（二）房地产销售状况

2017 年上半年，商品房销售面积为 74662 万平方米，同比增长 16.1%，增速比 1~5 月提高 1.8 个百分点，其中住宅销售面积增长

---

① 《国家统计局：2017 上半年全国房地产开发投资同比名义增长 8.5%》，房博士网，2017 年 7 月 17 日，http：//gz. fangdr. com/newsdetail? id =25150。
② 《国家统计局：2017 上半年全国房地产开发投资同比名义增长 8.5%》，房博士网，2017 年 7 月 17 日，http：//gz. fangdr. com/newsdetail? id =25150。
③ 《国家统计局：2017 上半年全国房地产开发投资同比名义增长 8.5%》，房博士网，2017 年 7 月 17 日，http：//gz. fangdr. com/newsdetail? id =25150。

13.5%，办公楼销售面积增长 38.8%，商业营业用房销售面积增长 32.5%。商品房销售额为 59152 亿元，增长 21.5%，增速提高 2.9 个百分点，其中住宅销售额增长 17.9%，办公楼销售额增长 38.9%，商业营业用房销售额增长 41.7%。①

（三）房地产企业到位资金情况

2017 年上半年，房地产开发企业到位资金为 75765 亿元，同比增长 11.2%，增速比 1～5 月提高 1.3 个百分点。其中，国内贷款 13352 亿元，增长 22.1%；利用外资 104 亿元，增长 58.9%；自筹资金 23273 亿元，下降 2.3%；其他资金 39035 亿元，增长 17.2%。在其他资金中，定金及预收款 23226 亿元，增长 22.7%；个人按揭贷款 12000 亿元，增长 6.7%。②

三 中国房地产行业品牌价值100强 分析报告及领军品牌表现

（一）《2017 Asiabrand 中国房地产行业品牌价值100强榜单》解读③

此次上榜品牌中，大连万达集团股份有限公司占据排行榜第 1 位，其品牌价值约为 1991.50 亿元，第 100 强中粮地产（集团）股份有限公司的品牌价值约为 3.62 亿元，100 强的平均品牌价值约为 138.78 亿元。

上榜品牌中，品牌价值超过 100 亿元的企业有 18 家，品牌价值为 50 亿～100 亿元的企业有 20 家。中国房地产行业品牌价值分布情况见图 1。

---

① 《国家统计局：2017 上半年全国房地产开发投资同比名义增长 8.5%》，房博士网，2017 年 7 月 17 日，http：//gz. fangdr. com/newsdetail？id＝25150。

② 《国家统计局：2017 上半年全国房地产开发投资同比名义增长 8.5%》，房博士网，2017 年 7 月 17 日，http：//gz. fangdr. com/newsdetail？id＝25150。

③ 《2017 中国房地产行业品牌 100 强榜单及分析报告》，亚洲品牌网，2017 年 6 月 1 日，http：//cn500. asiabrand. cn/xinwen/8618002010. html。

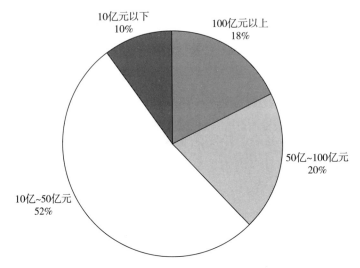

图1　中国房地产行业品牌价值分布情况

资料来源:《2017 中国房地产行业品牌 100 强榜单及分析报告》,亚洲品牌网,2017 年 6 月 1 日, http://cn500.asiabrand.cn/xinwen/8618002010.html。

上榜前 10 强品牌的总价值占 100 强品牌总价值的 71.3%,前 20 强品牌的总价值占 100 强品牌总价值的 81.4%,这说明目前中国房地产行业整体的品牌价值相对比较高,品牌价值的分布也比较合理,这预示着行业处于良性发展态势。此外,对比整个榜单,只有少数企业的品牌价值比较高,大部分企业的品牌价值有待提升。

房地产行业经过一段时间的迅猛发展,已逐渐进入调整期,这意味着品牌渐渐显示出其在房地产行业应有的竞争力。从品牌价值榜单可以发现,房地产行业发展比较健康。当然,房地产行业虽然已经开始重视品牌价值,但是由于发展时间比较短及行业的特殊性,仅有少数房地产企业开始进行品牌营销。通过调研发现,仅有 33.3% 的客户在选择时会受到品牌的影响,这表明现阶段房地产行业的品牌影响力维持在一个相对较低的水平。此外,房地产市场秩序混乱使市场的泡沫化程度相对较高,从而导致供需结构失衡。不稳定的市场将会在某种程度上限制品牌的发展。

（二）国内著名房地产企业品牌

1. 万达集团

（1）基本情况

著名的万达集团于 1988 年创立，之后获得迅速发展，其业务逐渐聚拢成为商业、文化、网络、金融四大产业集团。万达集团 2017 年在《财富》世界 500 强企业中排在第 380 位。根据 2017 年 6 月 30 日的数据，万达集团的企业总资产为 8826.4 亿元，2017 年上半年的总收入为 1348.5 亿元。[①]

目前的万达集团，持有商业物业面积达 3387 万平方米，已经在北京 CBD、上海五角场、成都金牛、昆明西山等地开发了 235 座万达广场。

特别值得一提的是，万达文化集团 2017 年上半年的收入达到 308 亿元，成为名副其实的中国领先的文化企业。[②]

万达集团旗下的网络科技集团属于"实业＋互联网"的大型开放型平台公司，拥有飞凡信息、快钱支付、征信、网络信贷、大数据等专业公司，能够运用大数据、云计算、人工智能、场景应用等新技术为实体产业实现数字化升级，也能为消费者提供生活圈的高技术含量的全新消费服务。

（2）品牌特点

在 2016 年万达集团年会上，公司董事长王健林先生提出："万达商业是集团转型的重点公司，力争在 2018 年提前两年完成转型目标，成为商业服务型企业。一要逐步减少地产投资，二要实现轻资产运营，三要提升租金利润占比。"[③]

第一，轻资产模式的本质是服务。

1989 年，正值国企改革。也就是在这一年，35 岁的王健林成立了大连

---

① 许晓：《万达：轻资产转型逻辑》，新浪财经，2017 年 9 月 9 日，http：//finance. sina. com. cn/roll/2017 – 09 – 09/doc – ifykuffc4541212. shtml。

② 许晓：《万达：轻资产转型逻辑》，新浪财经，2017 年 9 月 9 日，http：//finance. sina. com. cn/roll/2017 – 09 – 09/doc – ifykuffc4541212. shtml。

③ 许晓：《万达：轻资产转型逻辑》，新浪财经，2017 年 9 月 9 日，http：//finance. sina. com. cn/roll/2017 – 09 – 09/doc – ifykuffc4541212. shtml。

万达集团。此后，在王健林的带领下，万达集团经历了四次转型。1993 年，万达集团进行了第一次转型，宣布从大连走向全国，由地方企业转向全国性企业；2000 年，万达集团宣布从单纯的住宅地产向"商业地产 + 住宅地产"混合地产转型；2006 年，万达集团宣布由单一房地产企业转向综合性企业集团，文化旅游产业是重点。

2015 年，万达集团又宣布将全面转型为服务企业集团。与前三次转型不同，万达集团的第四次转型是一次全新的转型升级。第四次转型的主体是服务业，包括万达集团的转型和万达商业地产的转型两个层面。其中，万达集团的转型从空间范围上看是从国内企业转型为跨国公司；从内容上看是要转型为以服务业为主的企业。相比之下，万达商业地产的转型力度要更大一些，其转型的方向是轻资产化。作为万达集团的核心企业，万达商业地产目前的主要业务产出是城市综合体，其典型模式是一个大型万达广场 + 配套的写字楼、商铺、住宅等，销售配套物业，以销售收入投资自己持有的万达广场。中国目前尚没有支持长期不动产投资的合适的金融服务，所以万达集团采取了以"售"养"租"的办法。也就是万达广场建成后由万达集团自己持有并经营，所获全部租金收益当然也归万达集团。这是万达商业转型之前的重资产模式。

万达集团主推的轻资产模式的要点是万达广场的开发建设资金全部来源于社会资本，万达集团负责选址、设计、建造、招商和管理，经营中产生的租金收益由万达集团与投资方按比例分成。

第二，成为"最大的招商公司"。

从数据来看，万达集团去地产化成效已进一步显现。万达集团简报显示，2017 年上半年万达集团总收入中，租金收入为 116.9 亿元，同比增长 34.3%，完成年度计划的 46%，完成上半年计划的 102.2%，租金收缴率达 100%。① 地产业务收入为 563.4 亿元，同比增长 11.3%，完成上半年计划

---

① 《2017 年上半年万达集团工作简报》，万达集团官网，2017 年 7 月 6 日，http://www.wanda.cn/2017/2017_0706/36204.html。

的 119.2%；回款 491.4 亿元，完成年度计划的 55.4%，完成上半年计划的
120.3%。[①] 服务业务收入为 780.2 亿元，占集团总收入的 57.9%[②]，较上年
55% 的占比又提升了近 3 个百分点。这是继 2016 年万达集团服务业收入占
比历史上首次超过地产之后，地产进一步"瘦身"的表现。

为加快轻资产转型，2016 年初，公司董事长王健林把万达商业的销售额
目标从上年的 1600 亿元下调至 1000 亿元，并要求万达商业在 2017~2025 年
租金年均保持 25% 的增速。不过，从数据来看，万达商业已超额完成目标。

业内人士表示，相较于房地产销售的一次性收入，租金这种可持续现金
流为企业提供了持久竞争力。

同时，万达集团的轻资产模式在 2017 年上半年已获得市场认可。万达
集团简报显示，在 2017 年上半年开业的 12 个万达广场中，有 9 个是轻资产
项目。2017 年上半年新发展项目 28 个，其中万达广场 26 个、万达城 2 个。
万达广场全部为轻资产项目，其中投资类轻资产项目 14 个、合作类轻资产
项目 12 个。[③]

目前，万达集团的轻资产公司包括万达商业管理、万达电影、万达酒店
管理、万达主题娱乐、万达儿童娱乐、万达体育以及大健康产业。上述的战
略调整和模式创新表明，万达集团已经具备逐步从"重资产"向"轻资产"
转型的能力，也就是说，万达集团有可能成为全国名副其实的"最大招商
公司"，它在未来可能会输出标准化的商业管理，即由合作方负责投资，万
达集团只从事商业设计、运营和管理。未来，万达集团有可能从赚取资产升
值收益（重资产模式）向赚取增值服务收益（轻资产模式）转变，其盈利
模式可能是赚取代工品牌溢价、物业管理收益、商业运营收益、其他衍生收
益以及地产基金等多元地产金融服务过程中产生的收益。

[①] 《2017 年上半年万达集团工作简报》，万达集团官网，2017 年 7 月 6 日，http://
www. wanda. cn/2017/2017_ 0706/36204. html。
[②] 《2017 年上半年万达集团工作简报》，万达集团官网，2017 年 7 月 6 日，http://
www. wanda. cn/2017/2017_ 0706/36204. html。
[③] 《文化强劲发力，万达集团上半年收入 1348.5 亿元》，360doc 个人图书馆，2017 年 7 月 6
日，http://www. 360doc. com/content/17/0706/20/27972427_ 669403974. shtml。

2. 碧桂园

（1）基本情况

碧桂园致力于推动中国新型城镇化进程，积极参与全球绿色生态智慧城市建设，已经为 400 多个城镇带来了现代化的城市新貌，有效改善了这些城镇居民的居住条件，提升了其生活品质。值得一提的是，碧桂园在新加坡周边以先进的城市设计理念首创了立体分层的现代城市——森林城市。

就其特点来看，森林城市的地面设计是公园，大多数交通工具在底层穿过，地面设置无污染轨道交通，建筑外墙以垂直分布的植物覆盖。在这里，居民生活在森林花园里。森林城市为未来城市发展提供了极有价值的参照。

创业 20 多年来，碧桂园给所在城市增添了特别的风景。特别是园林景观、生活广场为当地居民提供了极大的方便，它的会所和物业服务及时、方便、安全、舒适。碧桂园在它所涉及的每座城市都力争将小区品质一步提升到位，它的口号是建设世界一流的小区。目前超过 300 万户业主选择在碧桂园安居乐业，显示了市场对碧桂园品牌的认可和褒奖。

碧桂园于 2007 年在香港上市，2016 年销售收入达 3088 亿元，同年的纳税额超过 200 亿元。

碧桂园是拥有超过 10 万名员工的巨型企业，它以十强房地产企业中售价最低而引人注目。碧桂园不仅以匠心精神努力建造高性价比的房子，而且注重在教育、生活、医疗等方面满足消费者的需求。[①]

（2）品牌特点

第一，以房地产企业的身份参与土地一级开发，以挂牌价拿地，积极参与城中村改造，获得了社会效益和经济效益双丰收的佳绩。

第二，适应政府规划，实施郊区大盘战略。

着力在一线城市周边和其他城市区域开发配套完善的高品质物业项目，这一方面能够满足城市化进程和居民提升住房品质的需求，另一方面也是与当地经济发展和政府的城市区域规划相协调的。

---

① 《碧桂园是什么》，碧桂园官网，https：//www. bgy. com. cn/about. aspx？type=3。

第三，积极在一、二线城市全员拿地或合作拿地，积极参与旧城改造。

碧桂园的拿地新策略是合作拿地、股权收购、参与城市旧城改造。为了获得尽可能多的目标地块，碧桂园甚至推出了全员拿地模式。

新模式成功的例子是，2016 年 6 月 3 日，碧桂园对外宣布与深广瀛投资发展集团有限公司、汇联金融服务控股有限公司三方就深圳龙岗中心城片区项目达成合作，在龙岗地区获得了一个面积约为 260 万平方米的工程项目，项目价值约为 1000 亿元。①

第四，长远布局，逆势拿地。

通过考察碧桂园的拿地经历可以看出，在行业经历调控的几个低谷期，它都逆势拿地，储备了不少优质土地资源。自 2014 年以来，别的房地产企业谈三、四线城市色变，而碧桂园却在三、四线城市以低价拿到不少地块。

3. 绿地集团

（1）基本情况

绿地控股集团股份有限公司（以下简称绿地集团）是一家面向全球的追求多元化经营的企业集团，其总部设立于中国上海。

绿地集团历经 25 年蓬勃发展，资产规模突破 7400 亿元，连续六年入榜世界企业 500 强。②

绿地集团目前已在全球范围内形成了"以房地产开发为主业，大基建、大金融、大消费等综合产业并举发展"的多元化经营格局，实施资本化、公众化、国际化发展战略，旗下企业及项目遍及全球四大洲十国百城。

（2）品牌特点

第一，深耕中国，布局世界。

绿地集团坚持国际化战略，除"深耕"中国所有省份的市场之外，还在美国、澳大利亚、加拿大、英国、德国、日本、韩国、马来西亚等国家开展业务，通过提升全球竞争力来塑造企业品牌。绿地集团致力于培育世界级

---

① 《碧桂园加码一线城市　签下深圳千亿货值大单》，东方网，2016 年 6 月 4 日，http：//news. eastday. com/eastday/13news/auto/news/china/20160604/u7ai5698432. html。

② 《集团简介》，绿地集团官网，http：//www. ldjt. com. cn/About_ jtjj. aspx。

企业，力争在经济全球化背景下成就中国企业品牌的梦想。

第二，丰富多元的产业板块。

绿地集团的主业是房地产业，在此基础上，积极发展大基建、大金融、大消费及新兴产业等关联板块集群，实现"3＋X"综合产业布局，保障企业平衡经济波动、实现持续增长。"一业特强、多元并举"的多元产业板块，更有利于绿地集团充分打通并嫁接各产业板块优势，打造稳健增长、基业长青的"绿地系"企业群。①

第三，产融结合的双擎动力。

绿地集团较好地处理了坚持产业经营与资本经营并举发展的关系，实现了实体产业与金融、投资之间的协同发展，成功实现了国内 A 股整体上市，还控股了多家香港 H 股上市的企业，搭建起了境内外资源整合的资本平台。未来，绿地集团有可能打造出"资金＋资管"产业链，实现产融结合，提升企业品牌的竞争力。

四 影响中国房地产行业企业品牌价值提升的因素

进入 21 世纪，我国经济实力显著提升，人们的生活质量水平也有了明显提高，越来越多的人开始注重衣食住行的品质。其中，"住"一跃成为人们最关注的话题。近年来，伴随房地产市场的迅猛发展，国内大中小城市的房价飞速飙升，吸引了来自各行各业的投资商和国人的目光。在国内很多城市，房地产市场的火爆现象和蝴蝶效应，不仅为普通人带来了丰厚的财富收益，而且大大增加了当地政府的财政收入。然而，在房地产市场火爆现象和财富快速积累的背后，房地产市场的泡沫不断增大，一系列政治问题、社会问题、经济问题随之而来。这些问题也是提升房地产企业品牌价值的制约因素。

---

① 《绿地集团》，西咸新区秦汉新城官网，2018 年 3 月 16 日，http：//qhxc.xixianxinqu.gov.cn/qsyz/zmqy/5563.htm。

（一）房价非理性上涨

土地资源是城市发展的刚性需求。在我国，很多城市的土地资源被大规模用于城市建设，这使得本来就紧张的土地资源供应更为紧张。首先，一些开发商在从政府手中取得土地资源使用权的时候，支付了高额的土地售卖费用。其次，受相关经济调控政策的影响，房地产税收力度加大。部分开发商为了获得更大的利益，多在城市郊区开发房地产项目。这些因素无疑增加了房地产开发的成本，水涨船高，房价也随之上涨。

（二）市场供需混乱

中国的房地产行业起步晚，发展急，制度建设滞后，土地使用权方面的违规现象不少。另外，房地产开发商之间还存在某些利用虚假广告提高购房率等不正当竞争现象，在物业管理和基础设施建设等方面还存在不规范、不完善的情况。

（三）发展模式亟须完善

房地产行业的发展缺乏应有的平衡。首先，在一线大城市，房价过高且上涨过快，与有居住需求的市民的实际购买能力相差甚远。同时，开发商面对相对稀缺的土地资源，不得不以高价与同行竞争。地价高，房价自然就高。其次，在一些人口较少的小城市，地方政府往往以低价出售土地等优惠措施吸引开发商，但城市小、人口少，市场对住房的需求并不大，往往容易造成供大于求甚至房子难售的结果，市场不完善，产能易过剩。

（四）金融风险隐患巨大

首先，大部分开发商在房地产建设中的资金来源是通过银行贷款，这种情况带有一定的风险，如果市场发生变化，往往会影响开发商按合约偿还银行贷款，也使银行面临一系列的经营风险。其次，绝大部分购房者在购买房产时，主要通过银行贷款的方式来付款，但是如果在还款

期间突发情况而无力偿还，也会给银行带来一定的损失。而且，一些人利用银行贷款炒房，导致房地产行业产生泡沫，同样给银行带来了一定的风险。

（五）土地价格差距显著

城市经济的发展程度直接影响城市对外来人口的吸引力和本地人口的凝聚力。大城市经济发展较快，能够吸引更多的外来人口，带动了本地经济的发展。同时，房地产行业也会随着经济的发展而发展，这就导致房地产供不应求，因此大城市的土地价格明显高于小城市。小城市由于经济发展滞后，房地产的需求量不会出现爆发式的增长，继而房地产市场发展相对缓慢，因此土地价格就会相对较低。

五 中国房地产行业发展趋势

中国房地产行业的发展会影响整体国民经济的发展，而有关房地产行业的话题也时刻牵动着人们的心。作为全行业中获利最丰厚的行业，虽然存在诸多问题，但也具有无限的发展空间和潜力。中国的房地产行业已经进入了一个特殊的发展阶段，房地产市场的实际需求具有非常可观的空间，房地产行业在未来一段时间仍将处于总量增长性发展阶段。

（一）更加完善的保障性住房政策

现阶段，我国还属于发展中国家，国民的收入差距较大，绝大多数人收入不高，难以支付高昂的商品房费用。因此，保障性住房的供应就显得尤为重要，它能够为低收入人群购买基本住房和提高生活质量方面的合理需求提供政策性保障，而完善保障性住房政策同样显得尤为重要。未来房地产行业发展会逐渐向保障性住房倾斜，通过调整税收政策、土地政策和信贷政策等逐步实现结构性调整，使保障性住房成为多层次住房供给体系中的重要内容。

（二）房地产市场趋向稳定有序

目前，我国房地产市场仍处于持续上升的发展阶段，在发展过程中难免会遇到一些困难和受到一些不良因素的影响。这些问题导致整个行业陷入僵持阶段。重要的是要总结经验教训，利用先进的理念积极解决房地产市场发展中的问题，从而实现房地产市场的良性发展。

（三）政府调控将持续

科学的宏观调控是保证市场健康发展和正常运行的重要条件。但事实表明，只有更加科学周全的调控政策才能保证房地产市场的有序发展。

综上所述，中国房地产行业的发展对国民经济的整体发展具有重要的、不可忽视的影响。房地产行业现阶段的主要问题集中在如何恢复市场信心上。从政府调控政策的出发点来看，政府并不是要刺激房价上涨，而是要促进消费，提升住房成交量，恢复消费者的购房信心。从政府政策对楼市的影响力度来看，目前的政策是导向性的，是表明政府原则性态度的。房地产市场明显的区域差异化，决定了政策的出台要结合当地的实际情况，以便达到预期目标。

B.8
中国健康行业的企业品牌
建设及其价值评价

陈海涛 *

摘　要： 此次上榜品牌中，汤臣倍健股份有限公司的品牌价值约为
180.60亿元，在健康行业排名第1位，排名第100位的天津
信鸿医疗科技股份有限公司的品牌价值约为0.11亿元，100
强的平均品牌价值约为7.03亿元。在100个上榜品牌中，品
牌价值超过10亿元的企业有10家，品牌价值为5亿~10亿
元的企业有9家。榜单上前10强品牌的总价值占100强品牌
总价值的76.2%，前20强品牌的总价值占100强品牌总价值
的85.5%，这说明中国健康行业品牌的发展头部效应明显，
各个龙头企业已经在规模上形成了绝对的统治地位。从品牌
价值榜单可以发现，中国健康行业的品牌价值整体偏低，仅
有19家企业的品牌价值超过5亿元，这也表现出了健康行业
发展的不景气。中国的健康产品消费者基数庞大，单一的品
牌策略很难满足消费者对品牌的需求，而现阶段健康行业的
品牌策略过分依赖广告促销。大约50%的消费者在此次调研
中表明品牌是其选择时主要考虑的因素，这也同时证明了品
牌在健康行业的影响力不大。此外，健康行业的产品开发能
力相对薄弱，行业内重复生产现象严重。总之，健康行业的
品牌建设还有很长的路要走。

---

* 陈海涛，亚洲星云品牌管理（北京）有限公司技术总监，研究方向为企业管理。

关键词： 品牌　品牌价值评价　健康行业

一　全球健康行业发展现状及国际顶尖品牌表现

（一）行业概况

健康行业是一个新兴的复合型行业，就其内容来说，包括医疗产品、保健用品、营养食品、医疗器械、保健器具、休闲健身、健康管理、健康咨询等多个与人类健康紧密相关的生产和服务领域。[①] 健康行业的特点是辐射面广、吸纳就业人数多、拉动消费作用大。[②] 健康行业具有拉动内需、保障和改善民生的社会经济功能。

相关预测显示，21 世纪将是健康行业大发展的时代。为社会大众提供健康生活解决方案，是未来健康行业发展的最大商机。

无疑，大健康行业有可能成为 21 世纪经济的核心行业之一，也有可能成为其他行业突破困局的催化剂。当今世界，美国靠软件行业异军突起，日本等国则已经将大健康行业作为行业复兴的重点投资领域。随着医学科学在人类基因图谱方面的突破，大健康行业必将获得大发展。

（二）行业特点

健康行业与其他行业相比有其自身独有的特点。

1. 以人为本

热爱生命、保证健康是人类生活中最重要的主题。健康行业的出发点和落脚点都是改善人的健康状况，并以相关的产品和服务获得合理的经济收益。

---

① 《健康产业》，百度百科，https：//baike. baidu. com/item/健康产业。
② 《健康产业》，百度百科，https：//baike. baidu. com/item/健康产业。

2. 涉及面广

一方面，需求主体广泛。患者、健康或亚健康者，以及老人、儿童和青壮年都是需求主体。另一方面，产生健康问题的缘由十分广泛。生命的自然周期、外来侵害都可能导致健康问题；心理和精神方面遭受的刺激会引起健康问题；人类自身的生活、工作习惯也会引起健康问题；无知同样会对健康造成危害，带来健康问题。

3. 具有长期性

健康行业面对的是人的一生，人类存在一天，健康需求就存在一天。可以说，健康行业是一个永不衰落的"朝阳行业"。

4. 综合性强

健康行业是一个跨行业、跨领域、跨地域的行业，是一个综合性很强的行业。

5. 市场特点明显

健康行业的产品市场深受地域人群疾病谱、文化传统与生活习惯、医疗卫生制度的影响。医药产品的特点是被动消费，而健康管理服务则具有自主性和主动性，保健品的消费市场受被动与主动两方面竞争因素的影响。

6. 顺应医学模式的发展趋势

医学模式的转变引领着健康行业的发展，也就是说，健康行业的发展是随着医学模式的转变而转变的。

（三）行业发展趋势

从全球健康行业发展的趋势来看，以下特点值得注意。

1. 新技术新模式将主导未来健康行业的发展

目前，在世界范围内，医疗行业面临的挑战包括经济承受能力、医疗质量以及持续的无地域限制的访问。发达国家的问题是人口老龄化和越来越高的慢性病发病率，而发展中国家的问题则是更高的慢性病发病率和匮乏的医疗基础设施。在一些发达国家，有些大医院病床空置，但提供基础医疗服务的医院、诊所和医疗保健工作者则有所缺乏，而发展中国家的医疗资源更是严重不足。

新兴力量进入医疗保健行业，可以借力消费者，通过商业和技术的优势提高医疗行业的效率，最终为人们提供更好的医疗服务。

相关资料显示，美国2.8万亿美元规模的健康行业正在遭受新兴力量的挑战[①]，同时，这种新兴力量也在逐步改变发达国家和发展中国家的医疗系统。

新兴力量在零售、科技、电信和消费者产品各个领域通过吸引消费者参与，以更快的速度、更低的成本与传统企业合作，研发产品、提供服务，并借此获得更高的收益。

在这种共生的状态下，原有的监管机构、专业支付机构和传统支付机构都会成为推动创新的力量。App设备和服务的广泛使用将会使偏远地区的人口和世界范围的诊断与治疗结合起来。

2. 数字技术正在消除医疗的局限性

相关数据表明，截至2014年底，全球移动网络覆盖率已经达到了32%，这个比例比2011年翻了一番，世界网民大约有30亿人，其中的2/3（也就是20亿人）生活在发展中国家。[②] 移动、数字、无线网络的结合正在创造一个没有边界、随时随地都可以享受医疗服务的数字医疗时代。

虚拟医疗服务有取代传统医疗服务的趋势。人们普遍愿意从他们自己的手持移动设备上获取医疗信息，对创业者来说，这就有了新的商业机会和合作的可能。

事实上，世界范围的医疗健康系统正在朝着可持续的方向发展，以量为基础的服务收费业务趋于式微，质量和效果正成为标准。一些机构，特别是医疗设备和制药领域的厂商，正借助新的技术专注于与患者交互的全套方案上——也就是疾病的预防与保健，疾病的治疗方案、治疗的后续流程甚至还包括患者支持与患者教育方面的业务。

新的方式以患者为中心，但这自然是要基于相互合作的新的商业模式。

---

① 《普华永道全球健康产业趋势报告：看好保健健身领域，新进入者有机会占领制高点》，新浪博客，2015年4月3日，http://blog.sina.com.cn/s/blog_70b99cd80102vpmk.html。

② 《全球健康产业趋势报告：看好保健健身领域》，商虎中国网，2015年4月4日，http://cn.sonhoo.com/info/716709.html。

传统力量与新兴力量的合作应该有广阔的前景，尤其是在远程通信技术的应用方面。例如，赛诺菲力争发展成为糖尿病关怀全球领先的一员，致力于为患者提供实时互动的解决方案，因此在2010年成立了专门的糖尿病部门。

据相关预测，发展中国家在健康行业的创新方面会好于发达国家，那些投资于健康行业的新兴企业提供的突破性解决方案似乎更容易在发展中国家生根发芽。

3. 医疗保健系统变得更加便利

消费者希望他们获得的医疗保健服务可以像银行、零售、交通等其他行业一样便捷。消费者的期望总是超前于现有的医疗基础设施，其间的差距就是创业者发挥能动性的空间。特别是，发展中国家有可能为有关医疗保健服务的新想法和新技术提供更好的机会。

4. 保健行业有利可图

在全世界，保健和健身市场都在不断成长，人们愿意在非医疗服务方面投入资金来保持自己的身心健康。保健行业对投资者来说是门槛比较低的一个行业，也不用费太多的精力与政府和传统竞争者周旋。另外，健康的饮食也是人们保持自身健康状态的一个有效方式。

（四）国际顶尖品牌表现

1. 普丽普莱

（1）基本情况

普丽普莱（Puritan's Pride）是一家美国保健品公司，1960年创建于美国纽约长岛。它主要生产营养素，其所属产品都通过了美国FDA认证。

作为美国最大、产品最齐全的保健品公司之一，普丽普莱的产品包括维生素、矿物质、草药及有关健康、美容、减肥等的健康食品，普丽普莱开发、研制、生产、销售的营养品超过1000种。普丽普莱的顾客超过1900万人，它的产品无论是质量还是价格都有极大的吸引力和竞争力。普丽普莱是美国垂直整合的营养食品生产商航母企业NBTY旗下的公司。NBTY总部设在美国纽约，于1992年在美国纳斯达克上市，2003年又转板至纽约证券交易所，2004 年 NBTY 被《财富》杂志评选为全美发展最快的公司之一。目前，NBTY 已经是世界上居于领先地位的集研发、生产和销售于一身的高品质营养补充剂公司。公司产品有 3000 多个品种，有 2 万多个单品，拥有众多国际知名品牌，如 Nature's Bounty、Vitamin World、Puritan's Pride、Holland & Barrett、Rexall、Sundown、MET - Rx、Worldwide Sport Nutrition、GNC（UK）和 American Health 等，这些产品销往世界上 90 多个国家和地区，深受这些国家和地区消费者的欢迎和信赖。[①]

（2）营销模式

普丽普莱的营销模式是厂家直销，不在各种媒体上做广告推广，公司也没有自己的实体店铺，它只通过自己的网站和电话销售产品。

普丽普莱的销售方式大大降低了成本，有利于实现其"优质的产品、大众的价格，给每个人一个使用营养品的新概念"的目标。[②]

普丽普莱侧重于新潮的网络销售方式，这种方式成本低，可以支持薄利多销，也没有中间营销环节。

2. 健安喜

（1）基本情况

美国健安喜（GNC）是世界上知名的优良营养食品公司，GNC 是全球知名的膳食补充剂品牌。健安喜总部位于美国宾夕法尼亚州匹兹堡市，其经营范围遍及全球 50 多个国家和地区，拥有超过 9000 家零售门店和专柜。

健安喜作为全球健康行业的领跑者，提供了超过 1500 种健康产品，包括维矿基础类营养产品、运动健康营养产品、草本植物提取营养产品及各类膳食营养产品。2016 年销售额超过 25.4 亿美元。[③]

从 1935 年创立至今，健安喜注重甄选优质原料，追求技术创新，始终

---

① 《Puritan's Pride》，百度百科，https：//baike.baidu.com/item/Puritan%27s%20Pride/8940122？fr=aladdin。

② 《普丽普莱硫酸软骨素胶囊》，紫一商城，https：//www.ziyimall.com/showbrandarticle/1703.html。

③ 《Gnc 健安喜》，维他狗营养家，http：//www.vitagou.com/gnc/。

坚持为全球的消费者提供更好的选择。

健安喜于 2005 年设立了自己的保健品商城，销售火爆，2010 年销售额达到 5900 万美元。①

（2）营销模式

第一，健安喜十分重视培训销售人员。健安喜的管理层认为销售人员是公司与顾客间重要的联系节点，销售人员是促使顾客做出购买决定的非常重要的因素。因此，健安喜愿意投入大量资金培训销售人员。

第二，健安喜非常重视品牌的视觉化效应。健安喜坚持定期重新设计店面，店面设计强调公司的"Live Well"主题。所有的直营店和特许加盟店都必须按照公司的设计进行整修。健安喜要求产品包装突出其品牌标识，还要提供详尽的产品信息。这些做法有利于提高顾客对健安喜品牌的识别度，丰富的产品信息也有助于顾客做出购买的决定。

第三，销售渠道趋于多样化。健安喜的自营店多达 3046 家，特许加盟店也有 2514 家，还有 2125 家战略合作连锁药店中的店中店。健安喜的零售网点数量遥遥领先，美国排名第二的保健品零售商的店面只是它的 1/11。目前，电子商务已经成为健安喜重要的营销新渠道，健安喜官网及收购来的两家保健产品在线销售网站是其主要的销售平台。②

3. 美国维他命世界公司

美国维他命世界公司（USA Vitamin World，Inc.）是美国最著名的保健品公司之一，其品牌家喻户晓。公司总部位于著名的美国纽约长岛，公司在美国的保健品连锁店多达 550 多家③，公司的销售额长期稳居美国营养保健品行业前三位。40 多年来，公司实验室的科学家和药剂师与美国食品药品监督管理局（FDA）一直保持着紧密的合作，这既确保了产品的纯正、稳

① 《健安喜——灵敏应变跑赢竞赛》，中国美容美体网，2014 年 3 月 11 日，http：//www.ilife.cn/Zhuanti/GNC/34324.html。

② 《GNC 的品牌意识报告》，书业网，2016 年 11 月 12 日，http：//www.cssyq.com/baogaoxiezuozhidao/642729.html。

③ 《最受消费者欢迎的美国十大保健品品牌》，博客园，https：//www.cnblogs.com/dreamliner/p/3965149.html。

定与功效，也协助 FDA 制定了相关行业的多项标准。美国维他命世界公司的所有产品都严格遵循 GMP（Good Manufacturing Practices）的优良制造标准，部分产品甚至达到了 USP（United States Pharmacopoeias）标准，也就是具备了药品级产品的品质。美国维他命世界公司的信念是：品牌的生命力在于完善的品质而不在于低廉的价格。

二 中国健康行业发展现状

（一）基本情况

中国的大健康行业总体来说依然处于初级发展阶段，因此健康行业的发展具有空间大、增速快两大特点。

所谓大健康行业，是指维护健康、修复健康、促进健康的产品生产、服务提供及信息传播等活动的总和，包括医疗服务、医药保健产品、营养保健产品、医疗保健器械、休闲保健服务、健康咨询管理等多个与人类健康紧密相关的生产和服务领域。[1]

目前，中国健康服务产业链主要包括以下五大基本产业群：一是医药产业，这是大健康行业的主体，占比达到 50% 左右；二是医疗产业，占比为 9.5%；三是健康养老产业，占比约为 33%；四是保健品产业，占比只有 4.7%；五是健康管理服务产业，占比仅为 2.7%。[2]

与当今世界发达国家相比，中国居民的健康消费水平还不高，中国的大健康行业还处在起步阶段，整体规模也不大。[3]

中国的健康行业结构也存在一些问题。中国的健康行业仍以"医院医

---

① 《健康产业 前途无量 功德无量》，搜狐网，2017 年 4 月 19 日，http://www.sohu.com/a/134945049_567785。
② 《大健康产业发展：结构、规模及投资预测》，360doc 个人图书馆，2017 年 11 月 30 日，http://www.360doc.com/content/17/1130/12/34279512_708591194.shtml。
③ 《黄杰荣：大健康行业将是粤港澳青年创业发展新平台》，中华网，2018 年 3 月 1 日，http://tech.china.com/article/20180301/20180301114062.html。

疗服务、医疗商品"为主体业务,其业务量占总业务量的95%(美国不到35%)。中国以"疾病的治疗"为主,美国则除了疾病的治疗外更加重视疾病预防、健康促进、慢性病管理等工作。现实中,有70%的美国人享有健康管理方面的服务,中国的相应水平是0.1%。[①]

(二)国内健康行业特点

相关数据显示,2010年我国的大健康行业规模为1.55万亿元,2016年的数据是5.61万亿元,其年均复合增长率很高。以这样的速度计算,到2020年,中国的大健康行业总规模有可能达到10万亿元。[②]

同时,健康服务及与保健相关的各个细分领域的增长率也明显高于传统的医疗和医药产业。2010年以来,健康养老业的年均复合增长率为28.1%,保健品产业为27.7%,健康管理服务业为19.7%,而传统医疗产业为16.5%,医药产业为15.5%。[③]

1. 慢性疾病的防治与治疗需求增加

人口老龄化对改善健康状况有迫切的需求。2016年,中国60岁及以上的人口占总人口的比例为12.95%,据预测,到2050年时中国的老龄人口比例将超过30%。[④]

人口老龄化的一个直接结果就是衰老与疾病,相关资料显示,目前的中国,25%的成年人患有高血压,40%的成年人患有高血脂,10%的成年人患有糖尿病,20%~30%的成年人患有脂肪肝。[⑤]

① 《资本为何青睐大健康产业》,证券之星财经网,2017年11月8日,http://finance.stockstar.com/IG201711 0800000402.shtml。
② 《消费新机遇 大健康产业将成投资新风口》,搜狐网,2017年11月8日,http://www.sohu.com/a/202993273_ 115124。
③ 《消费新机遇 大健康产业将成投资新风口》,搜狐网,2017年11月8日,http://www.sohu.com/a/202993273_ 115124。
④ 《消费新机遇 大健康产业将成投资新风口》,搜狐网,2017年11月8日,http://www.sohu.com/a/202993273_ 115124。
⑤ 《中国居民慢性病患病率十年增长一倍》,中国保险报官网,2016年11月23日,http://shh.sinoins.com/2016-11/23/content_ 214229.htm。

2. 医疗健康支出增长迅速

相关资料显示，我国的人均医疗保健支出增速快于普通消费支出增速①，人均医疗保健支出占人均总支出的比重也在提升。城镇人均医疗保健支出占总支出的比重 1995 年是 3.5%，2016 年已经达到 7.1%。随着我国人口老龄化的加剧、收入水平的提高以及健康意识的增强，预计未来人均医疗保健支出占总支出的比重将进一步提高。

3. 政策东风促进健康行业发展

国家政策驱动大健康行业快速发展。2011 年 11 月科技部等部门联合发布的《医学科技发展"十二五"规划》、2013 年 9 月国务院发布的《关于促进健康服务业发展的若干意见》、2016 年 10 月国务院印发的《"健康中国 2030"规划纲要》，都对我国大健康行业的发展起到了积极的推动作用。

4. 保健品大面积普及

保健品生产和消费增长迅速。2012 年我国的保健品产业规模只有 1121 亿元，2016 年则达到了 2644 亿元，年均复合增长率达 23.9%。② 不过，中国保健食品的市场渗透率还不到 10%，而美国保健食品及膳食补充剂的市场渗透率已近 80%。③ 所以，中国保健食品的市场还有巨大的发展空间。

5. 民营健康检查机构蓬勃发展

国家卫计委数据显示，2015 年我国医疗卫生机构门诊健康检查人数为 38457.9 万人次，占我国总体检人数的比例约为 28%。目前我国的体检渗透率远低于美国、日本等发达国家，因此未来增长空间巨大。据中投顾问产业研究预测，到 2020 年，我国健康体检产业规模可达 2400 亿元左右。④

---

① 《医疗保健支出增长迅速　大健康产业将成投资新风口》，新浪财经，2017 年 11 月 8 日，http://finance.sina.com.cn/roll/2017 - 11 - 08/doc - ifynmvuq9435485.shtml.

② 《黄杰荣：大健康产业将是粤港澳青年创业发展新平台》，中华网，2018 年 3 月 1 日，http://tech.china.com/article/20180301/20180301114062.html。

③ 《黄杰荣：大健康产业将是粤港澳青年创业发展新平台》，中华网，2018 年 3 月 1 日，http://tech.china.com/article/20180301/20180301114062.html。

④ 《消费新机遇　大健康产业将成投资新风口》，搜狐网，2017 年 11 月 8 日，http://m.sohu.com/a/202993273_115124。

6.康复医疗的供给缺口大

2016 年，中国康复医疗市场规模约为 270 亿元，未来随着养老以及医疗体系的完善，康复医疗产业有望迎来突破。据前瞻产业研究预测，到 2020 年，中国的康复医疗市场规模将达 620 亿元，年均复合增长率约为 23%。①

7.医疗美容产业增长迅速

近年来，收入增长、消费升级和政策支持推动医疗美容产业迈入高速发展期，中国也成为继美国和巴西之后世界第三大医疗美容市场。② 德勤《中国医疗美容市场分析 2017》数据显示，2015 年中国医疗美容市场规模为 870 亿元，2016 年为 1250 亿元，预计 2020 年将达到 4640 亿元，年均复合增长率达到 40%。医疗美容也开始从特殊治疗演变为大众医疗消费。③ 可以预测，我国医疗美容市场的发展空间巨大。

三 中国健康行业品牌价值100强
分析报告及领军品牌表现

（一）《2017 Asiabrand 中国健康行业品牌价值100强榜单》
解读④

此次上榜品牌中，汤臣倍健股份有限公司占据排行榜第 1 位，其品牌价值约为 180.60 亿元，第 100 强天津信鸿医疗科技股份有限公司的品牌价值约为 0.11 亿元，100 强的平均品牌价值约为 7.03 亿元。

---

① 《消费新机遇 大健康产业将成投资新风口》，搜狐网，2017 年 11 月 8 日，http://m.sohu.com/a/202993273_ 115124。
② 《消费新机遇 大健康产业将成投资新风口》，搜狐网，2017 年 11 月 8 日，http://m.sohu.com/a/202993273_ 115124。
③ 《消费新机遇 大健康产业将成投资新风口》，搜狐网，2017 年 11 月 8 日，http://m.sohu.com/a/202993273_ 115124。
④ 《2017 中国健康行业品牌 100 强榜单及分析报告》，亚洲品牌网，2017 年 6 月 1 日，http://cn500.asiabrand.cn/xinwen/861800208.html。

上榜品牌中，品牌价值超过 10 亿元的企业有 10 家，品牌价值为 5 亿 ~ 10 亿元的企业有 9 家。中国健康行业品牌价值分布情况见图 1。

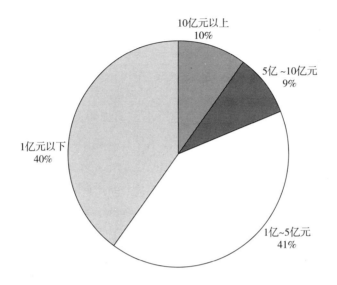

图 1 中国健康行业品牌价值分布情况

资料来源：《2017 中国健康行业品牌 100 强榜单及分析报告》，亚洲品牌网，2017 年 6 月 1 日，http：//cn500. asiabrand. cn/xinwen/861800208. html。

上榜前 10 强品牌的总价值占 100 强品牌总价值的 76.2%，前 20 强品牌的总价值占 100 强品牌总价值的 85.5%，这说明中国健康行业品牌的发展头部效应明显，各个龙头企业已经在规模上形成了绝对的统治地位。

从品牌价值榜单可以发现，中国健康行业的品牌价值整体偏低，仅有 19 家企业的品牌价值超过 5 亿元，这也表现出了健康行业发展的不景气。随着经济的发展，消费者对健康行业的需求剧增为其提供了一个良好的社会大环境。由于中国庞大的人口基数，单一的品牌策略很难满足消费者对品牌的需求，而现阶段健康行业的品牌策略过分依赖广告促销。大约 50% 的消费者在此次调研中表明品牌是其选择时主要考虑的因素，这也同时证明了品牌在健康行业的影响力不大。此外，健康行业的产品开发能力相对薄弱，行业内重复生产现象严重，这为国外品牌进入中国市场提供了绿色通道。由此

可见，健康行业的品牌发展不健全，对外竞争力低，相关法律保护措施缺失，导致其品牌发展低迷。

（二）国内著名健康行业品牌

1. 汤臣倍健

汤臣倍健是创立于 1995 年 10 月的中国膳食补充剂领导品牌和标杆企业。2010 年 8 月，汤臣倍健邀请篮球巨星姚明加盟，姚明成为签约的汤臣倍健形象代言人。2010 年底，汤臣倍健成功在深圳交易所的创业板上市。

汤臣倍健"三步走"的差异化全球品质战略是：第一，全球原料采购；第二，建立自己的全球原料专供基地；第三，创建自有的全球有机农场。目前，汤臣倍健的原料产地分布在世界 23 个国家[1]，5 个原料专供基地也已经建立起来了。汤臣倍健追求的是，用全球范围内的优质原料萃取世界各地的营养精华，生产优中选优的营养佳品。

汤臣倍健推崇的"透明工厂"于 2012 年 6 月在珠海落成，并率先向社会各界开放。产品生产的全球原料可追溯，生产过程全程透明可见，严于国家标准的近 200 项内控检测手段保证生产出高品质产品。[2] 汤臣倍健信奉的理念是"诚信比聪明更重要"，将诚信视为立厂之本。现代社会，信息不对称是常态，所以，企业的诚信和透明是至关重要的品牌建设理念，汤臣倍健将客户视为家人和朋友，将自己的经营活动定位成为家人和朋友生产全球高品质的营养品。

汤臣倍健重视科研和开发的作用，热衷于"新功能、新原料、新技术"的研发。在蛋白质等众多领域均有开拓性成果，力图通过提供高品质的营养品，帮助人们解决健康问题、提升生命质量。

在企业文化建设方面，汤臣倍健秉持"尊重每个人，享受每一天"的

---

① 《23 国营养，为一个更好的你》，汤臣倍健官网，http：//www. by - health. com. cn/about - material。

② 《汤臣倍健"极速前进"透明工厂开播，全球营养极速传递》，中国娱乐网，2016 年 8 月 12 日，http：//www. yule. com. cn/html/201608/19727. html。

核心价值观，提倡员工快乐工作、快乐生活；汤臣倍健鼓励"创新"；汤臣倍健的口号是"尊重个体价值，汇聚团体智慧"。尊重、创新、诚信、快乐、团队——这是汤臣倍健追求的企业精神。

汤臣倍健的品牌特点如下。第一，全球原料，全球营养，营养品联合国。汤臣倍健有一套严格的原料来源审核制度，十分重视原料种植或饲养的环境因素，在全球范围内精选最好的原料。第二，原料全球化"三步走"战略。汤臣倍健的原料产地遍及世界 23 个国家，其中包括新西兰、巴西、挪威、冰岛、美国、法国、德国、瑞士、澳大利亚等。

为了解决地域性高品质原料的可控性和独占性问题，汤臣倍健着力在全球建立专属的原料专供基地，目前已在巴西、澳大利亚等地建成了 5 个原料专供基地。

出于保持产品高品质和差异化优势的考虑，汤臣倍健还将在全球建设自有的有机农场。

2. 康泰医学

康泰医学系统（秦皇岛）股份有限公司（以下简称康泰医学）是从事电子医疗仪器研发、生产和销售的高科技软件企业，成立于 1996 年。康泰医学位于秦皇岛的经济技术开发区，是中国国内最大的医疗器械研发生产基地之一。

康泰医学的产品涵盖血氧类、血压类、心电类、脑电类、超声类、监护类、影像类等 20 多种，公司有完善的研发、生产、检测体系，自主开发了多参数生命体征监测仪等几十种产品，拥有的国家专利达 100 多项，还有 56 项软件著作权，其产品通过了权威的欧盟 CE 认证、美国 FDA 注册和日本 COS/VIOS 认证。目前康泰医学年产销各种医疗器械达 200 多万台套，市场遍布全世界 200 多个国家和地区。[①]

康泰医学秉持"以人为本，不断创新"的经营理念，致力于研发和生产技术先进、功能完善、性能优越的高新科技医疗产品，力争成为国际一流

---

① 《血氧仪品牌分析——商业计划书》，搜狐网，2017 年 4 月 13 日，http://www.sohu.com/a/133667229_ 662385。

的现代化医疗器械企业。①

3. 交大昂立

上海交大昂立股份有限公司（以下简称交大昂立）是由 9 家单位共同发起成立的上市公司，公司的实际控制方是大众交通（集团）股份有限公司。交大昂立经过 20 多年的发展，目前已经是中国保健食品行业的佼佼者。公司于 2001 年 7 月在上海证券交易所挂牌上市，是中国保健食品行业第一家 A 股上市企业。截至 2016 年底，总资产达 24.65 亿元。

交大昂立荣获"上海市高新技术企业""上海市著名商标""中国驰名商标""上海市质量金奖企业""上海市文明单位""中国保健品十大最具公信力品牌"等称号。

交大昂立的保健食品板块发展业绩突出，该板块的成就使交大昂立成为中国保健食品行业的佼佼者，成为中国家喻户晓的著名保健食品品牌。

事实上，交大昂立的保健食品板块是独立运行的实体。

交大昂立保健食品板块坚持"两条腿走路"的方针，2005 年从美国的相关工厂引进了近 50 个"天然元"营养补充剂产品。该品牌的产品线覆盖了市场上绝大多数同类品种，有很高的市场占有率。同时，交大昂立保健食品板块还在中国传统滋补品的产品开发方面取得了很好的成绩，"昂立纯正"的西洋参、燕窝、蜂王浆等系列产品是其十分成功的品牌产品。

交大昂立保健食品板块拥有规模化的生产基地，生产设备先进，工艺技术成熟，已通过了 ISO 9001 质量管理体系认证和 ISO 22000 食品安全卫生体系认证。②

交大昂立保健食品板块的经营理念是以营销为龙头，坚持"知识营销"。

---

① 《生产部》，以商会友·商有圈，https：//club. 1688. com/article/31926040. htm。

② 《保健食品》，上海交大昂立股份有限公司官网，http：//www. only. com. cn/industry_ 1_ 1a. html。

四 影响中国健康行业企业品牌价值提升的因素

健康行业本身是朝阳行业，具有广阔的发展前景，但现实中仍然存在一些制约健康行业健康发展的因素，主要如下。

第一，法律法规不健全。许多地方企业雄心勃勃，但无序开发和重复建设等现象在各地普遍存在。

第二，宣传过度，信任不足。当前我国健康行业存在一定程度的信任危机，食品安全、保健品过度宣传等使消费者对中国健康行业缺乏足够的信心。

第三，生产的技术基础薄弱，服务的个性化不足。低水平重复、仿制现象频出，高技术含量的产品缺乏。

第四，消费者对大健康行业缺乏足够的了解和认识。与发达国家不同，中国的健康行业发展相对滞后，健康行业增加值只占 GDP 的 5% ~ 6%，这一比例甚至低于许多发展中国家。① 大多数健康产品的生产厂商规模较小，企业缺乏足够的研发力量，具有竞争力的产品、核心技术以及健康服务传播路径等系统整合不足，没有成熟的能够提供完整健康解决方案的商业模式。健康领域的公共设施投入不足、医疗行业信任危机严重、食品安全问题频出等现象依然存在。

五 中国健康行业发展趋势

健康行业作为一种新兴的服务业，具有广阔的发展前景。相关预测显示，到 2020 年，中国健康服务业的总规模有可能达到 8 万亿元，占 GDP 的比重将提高到 6.5%。②

---

① 《我国大健康产业发展的问题及思考》，中国产业规划网，http：//www. chanyeguihua. com/2442. html。
② 《健康产业成为全球热点，将成为继 IT 之后的全球"财富第五波"》，鹤谷生物科技有限公司官网，2017 年 12 月 27 日，http：//www. hegushengwu. com/news_ detail/newsId =84. html。

（一）健康行业发展前景

未来健康行业发展的三大趋势是：第一，产品形态趋于多样化、多元化；第二，新兴的产业形态正在涌现，养老等将是行业未来发展的方向；第三，新技术可能导致国内大健康行业快速转型、产业升级和新产品出现。新一代技术，如互联网技术可以对医疗机构和健康机构的重要区域实施自动化监控，虚拟技术能够提升养老服务的专业化、远程化和信息化水平，从而提高老年公民的健康水平和生活质量。

（二）健康行业未来市场预测

2016 年 8 月 28 日，李克强总理主持相关会议，认为加快发展健康服务业是"有效扩大就业、形成新的增长点、促进经济转型升级的重要抓手"。①

健康行业是全球经济发展的热点，当下已经或正在成为"健康保健时代"。

中国的健康行业及其相关服务业虽然起步较晚，规模也相当有限，占GDP 的比重只有 5% 左右②，但随着我国人口老龄化、社会经济发展以及城镇化的加速，健康行业未来的市场前景将非常广阔。首先，中国的医疗健康市场在全球市场中的份额会越来越大。其次，中国成为全球医药、医疗器械研发基地之一的趋势日益明显。

---

① 《李克强：健康服务业是促进经济转型升级的重要抓手》，人民网，2013 年 8 月 28 日，http：//finance. people. com. cn/n/2013/0828/c1004 – 22727359. html。
② 《天泽 – 斌功夫：搭载大健康产业的高速列车!》，百家号，2017 年 5 月 20 日，https：//baijiahao. baidu. com/s? id = 1567841273423778&wfr = spider&for = pc。

B.9
中国新能源行业的企业品牌
建设及其价值评价

宋 静*

摘 要： 此次上榜品牌中，协鑫（集团）控股有限公司的品牌价值约
为386.16亿元，在新能源行业排名第1位，排名第100位的
陕西坚瑞沃能股份有限公司的品牌价值约为0.15亿元，100
强的平均品牌价值约为34.87亿元。在100个上榜品牌中，
品牌价值超过100亿元的企业有6家，品牌价值为50亿~
100亿元的企业有13家。榜单上前10强品牌的总价值占100
强品牌总价值的55.6%，前20强品牌的总价值占100强品牌
总价值的74.3%，这说明新能源行业更多地关注产品的研
发，对品牌的投入力度较小，这无形中影响了整个行业品牌
价值的提升。相比之下，那些拥有较强核心竞争力的企业更
关注自身的品牌建设。从品牌价值榜单可以发现，25%的调
研对象比较了解新能源的相关信息，这可能意味着本行业缺
少品牌沟通的媒介。同时，行业总体规模比较小，缺少旗舰
企业，间接制约了企业品牌的发展。另外，91.7%的客户认
为良好的品牌等同于良好的产品，而现阶段中国新能源行业
缺少具有自主知识产权的技术及完善的产品链，很难有良好
的产品输出，这在某种程度上阻碍了企业品牌的发展。

---

* 宋静，亚洲星云品牌管理（北京）有限公司行政人力总监，研究方向为企业管理。

关键词：　品牌　品牌价值评价　新能源行业

一　全球新能源行业发展现状及国际顶尖品牌表现

（一）行业概况

新能源行业是指包括新能源技术和产品的科研、实验、推广、应用及其生产、经营活动，它是将太阳能、地热能、风能、海洋能等非传统能源实现行（产）业化的一个高新技术行业。新能源行业具有以下特点。

1. 能源行业是战略性行业

能源行业是一个国家的基础性行业，中国正处在快速工业化过程中，中国的能源储量与能源消费增长之间的矛盾十分尖锐。

对进口的过度依赖意味着中国能源供给的脆弱性，这种脆弱性随时可能变成现实的能源供给短缺。同时，常规能源都是不可再生的资源且存量有限，如果新能源得不到充分的发展，国民经济和社会生活都会受到消极影响。

2. 新能源行业是绿色行业

新能源具有环保、安全、清洁的优点。大力发展新能源，改变目前过度依赖化石能源的消费结构，能够有效减少环境损害，提升环境质量。相关资料显示，用 100 万千瓦时的风电替换火电可减少 600 吨的二氧化碳。[①]

3. 新能源行业技术含量高，具有高风险、高投入的特点

新能源涉及的领域包括生物、海洋、新材料、电子等，需要投入巨大的资本，投资和研发的风险也很大。中国目前的情况是，技术差、成本高抑制了市场规模的扩大，而市场规模小又迟滞了成本的降低，高成本则影响了技

---

① 徐建中：《科学用能与可再生能源开发》，百度文库，2014 年 1 月 11 日，https：//wenku. baidu. com/view/bef1d7160066 f5335a812167. html。

术投入，处在一种恶性循环之中。①

4. 新能源行业需要政府的政策扶持

新能源在中国只是近年来才得到有关部门和企业的重视，但要发展新能源行业，政府的政策扶持和企业的开创性投资经营都是不可少的。

5. 新能源行业有很高的进入门槛

新能源行业具有自然垄断性，导致该行业具有明显的规模经济效益和很高的沉淀成本，这使得一般投资者难以承受。②

（二）行业发展现状

1. 美国

尽管美国总统特朗普自上任以来一直在推动放松行业监管，但美国可再生能源产业处于持续扩张勃发之中，雇工人数近年来呈现爆发式增长。

美国能源部提供的数据显示，2016 年美国太阳能产业雇工规模暴增24.5%，达到近 37.4 万人；传统化石能源产业雇工规模不过 18.7 万人；即便是规模相对较小的风能产业，2016 年雇工数量也狂增 32% 至 10.2 万人。③

能源咨询服务机构 Bracewell 资深投资人 Frank Maisano 认为："美国可再生能源产业已经并将继续扩张，提供的就业岗位数量呈现爆炸式增长。"

2. 欧洲

欧盟领导人在 2017 年 3 月的欧盟峰会上通过了一个里程碑式的能源和应对气候变化一揽子协议。

在此协议的基础上，2017 年 4 月欧盟通过了一个新的可再生能源立法，要求成员国在 2017 年 6 月 30 日以前制订各自国家的落实计划。

---

① 《积极发展可再生能源》，荆楚网，2018 年 10 月 24 日，http：//www.cnhubei.com/xwzt/2008zt/kxfzg/ydjd/kcxfz/200810/t474687.shtml。
② 《新能源动力产业发展路径探讨》，文档投稿赚钱网，2017 年 5 月 31 日，https：//max.book118.com/html/2017/0531/110530350.shtm。
③ 《纵使特朗普倒行逆施，美国新能源产业依然势不可挡》，搜狐网，2017 年 11 月 4 日，http：//m.sohu.com/a/202629259_114912。

同时，欧盟国家普遍动用了补贴手段，以此来扶持新能源的开发和利用。

欧盟鼓励利用可再生能源发电的补贴方式有两类。

一类是价格支持，德国推行的上网固定电价制度就是典型的例子。

德国法律规定，可再生能源发电可以免费接入电网，政府还为此提供补贴。德国目前是全球最大的太阳能市场，其风能发电也仅次于美国。德国的做法已经吸引了 40 多个国家效仿。[①]

另一类是数量方面的要求。政府规定电力供应商必须保证其提供的电能总量中有一定的比例来自可再生能源。英国的"绿色证书"制度就是这方面的代表。

欧盟国家扶持新能源行业的方式还有税收减免和贷款优惠甚至给予直接的现金补助等财政手段。

欧盟委员会还于 2016 年 10 月发出倡议，鼓励欧盟在未来 10 年内增加投入 500 亿欧元专门支持低碳技术研发。[②]

3. 南美洲

巴西的太阳能与体育产业对接是一大特点。全球第一个使用太阳能供电的体育场就是巴西的米内罗体育场，2016 年，大型太阳能光伏发电设备也安装在了著名的马拉卡纳球场和国家体育馆。

巴西的太阳能与水能产业联系在一起是另一特点。亚马孙河上的巴尔比纳水库上正在建设世界最大的水上太阳能发电站，该项目设计装机容量达 350 兆瓦。

生物能在南美洲也有广泛的应用，发展更加成熟。生物燃料在南美洲的发展水平已经超越了欧洲、美国等发达国家或地区的同类产品，南美洲的生物燃料年产量高达 20294 万吨，超过了前两者的总和。阿根廷也把发展生物

---

① 《欧盟多种政策扶持新能源产业》，新浪财经，2010 年 10 月 11 日，http：//finance. sina. com. cn/stock/t/20101011/13043475118. shtml。

② 《欧盟计划未来 10 年增加 500 亿欧元发展低碳技术》，和讯新闻，2009 年 10 月 8 日，http：//news. hexun. com/2009 - 10 -08/121279162. html。

燃料作为国家重要发展战略，2008～2013年，阿根廷生物柴油生产能力提高了近10倍，目前已拥有23个生物柴油工厂。[①]

新能源已经在很多方面改变了南美洲本地人的生活，新能源在以巴西为代表的南美洲具有广阔的发展前景

4. 印度

印度本土能源资源储量相对不足，对海外能源的依存度较高，进口能源占国内总消费的比例高达70%，且继续呈上升趋势。而且随着能源供给压力的日益增大，确保能源安全成为印度对外战略的重中之重。为此，印度政府表示，计划到2030年，风电发电量将能够满足本国16%的电力需求，节能市场的规模预计可达到31亿美元（约合人民币205.35亿元）。[②]

（三）国际顶尖企业品牌

1. 通用电气能源集团

通用电气能源集团（以下简称GE）是世界领先的发电设备和能源输送技术供应商，其总部设立在美国的佐治亚州亚特兰大市。

GE 2017年第一季度的业绩显示，风电业务已成为带动其营业收入增长的最强劲力量，其陆上风电业务收入较上年同期增长90%。[③] 不过，在日益升温的海上风电领域里，GE还有很长的路要走，它目前的排名还在前5名之外。彭博新能源财经报告数据显示，2016年GE以6.5吉瓦的新增装机规模位列陆上风电整机制造商第二，较2015年增加约0.6吉瓦，其市场分布从2015年的14个国家增加至21个国家。[④]

---

① 《南美太阳能：政府扶植力度特别大》，科日光伏网，2017年1月18日，http：//www.kesolar.com/headline/86386.html。
② 《到2030年印度16%的电力将来自风能》，中国新能源网，2017年12月13日，http：//www.china‐nengyuan.com/news/118151.html。
③ 《收购LM风能获批准，GE能否在风电市场杀出一片天?》，搜狐网，2017年5月2日，http：//www.sohu.com/a/137785574_468637。
④ 《彭博：5家风机制造商跻身全球前十》，中国电力新闻网，2017年2月27日，http：//www.cpnn.com.cn/2014xny/jrjd/201702/t20170226_951597.html。

GE 2.75 兆瓦风机被称为"最智能的风机"。前沿空气动力学的应用，使叶片比 2 兆瓦机组的叶片还要轻，捕风效率更高，发电量更大。

GE 的工业互联网技术正在能源行业应用，相关资料显示，GE 的 PowerUp 技术还能够根据风机机组的实际情况优化运营参数，增发 5% 的电，这就相当于增加了 20% 的利润。[1]

2. 维斯塔斯

维斯塔斯风力系统集团（Vestas Wind System A/S，以下简称维斯塔斯）是一个跨国公司，创建于 1945 年。1979 年维斯塔斯开始制造风力发电设备，1987 年全力投入风能的利用研究，此后一路凯歌，最终发展为具有全球影响力的高科技大型企业，拥有员工超过 9500 人。[2] 维斯塔斯的生产车间遍布丹麦、德国、印度、意大利、苏格兰、英格兰、西班牙、中国、瑞典、挪威及澳大利亚。[3]

维斯塔斯在 2017 年发布的新版公司愿景中表示，要做"可再生能源解决方案的全球领导者"，这有别于以往"风能领导者"的表述。

自新愿景发布至今，维斯塔斯领导层成员在不同场合，通过不同渠道对新表述进行过解读，其核心内容如下：风电仍然是维斯塔斯的核心业务，但是维斯塔斯不再只把自己视为风电设备制造商；维斯塔斯积极应对电力市场的新变化和客户的新需求；随着全球风电规模的不断扩大，维斯塔斯从更广泛的技术矩阵中思考自己的业务，在储能和综合利用其他可再生能源方面看到新的业务机会；维斯塔斯需要在巩固风电核心技术能力的同时，在产品组合中整合新技术，从而不断降低能源成本；维斯塔斯要在属于清洁能源的未来中继续保持竞争优势和领导地位。

3. 西门子

独立经营的西门子风力发电业务致力于提供可靠、环保、经济的可再

① 《可再生能源》，GE 官网，https://www.ge.com/cn/b2b/renewable - energy。
② 《2014 年风电行业分析报告》，五星文库网，http://www.wxphp.com/wxd_ 2hs794dd1 c7f1wk0kift_ 6. html。
③ 《2014 年风电行业分析报告》，五星文库网，http://www.wxphp.com/wxd_ 2hs794dd1 c7f1wk0kift_ 5. html。

生能源解决方案，并在业界处于领先地位。降低风力发电成本是公司的一个重要目标，因为公司力争让可再生能源具备与传统能源充分竞争的实力。

（1）风电

西门子致力于提供高可靠性、低成本的风力发电机，通过不同解决方案满足企业和环保的需求。

在海上风电领域，西门子是业界经验最为丰富的公司。西门子于1991年在丹麦建设了全球首个海上风电场，海上风电产业由此诞生。近年来的工业化见证了西门子创下并打破全球规模最大海上风电场纪录的发展历程。

西门子在陆上风电领域居领先地位，已获得了迄今全球最大的一份陆上订单——美国中美能源在艾奥瓦州建设一系列陆上风电场，总装机容量达1050兆瓦。[1]

西门子风力发电与可再生能源集团在中国也十分活跃，致力于中国能源的可持续发展。鉴于江苏龙源如东海上示范风电场的出色表现，江苏龙源海上风电有限公司与西门子能源业务领域荣膺"2013年亚洲电力奖——年度最佳风电项目"，此奖旨在表彰两家公司为亚洲电力行业所做的杰出贡献。

（2）水电与海流发电

西门子拥有100多年的水电专长，能为客户提供全方位解决方案。凭借其集成式产品、解决方案和服务，在为小型水电厂实施交钥匙项目方面表现卓越。2008年，西门子所有的洋流涡轮机公司（MCT）建成全球首个商用潮流电场SeaGen。西门子是海流发电市场的领导者之一。

二 中国新能源行业发展现状

当今世界，能源产业面临资源紧缺、环境污染、气候变化等严峻的制约

---

[1] 《风力发电》，西门子中国官网，https://www.siemens.com/businesses/cn/zh/wind-power-and-renewables.htm。

和压力，改变的出路就是用清洁替代和电能替代。

近年来，中国新能源有了长足的发展。国家能源局数据显示，截至2016年底，我国光伏发电新增装机容量3454万千瓦，累计装机容量达7742万千瓦，新增和累计装机容量均为全球第一。其中，光伏电站累计装机容量为6710万千瓦，分布式累计装机容量为1032万千瓦。全年发电量为662亿千瓦时，占我国全年总发电量的1%。2016年新增太阳能集热系统总量3952万平方米，市场总保有量达到4.6亿平方米；新增风电装机容量1930万千瓦，累计并网装机容量达到1.49亿千瓦，占全部发电装机容量的9%；生物质发电累计装机容量为1214万千瓦；太阳能光热发电的总装机容量达到2.8万千瓦；地热能发电累计装机容量为2.6万千瓦。[①]

（一）风电

2016年，中国销售中小型风电机组7.81万台，销售容量为6.52万千瓦，销售额为8.1亿元，其中出口4800台，出口容量为2.02万千瓦，出口额为4090万美元。出口的台数占销售量的6%，出口容量占31%，出口金额占36%，说明国外市场对单机容量大的机组有需求。

（二）光伏

2016年，中国光伏行业延续了2015年以来的回暖态势，行业总产值达到3360亿元，同比增长27%，整体运行状况良好。多晶硅、硅片、电池片、组件等行业链各环节生产规模的全球占比均超过50%，继续居全球首位。

（三）太阳能热利用

2016年，我国新增太阳能集热系统总量3952万平方米，同比下降9.1%。市场总保有量继续保持增长态势，达到4.6亿平方米。

---

① 《〈2017中国新能源产业年度报告〉发布：2016新增风电装机1930万千瓦 累计并网1.49亿千瓦》，北极星风力发电网，2017年8月4日，http://news.bjx.com.cn/html/20170804/841404.shtml。

（四）太阳能光热发电

截至 2016 年底，我国太阳能光热发电的总装机容量达到 28.3 兆瓦，新增的装机容量达到 10.2 兆瓦。

（五）生物质能

我国生物质发电稳步增长，不同于风电和光伏电，它不存在"弃风""弃光"的问题，受到电网的欢迎；在沼气生产的基础上发展而来的生物天然气异军突起，被认为是处理有机废弃物和其他污染物的有效方式；未被列入产业规划的生物质热化学转化也实现了重大突破。这一切都预示着生物能源行业将有一个大发展的前景。

（六）地热产能

在中国的能源结构中，即使在可再生能源中，地热能的贡献也是微不足道的。但是在世界地热界，中国地热直接利用数十年来稳居世界第一，而且逐步有更多的第一或进步，2015 年我国地源热泵的年利用浅层地热能量成为世界第一，我国地热直接利用中，地热供暖的比例也超越了温泉洗浴而成为主体（世界其他国家是以洗浴为主体）。

（七）储能

一段时间以来，世界储能市场获得了较快的增长。美国能源部全球储能数据库（DOE Global Energy Storage Database）于 2016 年 8 月 16 日更新的数据显示，全球累计运行的储能项目装机规模为 167.24 吉瓦（共 1227 个在运项目），其中抽水蓄能 161.23 吉瓦（316 个在运项目）、储热 3.05 吉瓦（190 个在运项目）、其他机械储能 1.57 吉瓦（49 个在运项目）、电化学储能 1.38 吉瓦（665 个在运项目）、储氢 0.01 吉瓦（7 个在运项目）。①

---

① 《2016 年全球储能技术发展现状与展望》，电力网，2016 年 9 月 19 日，http://www.chinapower.com.cn/cioshendu/20160919/54846.html。

三　中国新能源行业品牌价值100强
分析报告及领军品牌表现

（一）《2017 Asiabrand 中国新能源行业品牌价值100强榜单》解读[①]

此次上榜品牌中，协鑫（集团）控股有限公司占据排行榜第 1 位，其品牌价值约为 386.16 亿元，第 100 强陕西坚瑞沃能股份有限公司的品牌价值约为 0.15 亿元，100 强的平均品牌价值约为 34.87 亿元。

上榜品牌中，品牌价值超过 100 亿元的企业有 6 家，品牌价值为 50 亿~100 亿元的企业有 13 家。中国新能源行业品牌价值分布情况见图 1。

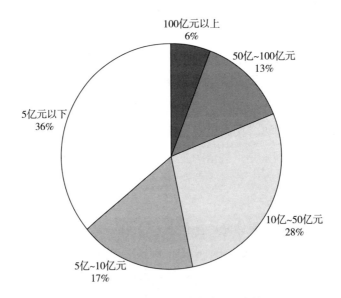

图1　中国新能源行业品牌价值分布情况

资料来源：《2017 中国新能源行业品牌 100 强榜单及分析报告》，亚洲品牌网，2017 年 6 月 1 日，http://cn500.asiabrand.cn/xinwen/861800209.html。

---

① 《2017 中国新能源行业品牌 100 强榜单及分析报告》，亚洲品牌网，2017 年 6 月 1 日，http://cn500.asiabrand.cn/xinwen/861800209.html。

上榜前 10 强品牌的总价值占 100 强品牌总价值的 55.6%，前 20 强品牌的总价值占 100 强品牌总价值的 74.3%，这说明现阶段中国的新能源行业发展状况还不理想。行业更多地关注产品的研发，对品牌的投入力度较小，这无形中影响了整个行业品牌价值的提升。相比之下，那些拥有较强核心竞争力的企业更关注自身的品牌建设。

新能源又称非常规能源，新能源行业作为新兴行业也呈现行业发育不良等特征。从品牌价值榜单可以发现，作为行业的龙头企业，协鑫（集团）控股有限公司的品牌价值达到 386.16 亿元，而排名第二的四川川投能源股份有限公司的品牌价值达到 295.64 亿元。只有 25% 的调研对象比较了解新能源的相关信息，一方面是由于行业的特殊性，另一方面则说明缺少品牌沟通的媒介。此外，中国新能源行业现状是总体规模比较小，缺少行业旗舰企业，这也间接制约了企业品牌的发展。91.7% 的客户认为良好的品牌等同于良好的产品，而现阶段中国新能源行业缺少具有自主知识产权的技术及完善的产品链，很难有良好的产品输出，这在某种程度上阻碍了企业品牌的发展。

（二）国内行业著名企业品牌

1. 协鑫集团

（1）基本情况

协鑫（集团）控股有限公司（以下简称协鑫集团）是一家专业性能源投资控股公司，一直致力于环保能源和再生能源的开发与经营，虽然历史不长，但已经是中国领先的大型、综合、高效的环保能源企业，同时也是中国的大型外资热电营运企业。

协鑫集团依托基础能源积极向多元化行业发展，着力于创建集新材料、新能源、资源型与现代服务业于一体的行业平台。

（2）品牌战略

第一，平价上网"路线图"。协鑫集团率先提出平价上网"路线图"：2019 年，中西部地区光伏发电成本与核电价格持平；东部地区光伏发电成本与天然气发电价格持平。

第二，创新投入"很舍得"。协鑫集团每年拿出不低于营业收入 3% 的资金投入创新，取得各类专利发明、知识产权近 2000 项，10 多项技术填补国内空白，达到世界领先水平。

第三，全球范围的创新研发体系。协鑫集团著名的"1 + 10"全球创新研发体系包括 1 个研究院和 10 个研发分院。协鑫集团致力于建设"千名科学家、万名创客"队伍，集团拥有近 3000 名科学家，以合伙人平台、企业众创空间为支撑，致力于孵化 1 万名企业创客。同时，还要建立 50 多个国家级、省级研发实验室，研发具有自主知识产权的"GCL 生产法"，以此占据中国光伏行业自主自控和技术方面的领先地位。①

2. CSI 阿特斯

CSI 阿特斯是一家绿色能源光伏公司，专门从事太阳能转换电能之光伏产品的研发、制造和销售。

具体来说，CSI 阿特斯主要设计并制造太阳能电池组件、太阳能电池片、太阳能发电应用产品、太阳能户用发电系统、太阳能电站及其相关产品，以及太阳能及硅材料的收集、处理、加工等，销售自有品牌产品并提供相关技术支持和售后服务。CSI 阿特斯致力于为全球客户提供在住宅、商用、工业等领域具有广泛应用的太阳能光伏产品及太阳能发电产品，还以公司的专业品牌为汽车行业、通信行业等特殊行业市场提供太阳能光伏产品的解决方案，同时也为世界领先的太阳能光伏厂商进行 OEM 加工。②

作为世界 500 强新能源公司，成立于 2001 年的 CSI 阿特斯目前在全球范围内建立了 14 家光伏硅片、电池片和组件生产制造基地，并在 20 多个国家和地区建立了分支机构，全球员工总数为 1.2 万余人，是全球综合实力领先的国际化太阳能公司，长期活跃在北美洲、南美洲、欧洲、中东、亚太、东南亚和中国等地区。

2016 年，CSI 阿特斯累计出货 5.23 吉瓦，销售额达到 196 亿元。截至

① 《协鑫：砥砺创新引领新能源产业变革》，搜狐网，2017 年 10 月 25 日，http://www.sohu.com/a/200091996_ 418320。

② 《公司简介》，全球品牌网，https://china.globrand.com/c – canadiansolarzs/。

2017 年第三季度末，CSI 阿特斯已建成太阳能电站总量超过 3.5 吉瓦，持有大型光伏电站总量超过 1.41 吉瓦（预计转售价值约为 132.6 亿元），电站累计销售金额超过 110 亿元。在户用太阳能系统业务方面，CSI 阿特斯共为全球 10 万多户家庭提供并安装了 CSI 阿特斯"Sungarden"（太阳花园）户用分布式光伏发电系统。根据 CSI 阿特斯公布的 2017 年业绩预期，公司组件发货量将达到 6.7 吉瓦，全年销售额预期将达到 270 亿元。

CSI 阿特斯发展至今，共为全球 100 多个国家的 1200 余家客户提供了超过 24 吉瓦的太阳能光伏组件产品。在全球知名调研公司 IHS Markit 2016 年对太阳能行业客户的年度满意度独立调研中，CSI 阿特斯荣膺"质量最好""性价比最高""2016 年被购买次数最多"的组件供应商。[1]

3. 金风科技

（1）基本情况

新疆金风科技股份有限公司（以下简称金风科技）于 1998 年成立，目前是全球领先的风电机组制造商，还是国际化清洁能源和节能环保整体解决方案的中国提供商。

金风科技汇集 6000 余名员工和科研力量，全球装机总量逾 32 吉瓦，多次被美国麻省理工学院《科技评论》杂志选为"全球最具创新能力企业 50 强"[2]，并以 600 亿元市值在深圳、香港两地上市。[3]

（2）品牌特点

第一，稳扎稳打成就世界领先。作为中国风电行业的标杆企业，金风科技拥有大份额的市场占有率。2016 年，其国内市场份额为 27.1%；在海外市场上，金风科技的产品占中国出口机组的近 50%。

第二，将核心技术作为企业的市场"通行证"。长期以来，更换零部件

① 《规模业绩双赢 阿特斯综合实力获赞》，索比光伏网，2017 年 12 月 14 日，https://news.solarbe.com/201712/14/121852.html。
② 《中国风电整机商名录》，金台能源智库，2018 年 1 月 31 日，http://www.yidianzixun.com/0IH4VPsB。
③ 《公司产品》，金风科技官网，https://www.lagou.com/gongsi/143967.html。

是风电行业最大的"噩梦"。金风科技生产的直驱永磁机组,通过直接驱动发电机发电,省略了齿轮箱环节,并由磁钢励磁,这些新技术使风机运行更加稳定,也使风机的维护变得更加容易。

金风科技的这项核心技术在"雁阵型"发展的国内风机行业起到了科技发展的引领作用。同时,在欧洲市场,金风科技凭借直驱永磁技术征服了欧洲客户,永磁技术成了市场的"通行证"。

第三,协同创新保质量。金风科技欢迎供应商参与到公司的创新中,激发了零部件厂家的创造力。通过协同创新,金风科技的直驱电机质量上了一个新台阶。

金风科技还拿出专项资金奖励质量创新的供应商。支持供应商积极创新,这应该是金风科技成功的一个秘诀。[①]

四 影响中国新能源行业企业品牌价值提升的因素

(一)成本比较高,市场竞争力弱

成本较高是中国新能源行业发展面临的首要问题。除太阳能热水器之外的大多数新能源行业,其成本普遍高于常规能源行业,市场竞争力弱。

(二)产业链畸形发展,体制亟待完善

由于体制机制尚未理顺,中国的新能源产业链呈现明显的畸形。第一,新能源产生的电难以入网;第二,新能源电能的跨区域传输有阻碍;第三,没有明确的定价规则,"开发主体市场化、上网电价仍计划"的定价机制成为新能源电力发展的沉重桎梏。[②]

---

① 《从小风电场到世界风电巨头 他们让欧洲客户只认中国"金风"》,人民网,2017年7月27日,http://sn. people. com. cn/n2/2017/0727/c378305 - 30537850. html。

② 谢飞:《我国新能源产业发展现状、问题及对策》,第一文库网,https://www. wenku1. com/news/014FE0617EDF0D13. html。

（三）业内无序竞争，产能严重过剩

中国的太阳能、风能等行业出现了严重的产能过剩现象。2012年，风电整机产能过剩率在50%以上，而从零部件角度看，铸件和齿轮箱的产能过剩率均在100%以上，叶片的产能过剩率在30%以上。①

（四）政府过度参与，市场机制严重扭曲

出于拉动本地区经济增长、创造就业的考虑，很多地方政府将新能源行业列为本地新的经济增长点，鼓励投资，力图拉动地方经济发展。② 过度补贴和优惠严重扭曲了行业的市场激励机制，破坏了市场机制的正常运行。

（五）核心技术缺乏，自主创新能力不足

中国新能源行业的核心技术大多来源于国外，多数光伏企业只能从事产业链中低端、低利润率的制造和封装环节，而产业链高端、高利润率的环节则只能依靠进口。在风电方面，国产风电设备满负荷发电风速区间仅为15～19米/秒（美国GE公司风电设备可在12～25米/秒的风速区间满负荷发电）。我国新能源行业缺乏核心技术的根本原因是基础研究投入少、底子薄。要进入产业链的高技术、高利润环节，中国的新能源企业还有很长的路要走。③

五　中国新能源行业发展趋势

中国新能源行业的发展趋势如下。

---

① 《北京风能展遇冷：整机产能过剩率50%》，搜狐网，2012年11月19日，http：//business. sohu. com/20121119/n358066399. shtml。

② 《自食恶果：600多城市中300多市都发展光伏》，太阳能光伏网，2012年7月12日，http：//solar. ofweek. com/2012－07/ART－260006－8470－28623489. html。

③ 谢飞：《我国新能源产业发展现状、问题及对策》，第一文库网，https：//www. wenku1. com/news/014FE0617EDF0D13. html。

第一，环境保护可能成为促进新能源发展的主要推动因素。也就是说，能源质量的提升和可持续发展将取代能源总量的增长。

第二，民用成为新能源增长的主要推动因素。从工业化和城镇化进程的角度看，中国工业化已经进入中后期，而城镇化则进入中期阶段。虽然按城镇人口计算，我国城镇化率已达到55%，但城镇基础设施和居民生活水平与发达国家相比还有巨大差距。这意味着，未来对能源的需求将从以工业用能为主向以居民用能为主转变。其一是居民家庭汽车用能。我国正进入汽车社会，2014年私家车保有量突破1亿辆，尽管未来增速将有所放缓，但未来5年私家车保有量将超过2亿辆。其二是城乡家庭电气化进程加快。我国工业城市和大城市的家庭已经基本实现电气化，但中小城镇和广大农村还有显著差距，未来发展空间很大。其三是南方冬季供暖需求强劲。随着人民生活水平的提高，南方冬季供暖作为民心工程也将提上议事日程。供暖能耗占家庭居住能源消费的一半左右，势必大幅增加城乡居民用能。当前，工业用能的增速势头减缓，而城乡居民用能和第三产业用能旺盛，虽然两者的总量还不及工业，但未来将成为新增能源消费需求的主要贡献者。①

第三，一次能源逐渐向二次能源转变。世界能源结构的变化趋势表明，全球电力消费量的增长速度明显高于能源消费总量的增长速度。根据国际能源署的预测，2020年和2030年，全球电力消费量相较于2010年将分别增长30%和59%，远高于全球能源消费量18%和30%的增速。②

第四，全球能源供求关系趋于缓和。国际油价是世界经济和能源趋势的"晴雨表"，油价下跌表明能源供求关系从偏紧向偏松倾斜的趋势明显。这是中国新能源行业发展的重要国际背景。

第五，新能源发展可能重回快车道。国际能源界人士普遍认为，全球可再生能源的发展已经越过了低谷和"拐点"，很可能会重回发展的"快

---

① 吴越涛：《"十三五"期间我国能源发展的六大趋势》，《光明日报》2016年6月16日，第16版。
② 吴越涛：《"十三五"期间我国能源发展的六大趋势》，《光明日报》2016年6月16日，第16版。

车道"。

第六，亚太可能成为新能源消费的中心。世界经济格局在变，国际能源格局也在变。东亚已经成为世界经济的一个重要板块，未来，国际能源市场需求增量中来自亚洲和新兴经济体的份额会增大。[①]

---

① 吴越涛：《"十三五"期间我国能源发展的六大趋势》，《光明日报》2016 年 6 月 16 日，第 16 版。

案例研究

Case Study

B.10
北控集团品牌价值评价报告

张茵茵 *

摘　要： 北京控股集团有限公司①（以下简称北控集团）品牌价值评
价结果：北控集团品牌价值为 13766754.70 万元（大写：壹
仟叁佰柒拾陆亿陆仟柒佰伍拾肆万柒仟元整）。评价基准日：
2016 年 9 月 30 日。本次评价采用的方法为"多周期超额收
益法"与"市场期权法"。"多周期超额收益法"静态评价品
牌基于历史表现预估的未来持续收益的价值，"市场期权法"
则动态衡量品牌在未来不确定因素下增加或减少的价值，评

---

　* 张茵茵，亚洲星云品牌管理（北京）有限公司董事会秘书兼金融中心主任，研究方向为企
　　业管理。

　① 北京控股集团有限公司成立于 2005 年 1 月 18 日，是北京市为加快国有经济布局战略
　　性调整、深化公用事业改革和投融资体制改革，对京泰（实业）集团有限公司、北京
　　控股有限公司和北京市燃气集团有限责任公司进行联合重组而成立的国有独资公司。
　　公司注册资本为 82 亿元，截至 2006 年底资产总额达 448.6 亿元，是北京市资产规模
　　最大的国有企业之一。

价模型具有较强的科学性、可操作性、广泛适用性等特点。北控集团品牌分析：北控集团业务涵盖城市能源、环境、交通、综合管廊、规划设计与项目管理、智慧城市、现场城市服务、科技服务、高端装备制造、啤酒及葡萄酒、金融服务与价值投资十一大板块，业务发展至全国371个城市。北控集团主品牌准确地围绕城市服务制定品牌战略定位，资金链充足，融资渠道畅通，具有良好的政府背景，与地方经济紧密融合，具有丰富的市场资源，创新引领性强，其下属科研机构和部分子品牌技术实力雄厚，拥有强势子品牌北控水务、北京燃气、燕京啤酒，业务链条配套齐全，大部分子品牌具有优秀的品牌信誉和良好的商业信誉。北控集团品牌管理的不足之处在于主品牌与子品牌之间的关系不够清晰、明确。建议北控集团创建品牌领导模式，制定《品牌管理手册》，梳理品牌架构，建立品牌和商标授权体制，系统管理主品牌和子品牌的关系。

关键词： 品牌　品牌价值评价　企业管理　北控集团

亚洲星云品牌管理（北京）股份有限公司（以下简称"亚洲品牌"）是亚洲品牌集团下属负责品牌管理的公司，其遵循"独立、客观、公正、科学"的职业准则，对北京控股集团有限公司（以下简称北控集团）的品牌价值进行评价。北控集团品牌未来收益见图1。

一　评价理念

（一）品牌的意义

"亚洲品牌"认为，品牌作为商业活动的道义旗帜，是企业最具价值

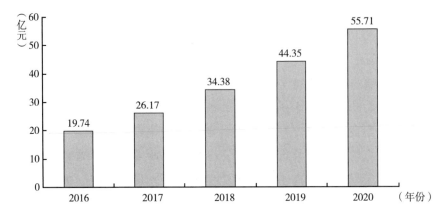

图 1　北控集团品牌未来收益

的资产之一。强势的企业品牌具有优秀的企业品牌文化，一方面能强化企业凝聚力，留住和吸引人才，提升企业经营和管理能力；另一方面能提升品牌知名度、美誉度，提升客户忠诚度，使企业获得巨大的超额收益，拥有强大的核心竞争力。

（二）品牌价值评价的意义

产品和服务是品牌价值实现的载体，准确衡量品牌价值，能够使企业和投资者正确认识品牌的价值，了解在不同条件和环境下品牌价值的动态变化情况，为企业制定品牌战略提供参考，促使企业更合理地配置资源，重视品牌管理，提升品牌价值，从而使企业获得更长远的发展，实现更大的商业利益，产生更大的社会效益。

二　评价要素

（一）评价对象

此次评价的是北控集团品牌的经济价值，其价值内涵主要通过企业多年来实施品牌战略的措施和过程体现出来。

（二）评价范围

评价范围具体涵盖北控集团知识产权，北控集团注册商标使用权，企业名称及标识系统，北控集团系列产品的属性、名称、历史、声誉，以及公共关系、企业商誉、企业文化、各项经营方式等无形资源。

（三）评价方法

本次评价采用的方法为"多周期超额收益法"与"市场期权法"。"多周期超额收益法"通过静态评价品牌的历史表现，获得综合价值指数，并以此为基点预估品牌未来持续的价值变化；"市场期权法"则动态衡量品牌在未来不确定因素下增加或减少的价值。评价模型具有较强的科学性、可操作性、广泛适用性等特点。

（四）评价基准日

本次评价基准日为 2016 年 9 月 30 日。

三　假设条件

（一）一般假设条件

（1）北控集团所遵守的国家现行法律、法规、相关制度及社会、经济政策没有发生重大变化。

（2）北控集团所处行业及相关行业不发生重大变化。

（3）北控集团的品牌管理方式、经营范围无重大变化。

（4）北控集团能够留住并发挥管理人员、关键人才、技术人员的能力，以支持企业业务的发展。

（5）北控集团品牌能够被企业有效地持续使用，并在可预见的未来，该持续使用情况不会发生重大变化。

（6）北控集团的投资计划及发展目标能够如期实现。

（7）北控集团适用的信贷利率、汇率、赋税基准及税率、政策性征收费用等没有发生重大变化。

（8）北控集团现有存量资产及其权属明确，未来收益预期中考虑了追加投资的增加或减少、营销策略的变化、人力资源的变化等。

（9）北控集团未来收益预期中未考虑集团未来可能承担的抵押、担保事宜，以及特殊交易方可能追加付出的价格等对其评价的影响。

（10）北控集团品牌资料真实、合法、有效。

（11）假设未来无不可抗因素及不可预见因素对北控集团造成重大不利影响。

（12）"亚洲品牌"根据评价的要求，确定上述前提条件在评价基准日成立，"亚洲品牌"不承担由于条件改变而产生评价差异的责任。

（二）评价因素

在此次评价中，"亚洲品牌"就北控集团品牌的历史、市场营销、品牌资本运作及未来发展规划进行了深入分析，此次评价主要考虑以下因素。

（1）北控集团的品牌文化、品牌价值理念、品牌战略。

（2）北控集团品牌所具有的各项优势、溢价能力。

（3）北控集团品牌及北控集团公司历史绩效与现状。

（4）北控集团品牌的创新、稳定及领导力。

（5）北控集团品牌的法律保护情况。

（6）北控集团品牌的行业地位及未来发展前景。

四 评价分析

（一）最新政策

尽管我国已成为世界第二大经济体，但产业大而不强，品牌经济薄弱是我国各行业广泛存在的问题。2016 年，国家大力推动建设质量强国政策，开展质量品牌提升行动。2015 ~ 2016 年品牌相关政策见表1。

表1 2015 ~ 2016 年品牌相关政策

时间	政策	重点内容	意义
2016 年 4 月 4 日	《国务院办公厅关于印发贯彻实施质量发展纲要 2016 年行动计划的通知》	增强质量和品牌提升的动力;优化质量和品牌提升的环境;培育质量和品牌竞争新优势;夯实质量和品牌提升的基础;实施质量和品牌提升工程	明确 2016 年工作重点,以提高发展质量和效益为中心,开展质量品牌提升行动,加强供给侧结构性改革,推动建设质量强国
2016 年 3 月 17 日	《"十三五"规划纲要》	《中国制造2025》明确了 9 项战略任务和重点,其中一项是加强质量和品牌建设	依靠中国装备,依托中国品牌,实现中国制造向中国创造的转变、中国产品向中国品牌的转变
2015 年 5 月 8 日	《中国制造 2025》	加强质量和品牌建设,实施质量强国战略,全面强化企业质量管理,开展质量和品牌提升行动,解决一批影响产品质量提升的关键共性技术问题,加强商标品牌法律保护,打造一批有竞争力的知名品牌	标志着提升质量和品牌已经上升到国家战略的高度,我国已经从国家层面上重视和研究品牌建设,以便适应新常态、引领新常态

（二）品牌分析

1. 品牌对国有企业的重要性

据联合国工业计划署统计，全球不足3%的名牌产品占据了40%的市场份额和50%的营业额，可见品牌在企业发展战略中的重要地位。

对于民营企业来说，品牌是产品和服务质量的保证，是优质产品和服务的一贯性承诺，是企业文化的结晶，是鲜活的生命力和无形的扩张力。对于国有企业而言，品牌不仅具有民营企业的特点，更多的是社会责任的承担和社会服务的保障。国有企业塑造强势品牌，不仅可以得到市场份额与商业利润，更重要的是还有社会各界、政府和居民消费者对国有品牌企业的信赖。

第一，品牌能够让企业获得长期的超额收益。市场经济背景下，随着越来越多的机构、个人以及资金的进入，市场竞争日趋激烈，强势品牌更容易获得被投资者的信赖和基金投资者的认可，企业因此也将更容易获得便捷的项目渠道和低成本的资金，这是获取长期超额回报的基础。

第二，品牌能够让企业更容易留住和吸引人才。强势品牌能够增强企业的凝聚力和吸引力，一方面能够提升已有的人才对企业的认同感和归属感，从而自觉自愿地提高自身素质，更加努力地工作；另一方面能够吸引优秀的外部人才，从而给企业带来优势资源和可持续发展的能力，提升企业经营管理效率。

第三，品牌有利于促成交易。好项目往往会有众多的竞争者，而强势品牌在客户心目中有较高的声望，服务能力和企业形象获得公众认可，在同等条件下，客户更愿意与强势品牌企业合作。

第四，品牌能够降低业务模式的推广成本。独特的品牌和丰富的品牌文化更容易汇聚气质吻合、价值观相似的忠诚客户群体，品牌引导的友好公共关系有利于降低创新成本，提升企业在新领域的竞争力。

随着国有企业的不断改革，市场化的竞争浪潮开始危及传统国有企业的生存环境，国有企业已不能满足现有的生存模式，需要寻求新的生存和发展空间。提升企业文化，打造强势品牌，有利于企业在竞争中立于不败之地。

2. 北控集团品牌强度要素分析

"亚洲品牌"从品牌文化承载性、质量和服务水平、创新引领性、品牌稳定度、品牌领导力、客户关系强度、法律保护度、企业信用度8个维度评价品牌强度，有利于企业全面明晰品牌影响因素，了解品牌价值形成规律，从而有针对性地提升品牌价值。

（1）品牌文化承载性

品牌的文化内涵、客户对品牌文化的认同度，可以帮助品牌获得更持久的生命力。

北控集团以"让城市（环境）更美好"为使命，勇做现代城市建设的主引擎，契合国家战略需要，重点投向公共服务、基础设施、生态环保、民生改善及战略性新兴产业，促进公共服务均等化、基础设施互联互通，还城市青山绿水。

从文化描述来看，北控集团的企业文化是比较丰满、充实的，主要表现在强调企业的社会责任感、充分注重服务理念、严格员工工作要求、关注客户价值实现等。

深入分析企业品牌文化，需要准确认识企业的品牌定位、品牌架构、品牌战略、品牌管理、品牌传播过程，洞悉企业品牌管理存在的问题，发掘品牌核心竞争力，不断修正企业品牌策略，以便获取可持续发展优势。

将北控集团"勇做现代城市建设的主引擎""促进公共服务均等化、基础设施互联互通""还城市青山绿水"的观念清晰地传递给社会各界，不仅有助于为现代化城市提供高质量的公共服务和基础设施，保障改善城市环境等主业务的顺畅开展，而且能在一定程度上影响社会各界，为企业创造一个更加和谐的生存和发展的环境。

但是从目前来看，北控集团尚缺乏一个长期的品牌目标，还没有为管理层、员工、社会构建一个清晰的品牌愿景，也还缺乏一个有效的品牌整合方法，长此下去，有可能在企业未来的品牌战略中迷失方向。

（2）质量和服务水平

产品和服务的优良品质是品牌的根基，失去了对品质的坚守，品牌将很快走向衰落。从经营情况看，北控集团的营业收入主要来源于燃气业务、水务业务和啤酒业务（见图2）。

2016年，北控集团下属北京市燃气集团有限公司（以下简称北京燃气）成为国内第一个单体城市日天然气购入量破亿立方米的企业，为北京市居民燃气供应提供了保障，是北控集团服务质量和服务水平的直接体现。雁栖湖国际会展中心作为APEC会议的举办地，是对北控集团品牌质量和服务水平的社会认可。此外，集团旗下企业的产品也都体现出超高的质量要求与服务水准，并且得到国家及社会的认可。其中，燕京集团多次受到国家质量监督检验检疫总局、北京市质量监督管理局的表彰，获得"国家质量管理先进

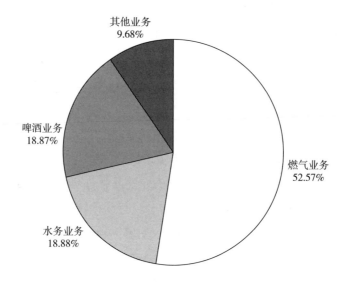

图 2　北控集团的营业收入构成

资料来源：根据北控集团提供的数据制作。

企业""北京市质量管理先进奖"等荣誉。

（3）创新引领性

品牌产品在功能和服务等方面的创新，可以保证产品拥有稳固的市场地位。北控集团旗下企业的产品，无论是创新还是技术方面在所属行业内都有较高的引领性。京仪集团 2015～2016 年共有 14 项产品通过北京市新技术新产品认定，这些对树立北控集团的品牌形象极为有利。

但是，北控集团应时刻关注各子品牌关键词的应用情况，子品牌在相应的行业里应重点突出各自的品牌个性，以形成品牌差异化，从而用子品牌的引领性塑造北控集团品牌整体的形象，巩固其地位。

（4）品牌稳定度

影响品牌稳定的因素非常复杂，包括市场稳定性、政策稳定性、品牌在行业中的地位、企业经营状况、公司业绩稳定性等，品牌稳定度主要受品牌战略的影响。

10 年间，北控集团在各大领域砥砺前行、厚积薄发。根据北京市"十二五"发展规划，北京市委、市政府提出了"深化国有企业改革，推进国有经济战略性调整，加大企业并购重组力度，培育大型企业集团和优势产业集群"的战略指导思想。① 北控集团在国家政策的扶持下，充分发挥投融资平台作用，大力发展燃气、水务、啤酒等基础性业务，市场影响力持续扩大，融资能力不断增强，并多次抓住市场有利时机，确立了在国内同行业的领先地位。面对激烈复杂的竞争环境，北控集团把握国内外经济发展动态及行业竞争态势，及时调整企业发展战略，提升企业运营能力，确保企业运行平稳和效益稳定增长。集团旗下企业产品一直保持稳定的市场占有率和行业排名。

以燕京啤酒为例，在近 30 年的历程中，燕京啤酒一直保持稳步增长的态势（见图 3）。德国克朗斯集团总裁宫喜德先生说："燕京啤酒 20 年跨越了世界啤酒大型企业 100 年所走的历程，这样的发展速度，在世界啤酒发展史上都是罕见的。"

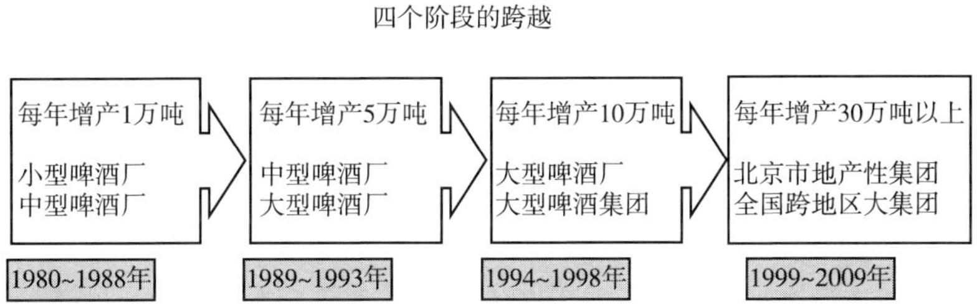

四个阶段的跨越

图 3　燕京啤酒的发展历程

资料来源：根据北控集团提供的数据制作。

（5）品牌领导力

品牌产品在国内和国际市场的领导力，代表品牌应对市场变化的能力。

从北控集团旗下的产品品牌看，燕京啤酒行业地位和品牌领导力的维持和进步存在较大压力，2016 年 BrandZTM 发布的最具价值中国品牌 100 强显

---

① 《首都酒业拟"十二五"上市　北京国资整合再下一城》，中央网络电视台官网，2011 年 2 月 23 日，http：//news. cntv. cn/20110223/110765. shtml。

示，燕京啤酒子品牌居第78位，总价值为4.38亿美元，排名位于燕京啤酒之前的有青岛啤酒（第49位）、哈尔滨啤酒（第53位）、雪花啤酒（第56位）。

北控水务子品牌则在2016年1月由David Lloyd Owen与奥雅纳（ARUP）合作发表的《水务年鉴》中名列"全球TOP 40水务公司"第3位。这个位次表明，北控集团旗下的产品品牌在市场上已经居于领导地位。这是塑造北控集团总品牌的坚实基础。

（6）客户关系强度

客户对品牌的满意度、忠诚度，以及品牌在潜在客户中的知名度，反映了品牌应对市场风险和衍生创造新收益的能力。

北控集团重视客户服务，在线下和线上都尽可能地满足客户的要求，有提升客户满意度、培养客户忠诚度的自觉性。

北控集团旗下的北京燃气坚持"气融万物、惠泽万家"的核心价值观，秉承"服务为本、真情到家"的服务理念，积极履行社会责任，不断提高服务水平，制定并向社会公开北京燃气服务承诺，同时也积极履行服务承诺。北京燃气不断完善服务平台建设，提升用户服务响应速度。为了有效发挥服务功能，为用户提供更加及时快捷的服务，北京燃气于2000年9月29日开通了全市统一的燃气报修服务热线电话——96777。2014年，96777全年转入座席电话共178.64万个，人工接听量达到164.5万个，接听率达到92.1%。另外，为进一步丰富用户需求受理渠道，2014年开发完成了网上96777网页，从功能上多角度满足用户多种燃气业务需求的受理，2015年手机微信平台建设完成并开始运营。

燕京啤酒曾做过市场随机抽样调查，并对顾客期望品牌满意度进行了比较，随机抽样的顾客满意度达89%。另外，根据市场统计，顾客的溢价支付意愿高达70%，在啤酒销售旺季的6~9月，顾客在超市的重复购买次数为每月5~9次。这种积极主动的品牌建设工作，为塑造北控集团总品牌做出了贡献，为北控集团强化客户关系奠定了基础。

（7）法律保护度

法律保护是影响品牌价值的重要因素，公司通过相关法律法规赋予合法权利，其获得权利的大小决定了品牌排他性的范围，进而影响品牌价值的大小。

相关资料显示，燕京啤酒已完成国内384个商标注册，以及遍布56个国家的82个商标注册，因此燕京啤酒受到法律的保护。北控集团旗下的其他商标也应完成相关商标注册，才能保证其相应权利同样能得到法律保护而不受侵害。

（8）企业信用度

企业社会责任的履行情况、受到的惩罚和奖励，将直接影响公众和客户对品牌的信任度、忠诚度，进而影响品牌收益的实现。

北控集团未出现作为原告方或者被告方的重大诉讼情况，未出现被交易所或其他机构公开处罚等情况，说明企业信用度良好。

3. 文化、愿景分析

（1）品牌文化

品牌文化是指文化特质在品牌中的沉积和品牌活动中的一切文化现象。品牌文化被认为是企业文化建设的高层次追求。企业都有自己的企业文化，但这并不意味着这个企业就一定有自己的品牌文化，品牌文化是企业长期努力的结果，是在争取获得市场竞争中的较大优势和影响力的过程中逐渐培养起来的。

品牌文化有三个层面的内容：一是外层品牌文化，二是内层品牌文化，三是核心品牌文化。

第一，品牌的外层文化。

品牌的外层文化，就是品牌文化物化形象的外在、直观的表现。北控集团旗下的企业产品，如燕京啤酒、北京燃气、北控水务，都是品牌外层文化的聚焦点，也是对外界公众传播企业形象和核心理念的有利途径。

从现状来看，北控集团旗下子产品的品牌，仅独立地表达旗下企业的文化追求，并未突出北控集团的集团文化，致使公众无形中将子品牌与集团品牌做了剥离，其结果是弱化了北控集团品牌的外层文化。

第二，品牌的内层文化。

品牌的内层文化，就是品牌在管理、营销活动中渗透出来的社会文化的精华及民族文化的成果。内层文化通过对内的活动和对外的活动两个方面来体现其文化内涵。

北控集团的对内活动，包括平常的业务培训、员工教育、奖惩活动、工作环境等方面，都体现出集团严谨、民主、高效的企业文化；在对外的活动中，如公益文化活动、促销活动等也都体现出了北控集团对社会公众的责任感。但问题是北控集团旗下企业子品牌的独立宣传较多，这些工作与集团品牌建设缺乏强有力的联系，导致社会公众对集团品牌与旗下子品牌间的关系存在模糊认识，不利于北控集团品牌的建设与管理。

第三，品牌的核心文化。

品牌的核心文化就是品牌的理念文化，它是内层和外层文化变化与发展的主导者和决定力量。北控集团拥有多个品牌，因此在品牌文化的建设过程中，不同品牌之间的文化差异应该是一个需要特别关注的问题，也就是说，差异性文化的定位必须有所侧重。例如，燕京啤酒、北京燃气、智慧城市等品牌的文化定位应依产品类型不同而有所差异。这种差异化越明显，市场细分定位越准确，就越有利于巩固原有市场份额，为消费者带来丰富多彩的消费文化信息。值得注意的是，一定要有一个集团的灵魂性价值追求来统御各个子品牌的文化建设，形成万变不离其宗的品牌核心文化结构。

（2）价值观和理念

企业价值观体现了企业决策者对企业性质、目标、经营方式的价值取向所做出的选择，是为员工所接受的共同观念，是企业品牌文化的具体表现，是企业在追求经营成功过程中所推崇的基本信念和奉行的原则。目前北控集团"让城市（环境）更美好"的核心理念似乎有进一步提炼和精致化、高级化的余地。当今世界，人的价值得到空前的认可和推崇，因此，北控集团的核心理念应该有所提炼以便更加契合时代脉搏的律动。企业核心价值观应该成为企业员工共同的、自愿遵守的行为准则，它应该是企业开展业务活动、不断提高客户服务品质、平衡企业和客户利益的最高标准，它应该能够保证企业品牌战略在未来发展过程中不会发生改变。

目前北控集团"用心、奉献、共享、尊重"的"八字箴言"可以看作其核心理念"北控助你做好人"的具体化，是不错的企业文化追求，关键的问题是如何具体落实、长期坚持实践。

（3）社会责任

企业承担的社会责任应该是多方面的，如规范经营、公平交易、维护社会公共利益、以合法道德的方式为社会创造价值、赞助社区公益活动、帮助提升社会公共安全、增进社会总福利等。

北控集团旗下的燃气业务、水务业务等主要从事城市重要基础设施投资运营和城市运行服务，为北京市的燃气使用及用水安全提供了稳定保障，在北京市公共服务、基础设施、生态环保、民生改善中承担了重要的社会责任。燕京啤酒作为北控集团旗下非公共服务的品牌，也积极投身社会公益事业建设，如支援灾区建设、赞助体育事业、捐赠基金等，累计支出近4亿元，同时，尽最大努力解决社会就业问题，目前燕京啤酒就业人数已超过4万人。

4. 品牌价值计算

计算涉及的公式、参数等为本报告主编曲单位亚洲星云品牌管理（北京）有限公司的自主知识产权成果，故隐去具体模型。

5. 品牌价值评价过程

北控集团品牌价值评价，根据"多周期超额收益法"与"市场期权法"模型计算，具体过程如下。

（1）计算品牌强度系数

依据品牌强度评分体系，"亚洲品牌"采用专家评分法对北控集团品牌强度进行了科学的量化评分，最终得出北控集团品牌指标总分为860分，转化为品牌强度系数 $K = 0.796$。北控集团品牌强度评价及指标赋值见表2、图4。

表2　北控集团品牌强度评价

指标及分值	最终得分	指标及分值	最终得分
K_1品牌文化承载性(100分)	80	K_6客户关系强度(110分)	80
K_2质量和服务水平(200分)	180	K_7法律保护度(50分)	40
K_3创新引领性(270分)	240	K_8企业信用度(80分)	80
K_4品牌稳定度(50分)	40	合计(1000分)	860
K_5品牌领导力(140分)	120		

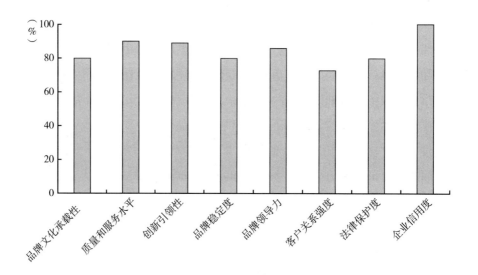

图4　北控集团品牌指标赋值

（2）计算行业平均资产报酬率

北控集团品牌属于集团型综合品牌，根据北控集团燕京、燃气、水务和高端设备制造四大业务，结合东方财富Choice数据终端，计算出北控集团所在行业的平均资产报酬率$Z=7.13\%$。

相应的，品牌价值折现率$R=7.13\%×0.796=5.68\%$。

（3）计算品牌预期收益

北控集团品牌预期收益见表3。

表3 北控集团品牌预期收益

单位：万元

指标	2016 年	2017 年	2018 年	2019 年	2020 年	2021 年及永续
流动有形资产收益 $A_{CT} \times \beta_{CT}$	466606.91	660736.38	911158.94	1214430.80	1556341.25	1556341.25
非流动有形资产收益 $A_{NCT} \times \beta_{NCT}$	481835.83	547685.61	616447.29	685658.06	752185.91	752185.91
有形资产收益 I_A	948442.73	1208421.99	1527606.23	1900088.86	2308527.17	2308527.17
年度净利润 P_A	1145857.22	1470137.47	1871362.40	2343610.46	2865671.75	2865671.75
品牌现金流 F_{BC}	197414.49	261715.49	343756.18	443521.60	557144.59	557144.59
折现系数 $(1+R)^T$	105.68	111.67	118.01	124.71	131.79	131.79
现值 $F_{BC,t}$	186812.01	234358.64	291291.51	355645.94	422762.80	10124891.10
品牌预期收益 V_0	—	—	—	—	—	11615762.00

（4）确定品牌价值波动率

根据北控集团四大业务相同行业，计算出价值波动率，最终确定品牌价值波动率 $\sigma = 0.41535.5$。

（5）计算未来的发展潜力

北控集团未来的发展潜力见表4。

表4 北控集团未来的发展潜力

指标	数值	指标	数值
投资/收益折现率（%）	5.68	价值波动率 σ	0.4624
投资成本终值 L（万元）	2545000.48	正态分布变量的概率分布函数 $N(d_1)$	0.8635
超额收益的现值 S（万元）	3287534.02	正态分布变量的概率分布函数 $N(d_2)$	0.3573
期权有效期 T_n（年）	10	品牌发展潜力 Vc（万元）	2150392.70
连续复利利率 r（%）	2.78		

（6）计算品牌价值

$$V_B = V_0 + V_C = 13766154.70（万元）$$

241

五 品牌发展建议

"亚洲品牌"认为,强势品牌能够给企业带来持久的超额收益,若不注重加强品牌建设,制定清晰的品牌战略,长期来看,企业管理往往会偏离既定目标,结果可能导致超额收益无法长久,甚至有可能为追求更大的经济效益而违规经营。

从现有资料看,北控集团无论是集团文化、品牌愿景、经营管理还是用户体验和社会责任,都展现出国有大型集团企业高标准、严要求的水平。也正是这样的大型国有企业,在品牌形象方面相比私营企业更难以塑造。其主要原因在于国有企业身份的特殊性,作为一般企业需要评价其经营效率的高低,是亏损还是盈利,是否具有市场竞争力等。同时,作为国有企业,必须评价其是否很好地体现了国家的意志和全体人民的整体利益要求。

因此,北控集团在打造强势品牌的方法上,需要与其他一般性企业有所不同,"亚洲品牌"提出以下建议。

(一)区分和把握不同角度下的企业身份,避免品牌建设工作中的"一把抓""盲目抓"

品牌与身份有着许多相似之处,甚至在有些情况下,可以笼统地认为品牌就是身份的象征,因此明确企业的身份,有助于减少企业在品牌建设中的盲目性。有学者研究认为,国有企业现有的身份属性可划分为以下9种:国民经济发展的引领者、国家经济稳定的维护者、国家经济形象的重要代言人、骨干行业的主导者、信誉良好的合作者、保障品质的经营者、体贴员工的大管家、公共基础服务的保障者以及培养高层官员的平台。

北控集团应根据不同的角度找准企业的身份属性。例如,北京燃气可定性为骨干行业的主导者,那么在品牌建设上,就应围绕这样的身份明确品牌定位,制定品牌战略,并让这重身份渗透到社会各界,使公众形成品牌联想。

（二）确立鲜明的文化特色，形成品牌差异性

国有企业的文化有其共性，比如都要以社会主义核心价值观作为企业的指导思想，都要将为人民服务、以人为本作为文化建设的根本原则和核心内容，但是，不同行业的国有企业各有其特点，所在行业的特点也决定了企业的生产方式、企业管理体制、国家对企业的宏观调控、企业产品的品牌特征等各不相同，这些因素都将成为国有企业的文化特色。

北控集团旗下企业应形成各自的文化特色，发挥创造力，不断创造出新的产品或运营模型，将企业的"软实力"浸透在"硬实力"中。例如，燕京啤酒作为中国大型啤酒企业集团中唯一没有外资背景的民族企业，可以考虑将中国的民族特色融入其中，从而与其他品牌形成对比，体现出企业的个性和特色。

（三）多品牌间的相互协作，用强势品牌的社会影响力带动其他品牌提升影响力

北控集团旗下有众多产品具有很大的社会知名度和影响力，但是这些产品只有在深入了解后，才能与北控集团品牌联系上，这使北控集团损失了部分品牌影响力。例如，雁栖湖国际会展中心已经成为北京乃至全国会展场馆中一颗闪亮的新星。从影响力来看，雁栖湖国际会展中心已经具有足够的社会影响力；从品牌关联度来看，雁栖湖国际会展中心与北控集团品牌的联系则鲜为人知。

对此，北控集团应改善品牌宣传思路，可以借助旗下消费者熟知的优质子品牌对北控集团主品牌进行协助宣传，并且通过子品牌的协同作用共同丰富主品牌的内涵，提升主品牌的形象。

（四）改革组织和管理模式，建立双层品牌管理体制

从目前情况来看，北控集团应建立产品品牌管理和企业品牌管理的双层品牌管理体制，制作相关品牌手册，提高品牌的要素识别度，以提升品牌的综合竞争力。

六 声明

（1）本报告是由"亚洲品牌"根据所掌握的资料独立完成的。

（2）"亚洲品牌"在评价对象中没有现存的或预期的利益，对被评价方不存在偏见。

（3）评价报告的分析和结论是在恪守独立、客观、公正、科学原则基础上形成的，所有结论仅在评价报告设定的评价假设和限制条件下成立。

（4）评价结论仅在评价报告载明的评价基准日有效。

（5）"亚洲品牌"具备评价业务所需的相关专业评价能力。除已在评价报告中披露的借鉴和引用外，评价过程中没有运用其他评价机构或专家的工作成果。

（6）"亚洲品牌"在评价过程中所使用的数据均来自北控集团提供资料及其他相关公开资料。

（7）"亚洲品牌"对评价对象的法律权属给予了必要的关注，但不对评价对象的法律权属做任何形式的保证。

（8）评价报告的使用仅限于评价报告中载明的目的，因使用不当造成的后果与"亚洲品牌"无关。

B.11
硅谷天堂品牌价值评价报告

尉军平*

摘　要：　本次评价采用的方法为"多周期超额收益法"与"市场期权法"。"多周期超额收益法"静态评价品牌基于历史表现预估的未来持续收益的价值，"市场期权法"则动态衡量品牌在未来不确定因素下增加或减少的价值，评价模型具有较强的科学性、可操作性、广泛适用性等特点。评价结果是在相关假设和前置条件的基础上得出的，若相关假设情况不存在或者前置条件发生变化，会对评价结果有所影响。评价分析认为，浙江硅谷天堂产业投资管理有限公司（以下简称硅谷天堂）还没有把品牌建设上升到公司战略层面，品牌整体上还处于快速成长阶段，暂时没有构成持久的竞争优势。本次评价结果：评价基准日为 2015 年 12 月 31 日，硅谷天堂的品牌价值为 1792056 万元（大写：壹佰柒拾玖亿贰仟零伍拾陆万元整）。

关键词：　品牌　品牌价值评价　企业管理　硅谷天堂

亚洲星云品牌管理（北京）股份有限公司（以下简称"亚洲品牌"）品牌价值评估中心遵循"独立、客观、公正、科学"的职业准则，对浙江硅谷天堂产业投资管理有限公司（以下简称硅谷天堂）的品牌价值进行评价。硅谷天堂品牌未来收益见图1。

---

* 尉军平，亚洲星云品牌管理（北京）有限公司会议中心总监，中国政法大学商学院 2018 级工商管理硕士，研究方向为企业管理。

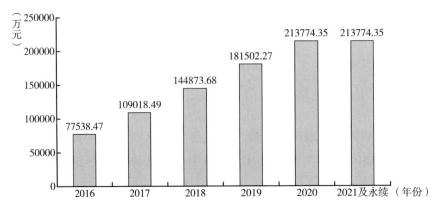

图1　硅谷天堂品牌未来收益

一　评价理念

（一）品牌的意义

"亚洲品牌"认为，品牌是道德的商业逻辑，是企业最具有价值的资产之一。强势的企业品牌具有优秀的企业品牌文化，一方面能强化企业凝聚力，留住和吸引人才，提升企业经营和管理能力；另一方面能提升品牌知名度、美誉度，提升客户忠诚度，使企业获得巨大的超额收益，拥有强大的核心竞争力。

（二）品牌价值评价的意义

产品和服务是品牌价值实现的载体，准确衡量品牌价值，能够使企业和投资者正确认识品牌的价值，了解在不同条件和环境下品牌价值的动态变化情况，为企业制定品牌战略提供参考，促使企业更合理地配置资源，重视品牌管理，提升品牌价值，从而使企业获得更长远的发展，实现更大的商业利益，产生更大的社会效益。

二　评价要素

（一）评价对象

此次评价的是硅谷天堂品牌的经济价值，其价值内涵主要通过企业多年来实施品牌战略的措施和过程体现出来。

（二）评价范围

评价范围具体涵盖硅谷天堂知识产权，硅谷天堂注册商标使用权，企业名称及标识系统，硅谷天堂系列产品的属性、名称、历史、声誉，以及公共关系、企业商誉、企业文化、各项经营方式等无形资源。

（三）评价方法

本次评价采用的方法为"多周期超额收益法"与"市场期权法"。"多周期超额收益法"通过静态评价品牌的历史表现，获得综合价值指数，并以此为基点预估品牌未来持续的价值变化；"市场期权法"则动态衡量品牌在未来不确定因素下增加或减少的价值。评价模型具有较强的科学性、可操作性、广泛适用性等特点。

（四）评价基准日

本次评价基准日为 2015 年 12 月 31 日。

三　假设条件

（一）一般假设条件

（1）硅谷天堂所遵守的国家现行法律、法规、制度及社会、经济政策没有发生重大变化。

（2）硅谷天堂所处行业及相关行业不发生重大变化。

（3）硅谷天堂的品牌管理方式、经营范围无重大变化。

（4）硅谷天堂能够留住并发挥管理人员、关键人才、技术人员的能力，以支持企业业务的发展。

（5）硅谷天堂品牌能够被企业有效地持续使用，并在可预见的未来，该持续使用情况不会发生重大变化。

（6）硅谷天堂的投资计划及发展目标能够如期实现。

（7）硅谷天堂适用的信贷利率、汇率、赋税基准及税率、政策性征收费用等没有发生重大变化。

（8）硅谷天堂现有存量资产及其权属明确，未来收益预期中考虑了追加投资的增加或减少、营销策略的变化、人力资源的变化等。

（9）硅谷天堂未来收益预期中未考虑公司未来可能承担的抵押、担保事宜，以及特殊交易方可能追加付出的价格等对其评价的影响。

（10）硅谷天堂品牌资料真实、合法、有效。

（11）假设未来无不可抗因素及不可预见因素对硅谷天堂造成重大不利影响。

（12）"亚洲品牌"根据评价的要求，确定上述前提条件在评价基准日成立，"亚洲品牌"不承担由于条件改变而产生评价差异的责任。

（二）评价因素

在此次评价中，"亚洲品牌"就硅谷天堂品牌的历史、市场营销、品牌资本运作及未来发展规划进行了深入分析，此次评价主要考虑以下因素。

（1）硅谷天堂的品牌文化、品牌价值理念、品牌战略。

（2）硅谷天堂品牌所具有的各项优势、溢价能力。

（3）硅谷天堂品牌及硅谷天堂公司历史绩效与现状。

（4）影响硅谷天堂及所属行业的特定经济环境及竞争因素。

（5）硅谷天堂所在行业的近期及未来政策影响。

（6）硅谷天堂品牌的行业地位及未来发展前景。

四 评价分析

（一）最新政策

尽管我国已成为世界第二大经济体，但产业大而不强，品牌经济薄弱是我国各行业广泛存在的问题。2016 年，国家大力推动建设质量强国政策，开展质量品牌提升行动。2015～2016 年品牌相关政策见表 1。

表 1 2015～2016 年品牌相关政策

时间	政策	重点内容	意义
2016 年 4 月 4 日	《国务院办公厅关于印发贯彻实施质量发展纲要 2016 年行动计划的通知》	增强质量和品牌提升的动力；优化质量和品牌提升的环境；培育质量和品牌竞争新优势；夯实质量和品牌提升的基础；实施质量和品牌提升工程	明确 2016 年工作重点，以提高发展质量和效益为中心，开展质量品牌提升行动，加强供给侧结构性改革，推动建设质量强国
2016 年 3 月 17 日	《"十三五"规划纲要》	《中国制造 2025》明确了 9 项战略任务和重点，其中一项是加强质量和品牌建设	依靠中国装备，依托中国品牌，实现中国制造向中国创造的转变、中国产品向中国品牌的转变
2015 年 5 月 8 日	《中国制造 2025》	加强质量和品牌建设，实施质量强国战略，全面强化企业质量管理，开展质量和品牌提升行动，解决一批影响产品质量提升的关键共性技术问题，加强商标品牌法律保护，打造一批有竞争力的知名品牌	标志着提升质量和品牌已经上升至国家战略的高度，我国已经从国家层面上重视和研究品牌建设，以便适应新常态、引领新常态

（二）品牌分析

1. 品牌对创投企业的重要性

据联合国工业计划署统计，全球不足 3% 的名牌产品占据了 40% 的市场

份额和50%的营业额，可见品牌在企业发展战略中的重要意义。

对于创投企业来说，品牌是服务质量的保证，是优质服务的一贯性承诺，是企业文化的结晶，是鲜活的生命力和无形的扩张力。创投企业塑造强势品牌，不仅能得到市场份额与商业利润的回报，更重要的是还能收获投资者、被投企业对创投机构的忠诚，主要体现在以下几个方面。

第一，品牌能够让创投企业获得长期的超额收益。随着越来越多的机构、个人以及资金的涌入，创投行业竞争日趋激烈，强势品牌更容易获得被投资对象的信赖和基金投资者的认可，使创投企业更容易获得便捷的项目渠道和低成本的资金，从而获取长期的超额回报。

第二，品牌能够让创投企业更容易留住和吸引人才。人才是创投企业最重要的资源之一，优秀的创业导师、特殊的人脉、独特的投资理念等都与人才紧密相关。强势品牌能够增强创投企业的凝聚力和吸引力，一方面能够提升已有的人才对企业的认同感和归属感，从而自发地提高自身素质，更加努力地工作；另一方面能够吸引优秀的外部人才，从而给企业带来优势资源和可持续发展的能力，提升企业经营管理效率。

第三，品牌有利于促成交易。好项目往往会有多家机构争抢，而强势品牌在客户心目中有较高的声望，服务能力和企业形象获得公众认可，在同等条件下，客户更愿意选择与强势品牌企业合作。

第四，品牌能够降低业务模式的推广成本。独特的创投品牌和丰富的创投文化内涵更容易汇聚气质吻合、价值观相似的忠诚创业群体和潜在投资客户群体，从而降低创新成本，提升企业竞争力。

随着互联网技术的快速发展，近年来，创投机构数量年均增长率超过40%，随着资本的涌入，创投市场的竞争将更加激烈，经历无序竞争和行业洗牌之后，市场必将被瓜分整合。只有提升企业文化、打造强势品牌、获取超额利润，才能在未来立于不败之地。

2.硅谷天堂品牌强度要素分析

"亚洲品牌"从品牌文化承载性、质量和服务水平、创新引领性、品牌稳定度、品牌领导力、客户关系强度、法律保护度、企业信用度8个维度评价品牌强度，有利于企业明晰品牌影响因素，了解品牌价值形成规律，从而有针对性地提升品牌价值。

（1）品牌文化承载性

品牌的文化内涵、客户对品牌文化的认同度，可以帮助品牌获得更持久的生命力。

硅谷天堂的核心理念是"包容、和谐、快乐"，价值观是"服务最大化，工作并快乐着，决策来自掌握信息最多的人"，经营理念是"为实体企业提升价值、改变价值、创造价值"。

从文化描述来看，硅谷天堂的企业文化是比较丰满、充实的，充分注重服务理念、员工工作要求、客户价值实现等目标。

深入分析企业品牌文化，需要准确认识企业的品牌定位、品牌架构、品牌战略、品牌管理、品牌传播过程，洞悉企业品牌管理存在的问题，发掘品牌核心竞争力，不断修正企业品牌策略，以便获取可持续发展优势。

硅谷天堂"服务最大化，工作并快乐着，决策来自掌握信息最多的人"等观念，能够清晰地传递给企业员工，为客户提供最大化的服务，工作的同时要快乐，投资决策要尽可能掌握更多的信息，也能在一定程度上感染客户。

但是，硅谷天堂缺乏一个长期的品牌目标，没有为管理层、员工、社会构建一个清晰的品牌愿景，也没有明确其应该承担的社会责任，在未来品牌战略中可能会迷失方向。

（2）质量和服务水平

服务的优良品质是品牌的根基，失去了对品质的坚守，品牌将很快走向衰落。

硅谷天堂首创的"PE＋上市公司"模式，整合上下游产业实现业绩增长，最终实现市值的稳定增长，"负责任的小股东"形象丰满，从经营情况看，其收益和风险控制均获得了市场的广泛认同。

硅谷天堂的营业收入主要由投资收益、超额业绩收入、管理费收入、顾问费收入四部分构成（见图2）。

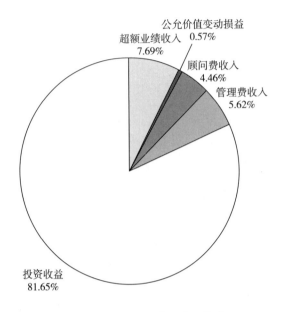

图2　硅谷天堂的营业收入构成

资料来源：根据硅谷天堂提供的数据制作。

从硅谷天堂的营业收入构成来看，四部分业务量保持稳定，其中投资收益、超额业绩收入增长幅度明显，表明企业经营模式得到市场检验，品牌质量和服务水平有保证。

从样本数据来看，硅谷天堂已经退出的股权投资共98家（同一家企业的不同子公司或基金只计算1次），退出的回报倍数为0~1倍的有13家，1~2倍的有60家，2倍以上的有16家，未知的有9家（见图3）。

硅谷天堂投资回报率排在前5位的是鼎龙股份、创业软件、巴安水务、漫博客网、南玻集团，分别为23.77倍、8.81倍、5倍、4.76倍、3.72倍；回报率最低的是海昌华海运，为0.06倍。数据显示，硅谷天堂的投资回报和风险控制总体情况良好。

（3）创新引领性

品牌产品在功能和服务等方面的创新，可以保证产品的市场地位稳固。

硅谷天堂被称为"PE＋上市公司"模式的首创者，在行业内有较强的

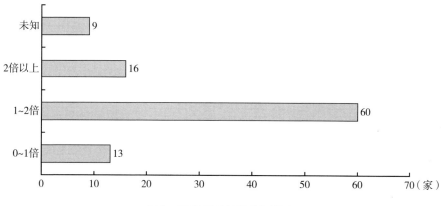

图3　硅谷天堂的投资回报率

引领性。

从百度关键词搜索结果可以看出，"硅谷天堂""PE＋上市公司""负责任的小股东"三个关键词之间有极高的关联度，对硅谷天堂的品牌形象树立极为有利（见图4）。

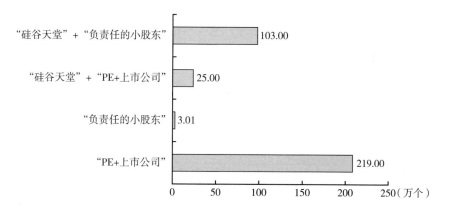

图4　硅谷天堂的关键词搜索结果

资料来源：根据百度搜索数据制作。

"PE＋上市公司"模式目前在市场上模仿众多，为保持创新引领性，硅谷天堂需要继续创新模式，以保证持续的引领地位。

另外，若未来其他模仿"PE＋上市公司"模式的机构违规经营而导致

严重后果，或对硅谷天堂品牌造成负面影响，公司应时刻关注并维护该关键词的形象，重点突出品牌个性，以形成品牌差异化。

硅谷天堂的"PE + 上市公司"模式涉及上市公司市值管理，若协议管理的上市公司违规经营或行业其他创投机构违规，也将引起政策变化或社会公众的误解，从而影响硅谷天堂的引领性地位。

（4）品牌稳定度

影响品牌稳定的因素非常复杂，包括市场稳定性、政策稳定性、品牌在行业中的地位、企业经营状况、公司业绩稳定性等，品牌稳定度主要受品牌的战略的影响。

目前国内的创投行业不断实现跨越式增长，特别是近年来，国内市场创投机构数量年均增长率超过40%，说明创投行业前景被普遍看好（见表2）。

表2　创投行业发展态势

指标	2010 年	2011 年	2012 年	2013 年	2014 年	2015 年
数量(家)	7714	10910	13211	16298	22932	32981
增长率(%)	36.60	41.43	21.09	23.37	40.70	43.82
活跃数(家)	913	1129	1343	1587	2036	2477
活跃率(%)	11.84	10.35	10.17	9.74	8.88	7.51

创业板发行制度改革、新三板扩容、"双创"和"众创空间"的推进以及私募股权众筹融资管理办法的出台，都表明创投行业得到了充分的政策鼓励（见表3）。

表3　与创投行业有关的政策

项目	2013 年	2014 年	2015 年
主要政策	《资产管理机构开展公募证券投资基金管理业务暂行规定》《私募证券投资基金业务管理暂行办法》《关于进一步推进新股发行体制改革的意见》以及新三板扩容	IPO 改革、《私募投资基金管理人登记和基金备案办法》、新"国九条"、创业板发行制度改革	创投引导基金、政府工作报告"互联网 +""双创四众"的推行

企业的品牌战略应体现以下四个方面的内容：为股东和战略伙伴创造效益，受客户认可，让企业员工忠诚，承担社会责任。

相关资料显示，硅谷天堂没有明晰的品牌战略，这会对公司品牌长期稳定度产生影响。

（5）品牌领导力

品牌产品在国内和国际市场的领导力，代表品牌应对市场变化的能力。

从创投行业看，我国有 2500 多家活跃的创投机构，硅谷天堂行业地位和品牌领导力的维持和进步存在较大压力，国际国内机构竞争极为激烈，优质项目的获取、项目的投后管理、专业人才的流动、项目分散过多的管理能力考验等都对企业的社会地位、品牌领导力有直接影响。

根据清科中心发布的榜单，硅谷天堂在各榜单的排名情况基本保持稳定（见表 4）。

表 4　硅谷天堂品牌在品牌榜单上的排名

项目	排名
清科 - 2013 年中国创业投资机构 50 强	18
清科 - 2014 年中国私募股权投资机构 50 强	30
清科 - 2015 年中国私募股权投资机构 50 强	17
清科 - 2014 年中国先进制造业领域投资机构 10 强	3
清科 - 2015 年中国先进制造领域投资机构 10 强	4
清科 - 2013 年中国创业投资机构 50 强（本土）	9
清科 - 2014 年中国私募股权投资机构 50 强（本土）	12
清科 - 2015 年中国私募股权投资机构 50 强（本土）	12

资料来源：李冲：《硅谷天堂："上市公司 + PE"模式发展三部曲》，百度文库，https：//wenku. baidu. com/view/6927f15e50e2524de5187eb8. html。

（6）客户关系强度

客户对品牌的满意度、忠诚度，以及品牌在潜在客户中的知名度，反映了品牌应对市场风险和衍生创造新收益的能力。

从样本数据来看，硅谷天堂已经退出的股权投资共 98 家（同一家企业

的不同子公司或基金只计算 1 次），退出方式主要有股权转让、管理层回购、清偿债权、上市等，其中有 1 家为诉讼退出（菲达环保），有 1 家为撤资退出（格瑞卫康）。总体来看，硅谷天堂的客户关系维护情况良好，退出纠纷情况少（见图 5）。

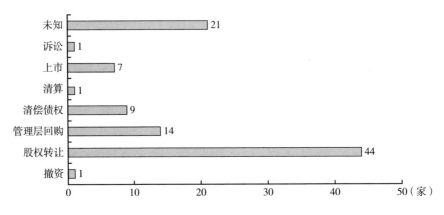

图5　硅谷天堂投资退出方式

资料来源：根据硅谷天堂提供的数据制作。

硅谷天堂面对的客户主要是创业企业和上市公司，公司要提升影响力，就要将品牌定位、品牌传播对象转移到此类群体。

（7）法律保护度

品牌具有无形性、多重性、专有性等特点，持有人可以通过法律手段来防范享有的权利不受侵害。

从硅谷天堂对"硅谷天堂""PE + 上市公司"等知识产品保护情况来看，目前未发现重大诉讼事项。

在进行法律保护的同时，应注意维护企业的品牌声誉，硅谷天堂与莱宝高科、菲达环保存在诉讼情况，或对品牌声誉有一定影响。

（8）企业信用度

企业社会责任的履行情况、受到的惩罚和奖励，将直接影响公众和客户对品牌的信任度、忠诚度，进而影响品牌收益的实现。

硅谷天堂未出现作为原告方或者被告方的重大诉讼情况，未出现被交易所或其他机构公开处罚等情况，说明企业信用度良好。

2016 年 1 月 20 日，硅谷天堂公告显示，公司两名员工因泄露内幕信息被证监会行政处罚，两名被处罚员工之一为某子公司董事长。这也显示了公司品牌战略工作的不到位。

3. 企业比较分析

创投行业已经进入一个"精细化"的阶段，资本及实力竞争者纷纷大规模涌入，创业者日趋个性化，选择也呈多样化。在日趋激烈的创投行业，品牌价值体现出至关重要的作用，强势品牌有助于创投企业提升知名度和美誉度，是企业快速扩张的法宝，创投品牌的创建与重新审视势在必行。

以下对同在新三板挂牌的硅谷天堂、九鼎集团、信中利、中科招商 4 家创投企业的经营情况及企业文化做比较分析。

（1）财务报表比较分析

硅谷天堂、九鼎集团、信中利、中科招商 4 家优秀的新三板创投企业2015 年财务报表数据对比见图 6。

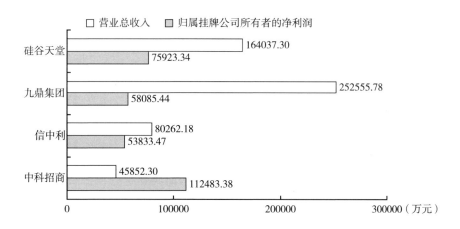

图 6　硅谷天堂、九鼎集团、信中利、中科招商 4 家创投企业的经营情况 1

资料来源：根据 4 家创投企业的财务报告数据制作。

从数据来看，4 家创投企业各有长处和特色。2015 年，九鼎集团的营业总收入最高，正在加强产业布局，资金最充裕；信中利的净资产回报率最

高，前期投资项目已经开始集中回报；硅谷天堂无短期借款，资金成本低；中科招商的营业总收入最低，归属挂牌公司所有者的净利润最多，也显示了公司已经有收缩业务加速退出的迹象。

图6数据还显示，2015年，4家新三板创投企业中，硅谷天堂的营业总收入、归属挂牌公司所有者的净利润均居第2位，其中营业总收入是九鼎集团的64.95%。

2015年，硅谷天堂的总资产在4家创投企业中排名第3位，为九鼎集团的25.74%；归属挂牌公司所有者的权益合计排名第3位，为九鼎集团的27.98%（见图7）。

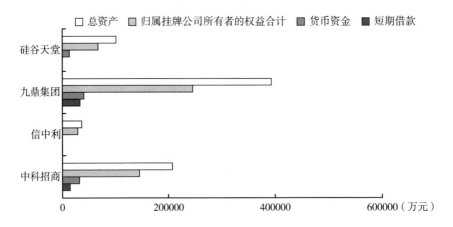

图7 硅谷天堂、九鼎集团、信中利、中科招商4家创投企业的经营情况2

资料来源：根据4家创投企业的财务报告数据制作。

2015年，硅谷天堂的净资产收益率（依据归属挂牌公司所有者的净利润计算）排名第2位，达到行业优秀水平（见图8）。

（2）品牌文化

第一，企业品牌愿景。

企业品牌愿景作为对企业品牌过去经营理念、现存价值以及未来信念准则的诠释，是品牌建设不可缺少的一部分，构建企业品牌愿景，并使员工达成一致的理解，形成共识与认同，可以保证整个团队的理念一致，创建与企

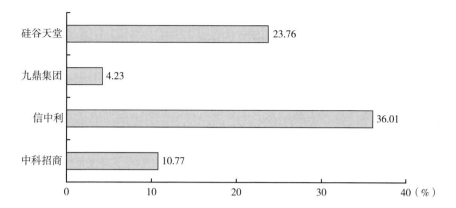

图 8　硅谷天堂、九鼎集团、信中利、中科招商 4 家创投企业的净资产收益率

资料来源：根据归属 4 家公司所有者的净利润计算并制作。

业品牌愿景协调一致的组织文化，以保障企业品牌愿景的实现。

从企业品牌愿景看，硅谷天堂尚缺乏一个明晰的企业愿景，以使企业使命较为明确且符合企业实际。

打造强势品牌，首先要从发展清晰的企业品牌愿景开始，品牌愿景不明晰的企业，在激烈竞争中容易迷失方向，也不利于品牌规划与管理。硅谷天堂、九鼎集团、信中利、中科招商 4 家创投企业的品牌愿景比较见表 5。

表 5　硅谷天堂、九鼎集团、信中利、中科招商 4 家创投企业的品牌愿景比较

企业名称	企业品牌愿景	企业使命
硅谷天堂	无公开展示	为实体企业提升价值、改变价值、创造价值
九鼎集团	无公开展示	无公开展示
信 中 利	无公开展示	无公开展示
中科招商	无公开展示	无公开展示

硅谷天堂正处在继续向全国扩张、走向世界的新时期，不仅要有清晰的经营战略目标，而且要有领航性质的理念。

其他企业的品牌愿景举例如下。

华为：丰富人们的沟通和生活。

万科：成为中国房地产行业领跑者。

麦肯锡：帮助杰出的公司和政府更为成功。

惠普：为人类的幸福和发展做出技术贡献。

第二，价值观和理念。

企业价值观体现了企业决策者对企业性质、目标、经营方式的价值取向所做出的选择，是为员工所接受的共同观念，是企业品牌文化的具体表现，是企业在追求经营成功过程中所推崇的基本信念和奉行的原则。硅谷天堂、九鼎集团、信中利、中科招商 4 家创投企业的价值观和理念比较见表 6。

表 6　硅谷天堂、九鼎集团、信中利、中科招商 4 家创投企业的价值观和理念比较

企业名称	价值观	理念
硅谷天堂	服务最大化,工作并快乐着,决策来自掌握信息最多的人	包容、和谐、快乐
九鼎集团	无公开展示	无公开展示
信中利	无公开展示	无公开展示
中科招商	无公开展示	无公开展示

从表 6 可以看出，硅谷天堂的理念体系主要呈现给企业内部员工，但是仍不够完善，没有形成差异化，且缺少对企业外部客户的承诺。

企业核心价值观应根据行业背景和发展趋势制定，成为企业员工的行为准则，使企业不断提高客户服务品质，平衡企业和客户利益，保证企业品牌战略在未来长期发展过程中不会发生改变。

其他企业的价值观和理念举例如下。

沃尔玛：以最低的价格换取最优良的产品和服务。

同仁堂：炮制虽繁，必不敢省人工；品味虽贵，必不敢减物力。

（3）社会责任

企业承担的社会责任应该是多方面的，如规范经营、维护社会公共利益、为社会创造价值等。可通过赞助社会活动、帮助提升社会公共安全、增加社会福利的活动来衡量。

"企业公民"形象虽不能直接促进销售，但从长远来看，它能帮助企业

树立良好的社会形象，提升品牌知名度与美誉度，为实现产品销售与品牌形象提升创造双赢。

从年报数据来看，2014 年、2015 年硅谷天堂的"对外捐赠"在 4 家创投企业中是最低的（见图 9），因此硅谷天堂应加强在此方面的投入，同时注意配合系统的品牌营销。

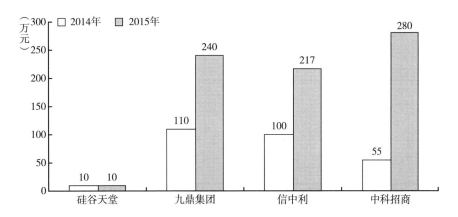

图 9　硅谷天堂、九鼎集团、信中利、中科招商 4 家创投企业的对外捐赠金额

资料来源：根据 4 家创投企业年报数据制作。

近年来，硅谷天堂通过设立境外专项培训基金和西溪湿地环保基金、捐款建设金融研究院、为四川汶川抗震救灾捐款、建立弥勒佛教圣地等公共事业树立了公众形象，但是良好的公众形象也需要继续维持。

4. 品牌价值计算

计算涉及的公式、参数等为本报告主编单位亚洲星云品牌管理（北京）有限公司的自主知识产权成果，故隐去具体模型。

5. 品牌价值评价过程

硅谷天堂品牌价值评价，根据"多周期超额收益法"与"市场期权法"模型计算，计算过程如下。

（1）计算品牌强度系数

依据品牌强度评分体系，"亚洲品牌"对硅谷天堂的品牌强度进行了科

学的量化评分,最终得出硅谷天堂品牌指标总分为 639 分,转化为品牌强度系数 $K = 1.1054$。硅谷天堂品牌强度评价及指标赋值见表 7、图 10。

表 7　硅谷天堂品牌强度评价

指标及分值	最终得分	指标及分值	最终得分
K_1 品牌文化承载性(100 分)	58	K_6 客户关系强度(100 分)	90
K_2 质量和服务水平(100 分)	40	K_7 法律保护度(50 分)	10
K_3 创新引领性(300 分)	236	K_8 企业信用度(100 分)	80
K_4 品牌稳定度(100 分)	35	合计(1000 分)	639
K_5 品牌领导力(150 分)	90		

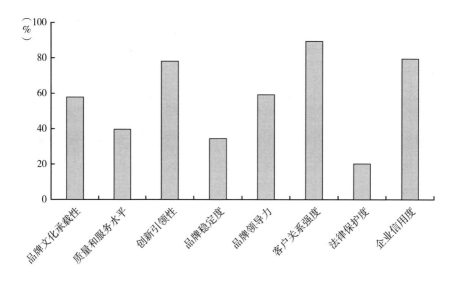

图 10　硅谷天堂品牌指标赋值

(2)计算行业平均资产报酬率

硅谷天堂品牌属于金融行业,根据东方财富 Choice 数据终端,计算出 2015 年该品牌所在行业的平均资产报酬率 $Z = 14.01\%$。

相应的,品牌价值折现率 $R = 14.01\% \times 1.1054 = 15.49\%$。

(3)计算品牌预期收益

硅谷天堂品牌预期收益见表 8。

表8　硅谷天堂品牌预期收益

单位：万元

指标	2016 年	2017 年	2018 年	2019 年	2020 年	2021 年及永续
流动有形资产收益 $A_{CT} \times \beta_{CT}$	33762.76	43216.33	52291.76	59612.61	63785.49	63785.49
非流动有形资产收益 $A_{NCT} \times \beta_{NCT}$	27610.97	34027.91	39931.88	44532.94	47091.23	47091.23
有形资产收益 I_A	61373.73	77244.24	92223.64	104145.55	110876.72	110876.72
年度净利润 P_A	138912.20	186262.73	237097.32	285647.82	324651.07	324651.07
品牌现金流 F_{BC}	77538.47	109018.49	144873.68	181502.27	213774.35	213774.35
折现系数 $(1+R)^T$	115.49	133.37	154.03	177.88	205.43	205.43
现值 $F_{BC,t}$	67140.63	81740.36	94057.64	102036.34	104063.06	744016.85
品牌预期收益 V_0	—	—	—	—	—	1193054.89

（4）确定品牌价值波动率

根据硅谷天堂新三板挂牌的公开交易价格（复权后），剔除非正常波动情况，计算其价值波动，最终确定品牌价值波动率 $\sigma = 0.4153$。

（5）计算未来的发展潜力

硅谷天堂未来的发展潜力见表9。

表9　硅谷天堂未来的发展潜力

指标	数值	指标	数值
投资/收益折现率(%)	15.49	价值波动率 σ	0.4153
投资成本终值 L(万元)	326628.25	正态分布变量的概率分布函数 $N(d_1)$	0.9388
超额收益的现值 S(万元)	793891.61	正态分布变量的概率分布函数 $N(d_2)$	0.5915
期权有效期 T_n(年)	10	品牌发展潜力 V_C(万元)	599001.48
连续复利率 r(%)	2.78		

（6）计算品牌价值

$$V_B = V_0 + V_C = 1792056.37（万元）$$

五 品牌发展建议

"亚洲品牌"认为,强势品牌能够给企业带来持久的超额收益,若不注重加强品牌建设,制定清晰的品牌战略,长期来看,企业管理往往会偏离既定目标,结果可能导致超额收益无法长久,甚至有可能为追求更大的经济效益而违规经营。

从现有资料看,尽管目前硅谷天堂有比较鲜明的品牌文化,但是品牌形象尚未成熟,还没有把品牌建设上升到公司战略层面,品牌整体上还处于快速成长阶段,无法形成持久的竞争优势。

硅谷天堂缺乏清晰的品牌愿景,未制定短期品牌目标以及目标达成的催化机制,各子公司品牌、基金品牌也未形成合力。

对于打造硅谷天堂强势品牌,"亚洲品牌"提出以下建议。

(一)树立品牌核心价值观,制定品牌战略,梳理品牌构架,分析主次品牌

品牌价值观并不等于企业价值观,前者应该符合后者的核心内容。品牌价值观应始终贯彻于企业经营管理过程中,成为企业打造产品和服务的指导思想,并建立与之相一致的品牌文化。

硅谷天堂应依据品牌价值观,制定完善的品牌战略体系,为实现该品牌理想做出科学规划,注重品牌战略的执行,制定催化机制。

(二)继续从规范经营、模式创新、风险控制方面来全方位检测与完善自身日常经营,发挥差异化优势,设置品牌危机预警机制,保持和提升引领地位

目前硅谷天堂"PE+上市公司"模式略显单一,从模仿难度方面来说并没有技术壁垒,若硅谷天堂不能持续创新,将无法保证模式的长期引领性,且该模式的声誉一旦被模仿者破坏,将会对公司品牌产生严重的负面

影响。

为避免模式的单一性，硅谷天堂应积极创造新的业务模式，开发新的业务板块。同时，为避免"PE＋上市公司"模式的声誉被模仿者所破坏，硅谷天堂应规范自身经营，向社会公众准确定义该模式与操纵上市公司股价的本质区别。

（三）拓宽品牌传播渠道，完善客户关系管理制度，积极关注市场变化，及时调整思路，提升在特定人群中进行品牌宣传的广度、深度，积极开展各项社会公益活动

从功能来看，硅谷天堂"为实体企业提升价值、改变价值、创造价值"的经营理念比较明确，有感染力，较容易形成情感共鸣，而"包容、和谐、快乐"的核心理念包含对企业员工的要求，却缺乏对客户服务的承诺内容。

对此，硅谷天堂应及时调整品牌营销思路，可以从深度、广度两方面细化品牌文化内涵，加大对目标客户的品牌宣传力度。

近年来，硅谷天堂对公益事业的关注度明显下降，应加强在此方面的投入，积极回报社会，更好地建立强势品牌。

六　声明

（1）本报告内容是根据所掌握资料做出的客观判断。

（2）"亚洲品牌"与评价对象中没有现存的或预期的利益关系。

（3）评价报告的分析和结论仅在评价报告设定的评价假设和限制条件下成立。

（4）评价结论仅在评价报告载明的评价基准日有效。

（5）"亚洲品牌"是具备评价业务所需的相关专业评价能力的专业评价机构。除披露的信息之外，评价过程中没有运用其他评价机构或专家的工作成果。

（6）"亚洲品牌"在本次评价活动中所使用的数据均来自公司发布全国

中小企业股份转让系统网站（http：//www. neeq. com. cn. /）的公告及其他相关公开资料。

（7）虽然"亚洲品牌"对评价对象的法律权属给予了必要的关注，但并不对评价对象的法律权属做任何形式的保证。

（8）评价报告仅用于报告中载明的评价目的，因使用不当造成的后果与"亚洲品牌"无关。

B.12
酷铺品牌价值评价报告

李 俊　刘静静*

摘　要： 本次评价采用的方法为"多周期超额收益法"与"市场期权法"。"多周期超额收益法"静态评价品牌基于历史表现预估的未来持续收益的价值，"市场期权法"则动态衡量品牌在未来不确定因素下增加或减少的价值，评价模型具有较强的科学性、可操作性、广泛适用性等特点。评价结果是在相关假设和前置条件的基础上得出的，若相关假设情况不存在或者前置条件发生变化，会对评价结果有所影响。本次评价结果：评价基准日为2016年12月31日，海南供销大集酷铺商贸有限公司（以下简称酷铺）的品牌价值为88.38亿元（大写：捌拾捌亿叁仟捌佰万元整）。

关键词： 品牌　品牌价值评价　企业管理　酷铺

亚洲星云品牌管理（北京）股份有限公司，遵循"独立、客观"的职业准则对海南供销大集酷铺商贸有限公司（以下简称酷铺）品牌进行诊断，并出具诊断报告。酷铺品牌未来规划见图1。

---

* 李俊，亚洲星云品牌管理（北京）有限公司副主任，研究方向为企业管理；刘静静，亚洲星云品牌管理（北京）有限公司数据建模师，研究方向为企业管理。

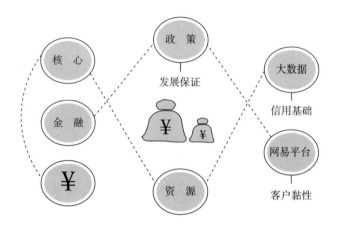

图1 酷铺品牌未来规划

一 项目概述

（一）项目背景

在经济全球化的大环境下，在互联网的强力驱动下，品牌正在成为企业巨大的核心竞争力。品牌不仅是对外营销的工具，而且是内部管理的道德感召力量。在营销中，品牌能够唤起消费者重复消费的最原始冲动，是主导消费市场的灵魂。没有品牌的企业就是没有灵魂的企业；没有品牌，企业就失去了生命力。媒体变化、消费者变化、市场环境变化、企业本身变化无不要求企业关注品牌管理，重视品牌管理。

随着国际竞争的日益激烈，国际合作亦日益活跃，"一带一路"倡议应运而生，并将成为"竞争与合作，实现共赢"的典范。"一带一路"建设需要品牌建设的支撑和服务，为中国品牌走向世界创造了大好机遇，也给中国品牌带来了严峻的挑战。

2014年5月10日，习近平总书记做出"三个转变"的重要指示，即"推动中国制造向中国创造转变、中国速度向中国质量转变、中国产品向中国品牌转变"。① 可见，品牌已上升至国家战略高度，是对提高经济增长质量的具体要求，对实体经济发展具有重大的指导意义。

2016 年 6 月，国务院 44 号文件明确了品牌在经济中的引领作用，要求设立"中国品牌日"，号召大力宣传中国的知名自主品牌，要讲好中国品牌的故事，提升我国自主品牌的影响力和认知度。

2017 年 5 月，国务院批准自 2017 年起，将 5 月 10 日设立为"中国品牌日"。"中国品牌日"的设立是增强中国产品吸引力的重要一环。从"优化结构"到"强化品质"，再到"重塑品牌"，中国各行业都面临前所未有的大变革。

（二）诊断目的

针对企业品牌管理相关内容进行专业化、系统化的健康诊断，有利于企业及时了解现阶段品牌发展状况，发现自身优势和不足，积极寻求解决方案，部署合理的品牌营销战略，提升市场竞争力、消费者忠诚度和企业抗风险能力。

通过全面科学的品牌调研以及在调研基础上的诊断，充分研究诊断对象所处的市场环境及其目标消费群和竞争者，为对象企业的品牌战略决策提供翔实、准确的信息和必要的专业建议，为对象企业的决策者制定品牌建设战略提供有价值的参考。具体来说，就是要通过品牌调研与诊断，帮助对象企业提炼高度差异化、清晰明确、能触动感染消费者内心世界的品牌核心价值，以便对象企业规划以核心价值为中心的品牌识别系统，使对象企业的品牌识别与企业营销传播活动具有可操作性，使对象企业的营销传播活动能演绎传达出品牌的核心价值，确保对象企业的营销广告投入能起到提升品牌资产价值的作用。

---

① 《以质量创新促进中国制造向中国创造转变——论学习贯彻落实"三个转变"重要指示》，中国质量新闻网，2014 年 5 月 21 日，http://www.cqn.com.cn/news/zgzlb/diyi/899144.html。

（三）诊断对象

公司名称：海南供销大集酷铺商贸有限公司。

成立时间：2016 年 3 月 21 日在海口成立。

经营范围：谷物批发、种子销售、饲料批发、牲畜批发、农牧产品批发及零售等。

经营模式：以推进酷铺业务为核心，以传统商超业务转型、新业务拓展、资产管理为重心，以规模化商品采购及低价商品供应为优势，以提供各类加盟服务项目为手段，以轻资产模式，规模化拓展酷铺实体零售网络[①]，致力于打造城乡商品流通实体经销网。

商业规模：经过一年多的发展，酷铺加盟店已超过 15 万家，门店遍布全国 25 个省份 90 个地级市，成为零售业新星。[②]

（四）诊断机构

亚洲星云品牌管理（北京）股份有限公司（英文简称 Asiabrand）于 2005 年在北京成立，是亚洲首家品牌管理系统化服务机构。建立了亚洲品牌研究院、ABAS 专家委员会等科研机构和专家智库，以品牌评价、品牌增值和云服务为三大核心业务，以构建品牌金融生态链为使命。拥有多项自主知识产权专利技术和品牌评价独立科研成果，是首家获得"国家高新技术企业"和"中关村高新技术企业"认定的品牌价值评价机构。

1. 国家认证资质

拥有"国家高新技术企业"和"中关村高新技术企业"资质，拥有国家版权局颁发的六大计算机软件著作权登记证书。

---

① 《"酷铺"开创中国零售新蓝海》，搜狐网，2017 年 6 月 9 日，http：// www. sohu. com/a/ 146179869_ 219231。

② 《"酷铺"开创中国零售新蓝海》，搜狐网，2017 年 6 月 9 日，http：// www. sohu. com/a/ 146179869_ 219231。

2. 主要业绩

拥有 12 年品牌评价经验、5000 家以上知名企业成功案例。

3. 核心技术

（1）Asiabrand 品牌评价法

Asiabrand 通过 10 余年的品牌研究，形成了自主知识产权专利技术。在国标多周期超额收益法（GB/T29188 – 2012）的基础上增加了"市场期权法"，形成"Asiabrand 品牌评价法"。把品牌发展潜力、未来可能的品牌投入变量等更多因素列入考量范畴，力求更加客观科学地计算企业品牌价值和市场竞争力，体现企业未来品牌增值趋势。

- 建立品牌价值纵向比较机制，形成企业品牌指数
- 建立市场关注度数据，形成市场关注度变动指数
- 建立行业比较机制，形成品牌行业坐标参数

收益法：对品牌未来收益进行预测，并以消费者与品牌的关系为参数进行调整，形成品牌价值的基数。

市场期权法：以品牌未来的发展潜力形成的期权价值为补充，两者合并形成品牌最终的评价价值。

品牌价值（V_B）分为两部分：一部分是基于在现有条件背景和经营状况下，品牌能够给企业带来的经济收益所计算的价值（V_0）；另一部分是品牌的文化底蕴、品质的坚守等因素对发展潜力的影响，在未来市场条件发生变化的时候，企业可能对品牌选择加大或缩小投资，品牌给企业带来的经济利益因此将发生变化，品牌价值的增值或贬值的部分（V_C）。

$$品牌价值 = 品牌预期收益 + 品牌发展潜力（V_B = V_0 + V_C）$$

品牌强度评价指标：品牌指数是估值分析中最重要的部分，Asiabrand 汇聚 1.2 万个企业数据，在对 19 个类别 67 个不同行业的品牌价值特性进行研究的基础上，将产品收益层层分解，从而确定品牌收益率和相关数据的关系，并结合品牌文化承载性、质量和服务水平、创新引领性、品牌稳定度、品牌领导力、客户关系强度、法律保护度、企业信用度 8 个维度 22 项细分

指标，进行品牌价值定量分析。由专家进行评定，即根据企业的具体表现，参考行业的平均水平，得出结果。[①]

（2）Asiabrand 云评技术

"品牌云评"是将大数据与品牌价值完美结合的品牌价值评级系统。

- 基于 Asiabrand10 余年的品牌研究成果
- 海量数据验证，高效、专业、稳定、可视
- 实时同步更新的海量企业资料大数据库

4. 专家智库

ABAS 专家委员会成立于 2006 年，由国内外 50 多名行业专家学者和专业人士组成，组织编纂了《ABAS 亚洲品牌评价体系》，是最具权威性和影响力的品牌研究、评价专家智库之一。由摩根大通原亚太区董事总经理、中国投资银行主席龚方雄先生出任主席。

（五）诊断流程

诊断流程见图 2。

（六）诊断依据与资料来源

（1）《ABAS 亚洲品牌评价体系》。

（2）Asiabrand 品牌云评技术。

（3）CBBE 品牌建设模型：美国学者凯文·莱恩·凯勒（Kevin Lane Keller）于 1993 年提出著名的 CBBE 模型（Customer – Based Brand Equity），即基于消费者的品牌价值模型，这个模型为自主品牌建设提供了关键途径。[②]

（4）酷铺品牌诊断依据：酷铺官网、酷铺《品牌价值评价申请表》、酷铺品牌诊断 Q&A、酷铺《商贸简介》、酷铺《加盟手册》。

---

① 《价值被严重低估？Asiabrand 帮你精准确认品牌价值》，亚洲品牌网，2018 年 5 月 17 日，http：//www.asiabrand.cn/pinpaipouxi/851810206.html。

② 《品牌研究模型——凯文·莱恩·凯勒 & 大卫·艾克》，搜狐网，2018 年 2 月 9 日，http：//www.sohu.com/a/221870380_ 100116573。

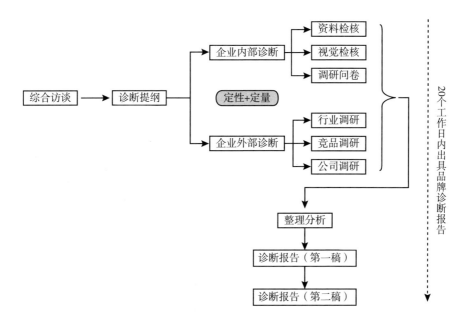

图2　诊断流程

（5）行业数据：《便利店行业研究报告》。

（6）精品资料：《7−11便利店模式与经营理念》《台湾7−11便利店》《日本第二大连锁便利店罗森的极致管理》《7−11行销管理》以及7−11官网。

二　行业市场分析

（一）市场分析

1 超市业态下滑，便利店市场缺口巨大

随着电商渗透率越来越高、综合成本不断上涨、业务模式老化等一系列不良因素的影响，实体零售业经营整体表现惨淡。作为实体零售的重要组成部分——超市，正在逐个被关店潮所吞没，这种事情不只发生在中国，全球也是如此。

沃尔玛、家乐福、华润、大润发这些曾经的零售豪强，在关闭老店的同

时也在开着新店——便利店。便利店在国内算是蓝海市场，其火热程度和关店潮形成强烈反差，除了前文提到的资深零售品牌，京东、永辉等后来者也已涉足于此。

便利店是零售行业中在超市之后兴起的高阶业态。根据业界经验，每3000人可以支撑一家便利店。日本 1.2 亿人共有 5 万家便利店，美国 3.2 亿人共有 15 万家便利店，市场均已饱和，而我国有 13.6 亿人口，以 6000 人需要一家便利店进行保守估算，则我国需要 20 万家便利店，而目前知名便利店只有 2.6 万个，市场缺口巨大。[①]

2. 国际品牌加码中国市场，超市巨头涉足便利店

2016 年中国便利店数量同比增长 9%，销售额同比增长 13%。便利店在中国的发展正处在爆发期，市场竞争日趋激烈，以 7 - 11、罗森、全家为代表的日本便利店不断加码中国市场，营业状况越来越好。由于入市时间较早，经营手段全面标准化，虽然商品价格较高，但上述品牌早已成为便利店的不二代名词，处于行业金字塔的顶端。

而像家乐福、华润、大润发这样的巨头，虽然后知后觉，但凭着多年的积淀和丰富的资源，较早就发力面向居民社区的便利店，服务项目不断扩充，获得了所在区域居民的普遍认可，门店数量稳步增长。

（二）商业模式分析

在零售领域，便利店经营最大的特色是连锁加盟。连锁经营的发源地是美国。连锁商店首先出现在大零售商尚未完全建立起来的那些行业和部门，如杂货业、药品业和家具业……在地区分布上，连锁商店大多分布在小城镇和大城市的郊区，在大城市的中心和乡村地区极少。而且，在开始的时候，连锁商店几乎全是地区性的。[②] 20 世纪 20 年代，连锁经营已经发展到遍布

---

① 《我国便利店潜力究竟有多大》，新浪博客，2017 年 4 月 21 日，http://blog.sina.com.cn/s/blog_14c74af300102x1z6.html。

② 《连锁经营发展的几条主要规律概述》，慧聪网，2006 年 10 月 19 日，http://info.service.hc360.com/2006/10/19094934180-2.shtml。

各地，并且有了很高的发展效率，成为成长最快的销售商。

一般来说，品牌号召力强的便利店连锁品牌加盟费用也相应要高一些，当然，好的便利店提供的品牌支持和服务也更好一些。目前，国内可供个体便利店加盟经营的模式比较多，大体上可以分为以下几种。

1. 7-11传统品牌加盟模式

传统品牌加盟模式可以为加盟店铺提供从品牌、供应链到管理模式的全方位支持。个体便利店加盟之后，可快速获得支持，迅速走向规范化，并增加相应的新服务项目，开拓更多市场。[①]

这种模式对自有资金最低额度、加盟商资质都有严格规定，入门门槛不高，但是与加盟商分享店铺利润比例较高。这种模式比较容易激励加盟商加盟，可以让加盟商相信总部会提供一切可能的资源，做好一切服务和品牌推广工作，从而使其利益最大化。

2. 生鲜电商配送合作模式

生鲜电商配送合作模式多为新兴的生鲜电商所采取，如每日优鲜、天天果园等。便利店加盟后，按协议为生鲜电商提供类似于前置仓的仓储服务，并在指定时间内完成区域内的上门派送服务，从而获得派送服务费的收入。这种模式并不能为加盟便利店带来供应链或其他方面的支持和帮助，也无法带来流量和销售收入的提升。但比较适合日常业务不太忙且有空闲劳动力的便利店，通过加盟可盘活闲置劳动力，从而增加店铺的综合收入。生鲜业务多为高频消费，如果便利店区域内订单集中的话，带来的配送收入还是非常可观的，不失为一个增加营业收入的好方式。[②]

3. 京东到家模式

京东到家模式，即"向用户提供3公里范围内超市商品、外卖送餐、鲜花配送等消费者快消品和生活服务，并基于移动端定位实现2小时内快速

---

① 《便利店加盟模式研究分析》，搜狐网，2016年5月24日，http://www.sohu.com/a/76995248_119737。

② 《便利店加盟模式研究分析》，搜狐网，2016年5月24日，http://www.sohu.com/a/76995248_119737。

送达。主要特点是为加盟店提供线上流量入口和众包物流的支持,且不干涉加盟店的日常经营,对于经营管理达到一定水平且又想扩大业务的个体便利店来说比较适合。鉴于京东上亿用户的基础,京东到家的流量支持还是不错的,对便利店拓展O2O市场有较大帮助。不过京东到家的加盟门槛比较高,对注册资金、品牌等都有着严格规定。据悉,仅注册资金需要达到50万元这一项要求,恐怕就有很多个体便利店难以达到,而被挡在门槛之外。①

4. 闪电购模式

闪电购模式类似于7-11与京东到家的新模式。它既像传统便利店连锁品牌那样,为加盟商提供从品牌到供应链、管理的一系列服务,同时也像京东到家那样有O2O平台支持,可基于LBS向加盟便利店导入线上流量,促进订单成交,并且提供专业配送服务。②

(三)麦当劳商业模式启示

麦当劳通过两种方法在房地产行业大赚利润:一是买卖热门的商铺,二是从加盟店铺收取高租金。麦当劳在世界上100多个国家开业,每年能销售1000亿个汉堡;麦当劳在全球有36000家店,但直营和自有的店铺只占15%,其余全部实行特许经营。麦当劳的利润中特许经营费占比高达82%,而自营店利润只占6%。在其利润总额中,2015年直营店总收入为165亿美元,利润只有25亿美元;特许经营收入总额为89亿美元,但其中的利润就高达73亿美元。③

三 酷铺品牌价值评价

在依据《中华人民共和国资产评估法》并基于国家标准(GB/T20188-

---

① 《便利店加盟模式研究分析》,搜狐网,2016年5月24日,http://www.sohu.com/a/76995248_119737。
② 《便利店加盟模式研究分析》,搜狐网,2016年5月24日,http://www.sohu.com/a/7699524。
③ 《震惊!麦当劳实是一家房地产公司》,搜狐网,2017年3月1日,http://www.sohu.com/a/127576622_531971。

2012）多周期超额收益法的基础上，Asiabrand 将"市场期权法"有机结合形成 Asiabrand 品牌评价法，把品牌内含的发展潜力、未来可能的品牌投入变量等更多因素加入考量范畴，力求更加客观科学地计算企业品牌价值和市场竞争力，为企业品牌管理、资源配置、战略决策提供更加精准的参考依据。

评价对象：海南供销大集酷铺商贸有限公司。

品牌价值：88.38 亿元。品牌价值证书见图 3。

图 3　品牌价值证书

注：Asiabrand 品牌云评根据评价的要求，确定上述前提条件，在评价基准日做出本评价。

评价基准日：2016 年 12 月 31 日。

品牌价值评价得分：638 分（见表 1）。

表 1　酷铺品牌价值评价得分

指标及分值	最终得分	指标及分值	最终得分
K_1 品牌文化承载性(100 分)	64	K_6 客户关系强度(110 分)	85
K_2 质量和服务水平(200 分)	140	K_7 法律保护度(50 分)	27
K_3 创新引领性(270 分)	166	K_8 企业信用度(80 分)	51
K_4 品牌稳定度(50 分)	35	合计(1000 分)	638
K_5 品牌领导力(140 分)	70		

四　品牌战略诊断

（一）品牌愿景分析

英国著名品牌专家 Leslie De Chernatony 关于"品牌愿景导向的战略管理理论"认为,品牌创建是一个战略管理过程,必须首先确定清晰的品牌愿景,然后再根据品牌愿景的要求,形成与之相协调的组织文化并使品牌愿景具体化,以便最终实现品牌愿景。

品牌愿景不是企业老板、董事会主观意愿的体现,它代表的是为品牌工作的员工的共同愿望和目标,也是对品牌所有显在和潜在的目标受众使用这类品牌的终极欲望的理性表达和描述。同时,品牌愿景还必须与企业的使命、价值观和愿景描述保持协调一致。

酷铺旨在打破传统连锁超市面临的困局,搭建会员、信息、物流、商品、金融共享平台,帮助关联商家扩展渠道和提高收益,从而形成良性循环,构建一个全新的零售经济共享生态圈,开创中国零售业的新蓝海（见图 4）。

1. 对消费者:做百姓信任的民族品牌

关键词:诚信 + 民族品牌。

优点:符合初创期发展的差异化定位。

缺点:不适合长期发展定位。

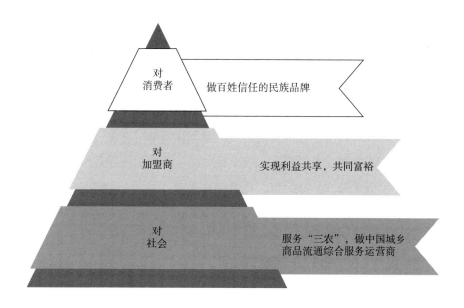

对
消费者　　　做百姓信任的民族品牌

对
加盟商　　　　实现利益共享，共同富裕

对
社会　　　服务"三农"，做中国城乡
商品流通综合服务运营商

图4　酷铺品牌愿景结构

在品牌创建期，这一愿景符合中国经济发展到一定阶段，对诚信经营、形成民族特色品牌的历史要求和使命，与洋品牌形成差异化定位，便于消费人群的定位和忠诚度的建立。但是，从品牌长期发展来看，消费者更容易被具有清晰行业愿景和亲和力的品牌愿景所吸引。酷铺这一愿景没有凸显行业特征，显得口号化，并没有真正体现消费者如何从这一愿景中得到更大价值。

2. 对加盟商：实现利益共享，共同富裕

关键词：共享＋富裕

优点：让加盟模式简单易懂，便于招商。

缺点：没有体现人生价值格局，不易吸引高端人群加盟，所以面对加盟商的愿景表述会直接影响企业利润和市场占有率。利益共享，共同富裕，比较直观地解释了加盟合作的本质，简单易懂，但是仍然缺乏有策略地进行差异化表述，没有阐发加盟商职业选择的意义和价值观的内容。这是很多企业品牌战略中呈现的问题，品牌愿景大多在阐述企业的目标、商业模式，而不

是站在消费者和合作伙伴的立场进行战略策划。

以招商加盟为特色的品牌愿景，价值认同非常重要。如 7 - 11 便利店对合作伙伴的愿景"加盟 7 - 11 就是选择了对的人生""优势互补、开展共同的事业"，就提到了人生与事业，这对加盟商的价值认同来说是有益的。

价值认同和对人生价值格局的彰显，可以让原来对这个行业毫无兴趣的高学历人才、成功企业家纷纷进入这个行业。这就是品牌愿景所带来的感染力和影响力。如果只强调能赚钱，大家一起富裕，还不足以吸引高端人才，而高端人才的加盟才是市场格局开拓的真正驱动力。

3. 对社会：服务"三农"，做中国城乡商品流通综合服务运营商

关键词：服务"三农" + 城乡流通。

优点：品牌定位清晰明确。

缺点：社会责任、品牌价值观仍然表述得不明晰，中国企业家已经开始认识到作为企业公民，企业对于社会是负有责任的。这一责任不仅仅体现在利税回报上，企业还负有带动正确价值观传播的责任。当企业面向社会进行品牌愿景的推广时，找准自身定位只是满足了初期建设的需要。从长期发展角度衡量，社会愿景是需要国际共识观念输出的。

例如，7 - 11 便利店的社会愿景是"力争做环保达人，以呼吁全球发展环保"。与酷铺要构建一个全新的零售经济共享生态圈相比，看似环保的着眼点很小，但是环保是具有国际共识的观念，是每一个消费者、每一个加盟商都面临的共同问题。国际共识观念的推出，有益于品牌内含的塑造、消费者忠诚度的建立和品牌差异化的形成，最终为企业带来更大的收益和稳定的市场份额。所以，建议酷铺在社会属性的品牌愿景中，找到自己要坚持推广的价值观，将这个观念不断推广给受众和合作伙伴。

虽然便利店、超市零售在商品上的差异不大，但是，罗森关于"我们让共同生活的城市变得更美好"、好德关于"让人们有更多的时间去享受生活"等品牌价值观的输出，让它们各自的品牌形象立刻变得鲜明，这也是说品牌愿景是一个品牌创建时就必须考量的战略级问题的原因。

（二）品牌战略分析

品牌战略是实施品牌愿景的具体策略。品牌战略目标首先要明确品牌应实现什么样的成果，以便适时采取激励与催化措施。品牌目标不等同于企业经营目标，品牌目标以消费者认可度、忠诚度、美誉度、品牌号召力为关键因素，而企业经营目标以盈利为主导，更注重企业自身的发展状况。

1. 酷铺战略目标分析

酷铺的品牌战略目标，对商业模式、行业定位、商业功能、助力集团国际化进程等都进行了清晰表述，在中国企业品牌战略目标制定上，已经属于比较优秀的定位（见图5）。

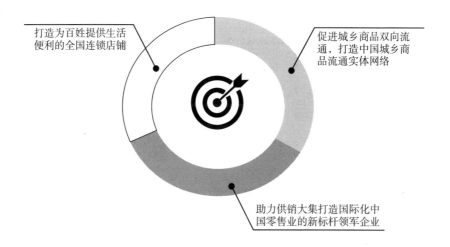

打造为百姓提供生活便利的全国连锁店铺

促进城乡商品双向流通，打造中国城乡商品流通实体网络

助力供销大集打造国际化中国零售业的新标杆领军企业

图5 酷铺的战略目标

但是，由于中国品牌发展仍处于相对较弱的阶段，企业往往只是站在自己的角度去制定品牌目标，而忽视战略目标带给消费者和加盟商的感受与直接反应。

建议酷铺在品牌战略目标制定过程中，多一些双向思维，让战略目标不仅仅是一句口号，还要能够对市场起到更大的推动作用。国际品牌进军中国市场，需要有很缜密的品牌战略做支撑，其战略目标安排可以供中国品牌做

参考。

就品牌目标来说，差异化越明显，越贴近消费者和加盟商，其长远发展动力就越强。7-11便利店从短期、中期、长期分别制定了品牌战略目标（见图6），正好与其品牌愿景所表达的价值观相吻合，不仅能直接向消费者和加盟商传达情感、价值观，而且更容易从小处着眼，进行有效的战略策划。品牌战略目标的制定原则上可以以5年为一个周期，不断循环深化，递次推进。质量水平、市场占有率、市场影响力、品牌美誉度等因素最好在品牌战略目标中得到体现，这样便于提升对品牌、项目的信任度和参与愿望。

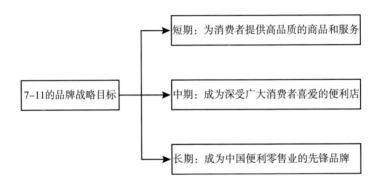

图6　7-11便利店的品牌战略目标

2. 酷铺品牌战略定位分析

实体网点：供销大集服务"三农"的载体，重点打造的线下核心产品。[1]

B2B平台：掌合天下、大集网贸B2B平台供应链作为基础支撑。[2]

加盟连锁：以轻资产模式，规模化快速拓展实体零售网络。

酷铺以规模化商品采购及低价商品供应优势，以提供各类加盟服务项目为手段，通过统一配送、统一服务、工业品下乡、农产品进城，缩减流通环

---

[1]　《"酷铺"开创中国零售新蓝海》，搜狐网，2017年6月9日，http：//www.sohu.com/a/147429531_393283。

[2]　《"酷铺"开创中国零售新蓝海》，搜狐网，2017年6月9日，http：//www.sohu.com/a/147429531_393283。

节，为加盟门店提供优质商品和服务。加盟商可共享强大的开店团队资源、供应链资源、物流配送资源、电商平台资源、金融服务支持等。[①]

3. 品牌现状

（1）业务范围：商超零售、连锁加盟、B2B 平台。

（2）加盟门店：第一，酷铺门店包括社区超市、镇村商店、洗衣店、面包店等服务城乡居民的各类型门店，主要经营日用消费品、农贸产品，提供各类便民服务，是集线上线下商品销售与配送功能于一体，旨在为百姓提供生活便利的全国连锁店铺[②]；第二，直管超市，其中包括大卖场、综合超市、便利店、高端超市。

（三）全国发展情况

全国布局酷铺门店目前以湖南家润多、陕西民生家乐、宝鸡商场、上海家得利、江苏南通超越、广东乐万家等连锁超市为其重要的中坚力量，分别在陕西、湖南、上海、广东等地设有分公司，大力拓展酷铺业务，实施品牌升级扩张，助推供销大集实现酷铺实体网点在全国 33 个省级行政单位的全面覆盖。

业务模式以地方本土企业为主体，推进酷铺业务。例如，酷铺湖南分公司正是以旗下湖南本土企业"家润多"为经营主体，以推进酷铺业务为核心，以传统商超业务转型、新业务拓展、资产管理为重心，在深耕湖南地区的同时，加快在华中地区各省市的发展。

（四）商业模式

1. 加盟服务

加盟服务是酷铺的核心业务，也是开展其他业务的基础。酷铺力争覆盖全国城乡，面积为 100 平方米以上、1000 平方米以下的社区超市及便利店，

---

① 《"酷铺"开创中国零售新蓝海》，搜狐网，2017 年 6 月 9 日，http：//www.sohu.com/a/147429531_393283。

② 《向全国征集 10 万"酷铺"创业店主》，搜狐网，2016 年 4 月 22 日，http：//www.sohu.com/a/70857848_117179。

构建实体零售网络，让城乡商品高效流通。

2. 电子商务

电子商务是酷铺的重要辅助业务，为每个实体店加盟商免费开放 B2B 订货平台。用户批发订货流程实现 O2O，而且选择空间更大。

3. 金融服务

为加盟商提供小额低息贷款服务，缓解其资金流通压力，加盟商可以享受农业专项资金和补贴。金融服务起到为业务发展提供辅助和支持作用，其本身并无盈利目的。

（五）品牌客户定位

品牌客户定位与品牌战略实施有着最密切的关系，只有明确客户定位，才能够最大限度地提升品牌战略执行效率。进行品牌推广，酷铺需要明确三个类型的客户定位。

1. 消费者定位

通过减少流通环节、降低成本来吸引普通消费者，面向城乡普通消费群体。

2. 加盟商定位

具有零售技术学习能力的城乡全职创业型个体、夫妻或团队。

3. 市场定位

满足社区居民、校园师生日常生活用品的需求以及提供收缴水电费、出售彩票等服务。

五 酷铺品牌战略诊断结果

（一）商业模式创新，充满诚意

从酷铺的商业模式来看，"加盟＋电子商务＋金融服务"模式，是酷铺的创新型发展模式。尤其是金融服务模式的创新，解决了对项目、品牌信任度的问题，也解决了加盟商资金问题的困惑，让这一商业模式更加完美。

（二）品牌战略定位清晰，市场整合前景值得期待

从酷铺的客户定位、市场定位来看，已经很明显地区别于大型超市、7-11高端社区服务等客户定位，找准了相对被忽略的城乡部分消费者和创业者群体进行服务。而这个群体在中国数量巨大，随着经济的发展，他们的消费能力提升最快，与大城市高端消费人群相比，这一群体更聚焦普通日用品、普通电器产品消费，是中低端产品最好的去库存市场。所以，这一品牌战略定位无疑让酷铺具备了巨大的市场想象空间和持续性消费空间。而这一市场长期以来被个体小铺占领，一直缺乏真正的品牌企业，这也是酷铺只用一年时间就以品牌实力迅猛整合这一市场并取得高速发展的重要原因。

（三）品牌战略提升建议

从企业长期发展和品牌长期推广方面着眼，酷铺可以多借鉴7-11便利店这类具备较高国际化水平的同行的经验和品牌策略。酷铺这一品牌是要直接服务于最普通的消费者的，所以要从小处着眼，为消费者服务的心思越细腻，品牌美誉度和忠诚度就会越高，加盟商的积极性才会更加高涨，才能形成一个积极的良性循环体系。

7-11便利店在"便民"方面采取的各种举措、在深入研究目标客户需求方面所做的努力，以及在商品挑选和摆放的差异化方面，酷铺都可以借鉴。

7-11便利店的自有品牌"7-Select"系列产品已经涵盖茶饮料、果汁、干果、微波即食冷冻食品、薯片、啤酒等。7-11便利店还在不断扩容，其店内"7-Select"等各种自有品牌商品已经占据20%的份额，该数据是同业的3~5倍。

鉴于酷铺拥有城乡之间物流资源优势，可以借鉴这一自有品牌模式，形成酷铺自有品牌，这样对于推广酷铺品牌、吸引加盟商、提升消费者信任感、增加企业利润都将产生极大的推动作用。

六 品牌价值体系诊断

将品牌价值体系模型（见图7）作为诊断工具，对酷铺的品牌价值体系进行梳理。

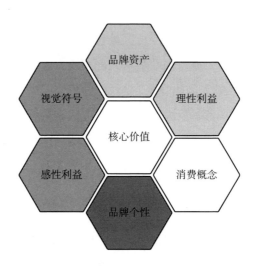

图7 品牌价值体系模型

酷铺的核心价值是：分享价值，进行资金帮扶，相互成就。

符合大众创业的潮流，也具备足够的市场空间和加盟商资源，金融帮扶的创新，与竞争品牌产生差异化，更加人性化。打造共享顾客、共享信息、共享物流、共享采购、共享金融和共享经营成果的"新零售"平台的营销战略，为拓展市场赢得一定的先机。

对于加盟伙伴的价值诉求，酷铺完成得比较好，但是对于消费者的价值诉求，仍然需要进行认真的研究并加以重视。毕竟，酷铺品牌面对的是两类不同的客户，消费者对品牌的价值认同也直接影响加盟商的利益和信心，因为加盟商是没有能力和财力去完成消费者行为分析、品牌口碑塑造等任务的。这在众多的品牌要素中，都体现出了同样的问题，值得引起重视。

（一）品牌资产

经 Asiabrand 评价，酷铺的品牌价值为 88.38 亿元。

酷铺资金雄厚、模式创新，荣获"2017 中国品牌 500 强"。

酷铺是供销大集集团"铺、网、集、链、投"发展战略中的重要一环。而供销大集集团是由世界 500 强海航集团和中华全国供销合作总社共同成立的，拥有雄厚的资源和实力。所以，酷铺与其他超市、便利店的竞争品牌相比，具有明显的供销、金融、市场等资源优势。所以，虽然酷铺品牌比较年轻，拓展时间只有一年，但是品牌竞争力和品牌价值在连锁加盟便利店行业已经具备很强的竞争力。

（二）视觉符号

VI 系统：简洁却不简单，传统却不乏新意。

标识整体造型为酷铺汉字，易于中国市场识别，方便传播。图形以上扬的旗帜为造型，红旗有价值观的带入感，比较积极向上；"酷"字提取了钱币的形态转换，符合中国商业文化偏好；"铺"字运用结合海航集团标识的元素，体现出与海航集团一脉相承。

酷铺 VI 设计简洁、易于识别，色彩选择比较符合酷铺定位的"民族品牌"愿景和战略，色彩鲜明也符合酷铺面向的城乡普通消费人群的生活环境与审美习惯。

视觉效果：很酷、很有趣。

无论是字面意义、发音、视觉审美，还是中英文写法的设计，都非常符合个性化、时代化、互联网化的时代特性，给一个为普通百姓提供最基础服务的店铺，融入了非常现代感的文化内涵。中文"酷铺"与英文"CCOOP"相结合效果更佳。应该说，酷铺的命名及 VI 设计在此行业中非常具有引领性，并不输于国际品牌。

（三）感性利益

以消费者为中心，体贴，提倡品质生活。

酷铺锁定城乡服务区域，这一区域的服务业态和功能往往比较简单低端，缺乏感性利益的培养和输送。一旦消费者感受到有一个符合他们定位的品牌在积极培养高情感的价值观、在珍视他们这些普通消费者，那么会比较容易快速产生认同感，这对于品牌口碑和市场活力都有很大的益处。

（四）理性利益

便利，绿色，原生态，好品质，可信赖。

酷铺拥有供销大集集团的资源优势，从农产品进城到各类产品下乡，具备强大的货源组织、物流组织、质量监督保障等能力，所以可以为普通消费者提供健康、便宜、新鲜、优质的农产品和有质量保证的其他产品。这是大型企业资源优势的体现，也是中小企业主、私人创业者无法与之相比的优势资源，所以更容易建立品牌信任度和消费者的忠诚度。

（五）品牌个性

分享精神，开拓精神。

"分享精神，开拓精神"并不是一种品牌个性。分享与开拓并不是酷铺所特有的个性特点，而是一种共同的精神，可以作为企业文化存在。酷铺在这一要素上还没有挖掘。其实品牌个性在中国的品牌建设中普遍是弱项。我们过于关注商业模式、市场、利润，而最能对消费者产生认知和共鸣的品牌个性却往往容易被忽视。

在与消费者的沟通互动过程中，标志、形象、个性逐级递进，"个性"是其中最高的层面。品牌个性比品牌形象更突出、更深入、更具有吸引力，形象聚拢注意力，造成认同，个性则可能导致崇拜。品牌个性最重要的特点是具有情感方面的感染力，能够刺激消费者及潜在消费者的兴趣，保证消费者品牌情感转换的连续性。例如，喜力啤酒的"Green Your Heart"表达出一种豁达的品牌个性；Debeers钻石的"钻石恒久远，一颗永留存"表达出坚贞永恒的品牌个性。

酷铺在表述自己的品牌个性时，如果突出"分享"与"开拓"精神，也并非不可以。但是如果品牌个性定位于分享、开拓，那么一系列的品牌相关要素都要向这一定位靠拢。而从目前酷铺的品牌战略和品牌推广手段来看，并没有把分享和开拓作为自己的品牌个性来进行整体打造，这种定位更容易被理解为是针对加盟商而进行的价值观输出，是为了引起加盟商的创业共鸣。

但是，消费者才是品牌最终的支持者，酷铺也有责任对加盟商的利益负责，提供面向消费者的品牌个性塑造，提升市场认知度和认同度。例如，可以考虑从"便利""关爱""安全""倡导环保"等诸多方面去呈现自己的品牌个性，吸引消费者对酷铺品牌价值观的崇拜和认同。

（六）消费概念

物美价廉、便利丰富。

消费概念的引导直接影响消费者的购买行为和动机，能够更有效地吸引目标消费人群，如酷铺的消费概念就会对图便利的上班族和社区普通居民、退休老年人群有更大的吸引力，符合酷铺的市场定位和品牌愿景。

但是，消费概念不仅仅是物美价廉这样一句套话，还需要进行更形象、更可以被感知的理念推广。如奥妙洗衣粉着力表现因为产品高效，所以物美价廉。这就比硬性地说自己物美价廉更加合理、可信。

小结：根据便利店的行业特点、发展趋势，以及公司自身发展战略，酷铺品牌核心价值的进一步提升应遵循以下原则：①能为客户和消费者带来直接利益与价值；②能帮助公司实现经营溢价；③能成为公司和加盟商的行为准则。

七　品牌管理体系诊断

（一）品牌管理

（1）品牌沟通过程需要管理，品牌管理使品牌具有生命力，保持一种

动态的平衡，保持信息的一致性和权威性。

（2）品牌管理能够使企业的品牌创建工作具有明确方向，制定提升品牌资产的营销传播策略，打造个性鲜明的品牌形象。

（3）品牌管理能够内化为内部员工的品牌执行力，推动品牌建设与品牌维护更新。

（4）品牌管理的任务是由专门组织制订计划，负责按一定的流程实施计划并对计划的实施效果进行评估和考核，在此基础上加以调整和改进。

（二）品牌管理组织制度

在现代企业的组织结构中，品牌管理组织制度是实现品牌价值维护和提升的基本保障，但目前很多企业并没有根据自身品牌特点，完善品牌管理组织制度体系。典型的品牌管理组织制度有公司经理负责制、职能管理制、品牌经理制等。

（三）酷铺品牌管理组织诊断

VI手册和品牌管理手册：有。

专门的品牌管理部：无。

品牌第一负责人：人力资源行政部总经理。

品牌第一执行人：人力资源行政部行政管理中心经理。

酷铺品牌管理组织的优势：①企业资金雄厚，市场格局宽广，为品牌管理奠定了良好的基础；②高层领导对品牌战略高度重视；③中层领导对品牌管理认知度较高；④酷铺成立至今，带着良好的创新基因，积极开拓，关注并改善城乡居民生活，形成了酷铺企业文化——心怀社会、和谐共生，良好的企业文化沉淀是酷铺内部品牌管理的突出优势，普通员工对企业整体管理认可度高；⑤有过酷铺购物经历的消费者，对酷铺品牌的评价多为积极认可的正面评价（通过外部调研）。

酷铺品牌管理组织的不足：鉴于酷铺的行业特点和连锁加盟的商业模式，酷铺品牌不仅需要针对加盟商进行品牌战略制定、品牌推广和品牌管理，而且要肩负面向市场和消费者进行品牌认知度和公信力提升的任务，所以任务是双重的，也是艰巨的。面对不同的客户群体，需要酷铺总部设立专业、专职的品牌管理部门，来制定完善的愿景、战略、价值体系、推广策略和严谨的管理体系。

另外，一旦加盟商加盟后开店，酷铺与加盟商之间就存在产品供应链体系的供需关系，酷铺还要对每个店铺的形象、管理进行指导，因此比一般行业和产品的管理难度要大，这就对酷铺标准化品牌管理提出了更高的要求。仅仅靠人力资源负责人来监管品牌，无法达到品牌战略规划的高度，无法进行前瞻性的品牌战略制定，明显是对未来长期发展不利的因素。

所以，在品牌管理的组织架构方面，有待规范和完美，形成良好的横向沟通机制。制定各类明晰的品牌管理手册，并严格按手册执行。

例如，7-11便利店采用自上而下的品牌管理架构：总公司对品牌负总责，负责品牌的规划、推广、规范和监督，指导并约束营销经理的品牌推广行为，营销经理负责将品牌与产品特性相结合，实行双向负责制。

酷铺管理组织者的职责如下。①完整了解品牌资产的构成，理解品牌资产各项指标（如知名度、品质认可度、品牌联想、溢价能力、品牌忠诚度等）的含义。结合企业的实际情况，制定本企业品牌建设所要达到的品牌资产目标，做到有的放矢，避免不必要的浪费。[1] ②以品牌资产目标为核心，策划实施低成本提升品牌资产价值的营销传播策略。[2] ③定期检核品牌资产提升目标的完成情况，适时调整品牌资产建设目标与策略，实现品牌管理的动态化。[3]

（四）酷铺品牌内容管理诊断

现阶段酷铺品牌内容管理尚处于建设阶段，拥有 VI 标识系统，但是尚未

---

[1] 《科学地管理各项品牌资产》，因惟设计网，2012 年 3 月 29 日，http：//www.yw0577.com/newsview.asp？id=62。

[2] 《科学地管理各项品牌资产》，因惟设计网，2012 年 3 月 29 日，http：//www.yw0577.com/newsview.asp？id=62。

[3] 《科学地管理各项品牌资产》，因惟设计网，2012 年 3 月 29 日，http：//www.yw0577.com/newsview.asp？id=62。

形成可以指导品牌管理的规范完整的 VI 管理手册和应用体系指导手册。对品牌形象和品牌体验的一致性进行有效的管理，不仅需要通过标识、颜色、名称等内容来体现，而且需要品牌管理部门制定相应的品牌体验策略和计划。

酷铺需要完成更多的与品牌内容相关的建设，主要如下。

1. 视觉规范

原则：严格按照 VI 手册的规定监督进行。

内容：行政事务用品系统、商业环境空间系统（各加盟店铺）、招牌指示系统、服饰配件类、交通运输类、对外广告传播版式、LOGO、品牌广告应用、App 等。

2. 项目命名规范

制定项目品牌命名原则。

3. 品牌宣传品使用规范

原则：严格按照《品牌视觉管理手册》的规定监督执行。

内容：企业广告片、品牌海报、道旗、围板、宣传画册等所有有关企业宣传品的制作、使用场合、内容、色彩规范。

4. 品牌传播管理规范

原则：严格按照《品牌视觉管理手册》以及每年的品牌计划执行。

内容：项目品牌背书、项目传播中品牌策略与个性体现不违背原则、执行公司每年制订的品牌传播计划、根据一线店铺的需求合作传播、新城市进入的推荐性传播等。

5. 其他规范

①品牌管理人员、品牌环境、市场沟通、服务设计等各个环节的标准化；②设置品牌危机管理预警机制。

八　品牌传播体系诊断

品牌传播是企业的核心战略，也是超越营销的不二法则。品牌传播的最终目的就是要发挥创意的力量，利用各种有效发声点在市场上形成品牌声浪。品牌传播是企业满足消费者需要、培养消费者忠诚度的有效手段，是品牌力塑造的主要途径。[1]

（一）品牌传播方式

品牌传播方式有多种，如广告传播、公关传播、促销传播、人际传播，还有所谓的提升品牌形象新方式，即基于信条的提升方式、基于缺憾的提升方式、明星推广方式等。[2]

（二）酷铺品牌传播手段诊断

1. 主要传播手段

传统媒体：报纸（报纸广告和软新闻）与销售物料。

互联网媒体：门户网站的报道。

新媒体营销：百度搜索、微博、微信。

活动营销：开展户外活动。

关于传播效果，微信的传播效果最好，百度搜索虽传播较广，但效果较差。

公众了解酷铺的渠道主要有三种：百度搜索（8万多条）、报纸（17万次）、微信（128条）。

酷铺品牌传播手段诊断结果如下。

（1）传统媒体投放不足

鉴于酷铺的行业特色和亲民特性，酷铺品牌仍然需要倚重传统媒体，不能放弃重要的报纸、电视等可影响普通消费者信心和公信力的媒体平台。不论是以品牌形象展示、价值观带动，还是单纯的促销信息传播，都要考虑到传统媒体对品牌建设所产生的背书意义。

（2）新媒体传播力度弱

新媒体传播已经成为百姓生活的一部分，并强力挤压传统媒体的传播份

---

[1] 《AD》，百度百科，https：//baike. baidu. com/item/AD。

[2] 《提升企业品牌形象影响力三大策略》，凤凰财经，2012 年 11 月 19 日，http：//finance. ifeng. com/roll/20121119/7317719. shtml。

额。但是新媒体传播并不是自己建设一个公众号，或者在某些新媒体上发一些推广文章那么简单。

由于新媒体推广更加简单便利，人人可以介入传播行列，信息混杂，所以更加需要专业团队来制定有效的目标、策略、内容、表现形式、发布频率、制造爆点等。

酷铺在新媒体方面的建设还有非常大的提升空间，这也是一种投入小、影响力大的传播手段。

新媒体可以让酷铺的信息得以快速传播，如读书 App 可以帮助酷铺进行标准化营销和信息管理。

（3）面向消费者的投放不足

在之前的各项品牌要素的审核诊断中发现，酷铺基本的品牌建设大部分是面向加盟商进行的，而在面向消费者的品牌价值体系内涵建设和价值观的输出上属于薄弱环节。

（4）加盟不能只靠搜索

百度搜索是加盟企业最常见的传播手段，但是，各类加盟信息过于泛滥，就会造成加盟者无法确认信息的有效性，甚至基于竞价排名而无法看到某些想要搜索的信息。因此，需要制定综合信息投放策略，这项工作可以与专业品牌服务团队合作，尤其是具备大数据应用以及数字化营销经验和能力的专业团队。

（5）完善综合媒体发布平台

PC 端及移动端网络建设、公众号运营、多媒体内容整合营销等是一个有机整体，需要酷铺制订完整的媒体计划来帮助加盟商加盟，赢得消费者认同。

2.事件营销、公益活动传播

（1）事件营销

事件营销是企业通过策划、组织和利用具有新闻价值、社会影响以及名人效应的人物或事件，吸引媒体、社会团体和消费者的兴趣与关注，以求提高企业或产品的知名度、美誉度，树立良好的品牌形象，并最终促成产品或服务销售目的的手段和方式。①

事件营销和硬广告不一样，它的本质是公关，实现公众和品牌两者之间的共鸣和共振。如果运用得当，可以花较少的钱取得很好的宣传效果。②

不同类型的著名事件营销案例有：杜蕾斯"百人试套"直播（利用人的猎奇心理，打擦边球）；《百鸟朝凤》下跪营销（利用人的怜悯与同情心）；"黄小厨"公司剽窃公关公司创意（利用人的是非观念）；百雀羚的一组一镜到底的神广告（不要转化率只要曝光量）；"3·15"晚会，华为手机成为亮点（危险带来好奇和机会）。

（2）公益活动

企业以"企业公民"身份承担某种社会责任，通过赞助社会活动、公益活动等，为社会创造价值。企业公民的形象虽不能直接促进销售，但从长远看，它能借助良好的社会效应，提升品牌知名度和美誉度，为实现产品销售和提升品牌形象创造双赢。

（3）酷铺在社会公益等方面的行动

2017年7月，酷铺紧急调拨50万元赈灾物资驰援湖南灾区。

2016年12月，酷铺举办农产品义卖活动，提高农民收入。

酷铺虽然开展了社会公益活动，但非常有限，在特定人群中产生了较大的影响。所开展活动契合酷铺"老百姓信任的民族品牌"的企业精神，但是在品牌关联性、活动主体性、活动互动性方面零散而不成体系。

对比7-11便利店坚持表达品牌价值观输出的做法，不难看出7-11便利店不是在等待事件热点，而是始终坚持以"环保达人"的概念来统领其所有的公司社会现象宣传。这样的形式会给人一个很专业、很负责任的零售企业形象，在传播效果上相对比较有力。相比之下，酷铺并不缺乏对社会的付出与承担，但缺乏一种方法来把酷铺的"企业公民"形象系统化。

---

① 《事件营销》，搜狗百科，https://baike.sogou.com/v342871.htm? fromTitl。

② 《阿拉丁》，百度百科，https://baike.baidu.com/item/aladdin。

（三）人际传播

1. 人际传播的特点

人际传播是形成品牌美誉度的重要途径。相关研究显示，消费者对其他使用者介绍的品牌、品质等方面信息的相信程度，是广告宣传的 18 倍。[①]

人际传播传递和接收信息的渠道多，方法灵活。

人际传播的规定性不强，随意性较大。

人际传播的双向性较强，反馈及时，互动频度高。

2. 酷铺品牌人际传播现状

顾客反馈汇总如下。

品种不算少，有特价商品时还挺便宜的。

家润多超市旗下的新型购物天堂。

跟一般的超市差不多，没事可以过来逛逛。

这家店卖的水果和蔬菜品种很多，价格也便宜，水果和蔬菜都很新鲜，很实惠。

这里东西价钱便宜，离家也近。

东西还是蛮齐全的，周边是居民区，所以生意还不错。

菜很新鲜，而且价格比菜市场要便宜，工作人员也比一些大型超市要亲切。

透明化的装修风格，年轻人比较喜欢。

平日的一些日用杂品，买菜时可以顺便去买一些带回，非常方便。

环境不是很好，总是旧旧的，主要是附近居民来买。

收银员是"林妹妹"，超过一只手的距离就要使唤大家把东西拿过去扫码。

对于服务，也别期望太高，反正我都是交钱拿东西快点离开的。

这家店的工作人员服务态度不好，给人印象有点差。

---

① 《品牌传播的途径》，百度文库，https：//wenku. baidu. com/view/d8c8e62bed630b1c59ee
b52f. html。

3. 小结

顾客对酷铺满意的地方：商品丰富、价格实惠、品质优良、位置便利、结账便利。

顾客对酷铺不满意的地方：工作人员服务态度不好、店面装修老旧、照明不好。

人际口碑传播作为大众传播的补充，在品牌多级传播中起着至关重要的作用。人际传播的运作周期较长，其间必须有其他传播手段的配合，这样形成的立体品牌推广传播效果才会好。例如，通过有影响力的公关活动、事件营销，达成与消费者的有效交流与沟通，促进消费者对企业的认可。媒介传播、公关活动、事件营销、人际传播是环环相扣的，将各种手段充分合理利用，以整合传播的超强辐射力推动酷铺品牌建设。

（四）酷铺品牌对内传播诊断

1. 对内传播目的

对内传播的目的在于让员工了解企业的品牌文化，以及企业品牌的内涵与个性，以便在企业与员工之间形成一种深度的良性沟通，使企业品牌的价值观与员工的价值观高度一致。提升员工的向心力、凝聚力与归属感，产生一种大大激发、调整员工工作热情的传播效果，培育和增强员工对企业的认同感和责任感，使企业内部形成良好的企业文化。在企业内部形成强大的凝聚力，在企业外部树立卓越的企业形象，从而提升企业的整体竞争力。

2. 对内传播内容

（1）内部媒介

酷铺网站、企业微信、酷铺公众号、酷铺微博、宣传栏、横幅、内刊等都是内部品牌宣传的重要阵地。要结合企业内部实际情况，系统实现品牌对内传播。

（2）内部活动

举办各种会议和活动，如公司运动会。另外，新员工入职仪式、公司营销年会、公司年终总结大会、部门例会等都是内部品牌传播的好机会。

（3）企业固定场所

展厅过道、会议室、接待室、办公室等固定接待场所也可以成为内部品牌传播的重要阵地，可有重点地展示品牌，起到潜移默化的作用，从而有效提升品牌。

九　酷铺 SWOT 分析

（一）优势

酷铺背靠海航和供销大集，有较强实力，以及充足的资金优势和资源优势；物流和供应网络强大，大大降低了成本，具有市场竞争优势；产品品质优良，品种丰富，商品有价格优势，拥有自有品牌；所瞄准的市场具有巨大发展空间，具备充足的加盟商资源；加盟门槛低，符合万众创业的潮流，符合品牌愿景规划；具有企业责任感，有意识地进行社会公益活动；高层领导重视品牌建设，对企业品牌建设具有重要意义。

酷铺拥有 B2B 订货平台，为加盟商提供了便利的技术支持；开创性地为加盟商提供金融服务和支持，是增强竞争力的有力手段，也充满人文关怀，容易在加盟商群体中产生情感共鸣和价值观认同。

酷铺在名称设计和 VI 设计上非常成功，拥有鲜明的品牌形象，符合民族品牌的形象担当，同时具备时代感，能充分体现酷铺品牌的内涵。

（二）劣势

酷铺没有将两种类型的客户（加盟商、消费者）区分开来，形成针对不同客户群体的品牌建设体系。

酷铺在品牌愿景、品牌战略、价值体系方面更多地着眼于近期利益，注重面向加盟商进行品牌推广，但是面向消费者和市场的品牌愿景比较模糊，没有完善的品牌战略，尤其是在价值观方面，只强调创业、分享、成功，这明显忽略了消费者立场，酷铺需要在这方面重新进行品牌战略的梳理，重新制订可行性计划。

酷铺没有单独成立品牌管理职能部门，品牌管理人才也没有足够储备，所以很难从企业发展的战略高度制订完善的整体计划，容易分散财力、物力，这对品牌宣传效果也会产生影响。品牌价值观和能够体现价值观的口号尚未出炉，很难形成鲜明的品牌个性。酷铺需要在品牌个性和价值观方面做深入研究，借助专业团队，形成自己的鲜明形象、观点、价值理念，从而影响加盟商和消费者。

店铺品牌视觉效果只限于 VI 呈现，并没有进行有针对性的店铺环境装修、装潢的策划。一个好的策划方案仅从实体店铺上就可以带给消费者、加盟商一种个性鲜明、观念现代、很酷很有趣的生活理念。在这方面，酷铺的店铺还是显得有些缺乏设计感，与一般便利店雷同。

这个问题不难解决，但是有一个原则要遵循，那就是一切的呈现方式都要和品牌灵魂、价值观相符合。

酷铺还没有找到自己最能吸引客户的个性，形成一句有感染力、形象生动的 Slogan（广告语、口号）。可以学习借鉴其他品牌的成功广告语，进行自身广告语的设计。例如，循着"酷铺"这个名字的创意思想，往下进行梳理，就是一条不错的路径，把酷铺人格化、亲民化、形象化的一面宣传出来，而不应该再在类似创新、共享、成功这一类空洞词语上下功夫。

酷铺需要健全品牌管理机制和标准化执行手册，不能忽视其重要性。日本企业之所以能够做到精益求精，就是因为注重细节。日本丰田公司的一次媒体曝光事件，媒体接待手册就有几十页。这看似烦琐，却对管理非常有用，能够确保所有环节都有对应人、对应方式，并予以完美执行。这非常符合酷铺需要针对加盟商进行管理、需要针对消费市场进行品牌推广的需求，这一工作可以学习日本企业的做法，委托专业团队进行。

（三）机会

随着城市化进程的不断推进，市场需求旺盛，发展空间足够大，外资品牌并不能覆盖全层面和全市场，所以国内便利店品牌有很大发展空间。尤其

是酷铺的市场定位与 7 - 11、罗森等便利店是错位开的，具有很大的受众差异化，城乡市场正是一块蓝海，其发展相对较弱，农村便利店市场更是基本处于空白，因而与国际品牌接轨反而有一定的难度，国际品牌不敢在时机不成熟时轻易涉足，造成这一巨大市场基本没有具备品牌竞争力的企业。

所以对酷铺来说，这是靠实力、靠专业、靠金融手段进行市场大整合的最佳时机。一旦整合完成，其他品牌便很难再来竞争，因为竞争成本将会被提高很多。

（四）威胁

宏观经济持续低迷，综合成本不断上涨，众多强大超市品牌进入便利店行业，如家乐福 Easy、乐购 Express、正大优鲜、京东便利店；国际便利店品牌也正在加大中国市场的布局，所以便利店行业也面临各大强势品牌的竞争。

酷铺需要在此轮激烈竞争中，找准自己的品牌个性、差异化市场。相信以酷铺拥有的资源优势和背景，只要品牌战略制定得当，重视品牌打造和推广，成为便利店行业一块响当当的牌子还是机遇大于挑战。

十　品牌管理建议

（一）品牌战略方面

1. 制定"双轨并行"的客户品牌战略

一是面对加盟商的品牌营销战略，二是面对消费者的品牌建设推广战略。就酷铺的加盟招商模式而言，双轨并行品牌战略是品牌建设的基础，不能忽视任何一个层面的建设。

2. 重新梳理、树立想要输出的品牌价值观

（1）面对消费者，从小处着眼，重视消费者感受，强调品牌带给他们的直接利益和间接利益。例如，可以提倡慢生活品质、环保、绿色有机等生

活和消费理念，让消费者感到间接受益，从而产生共鸣；或者从便利、新鲜、便宜、美观等方面，让消费者产生直接受益体验。

（2）面对加盟商，要强调这一事业的人生价值格局，吸引更多的高端人才加入。

3. 形成个性鲜明的品牌口号

突出品牌个性，形成面对加盟商和消费者的不同品牌口号，对品牌个性的形成和宣传推广都至关重要。以能反映品牌价值观的口号为最佳，如"酷铺，便利享有慢生活品质"就比"酷铺，离你最近的便利店"更能表达出酷铺倡导什么样的生活方式，也更容易产生情感共鸣。

另外，口号一旦确定，整个品牌战略和客户实际体验就必须与品牌口号保持最大限度的一致性，否则会造成品牌公信力受损。

（二）营销策略方面

1. 提高酷铺自有品牌比例，树立大品牌形象

鉴于酷铺拥有城乡之间物流资源优势，可以逐步提高自有品牌比例，这对提升酷铺大品牌形象、吸引加盟商、提升消费信任感、增加企业利润都将起到极大的促进作用。

2. 形成系列主打单品

以单品制造差异化，带动消费者提升对超市品牌的认知度和依赖感，助力品牌个性的形成和口碑传播

可以考虑从绿色有机、酷铺自营、时尚设计与包装、新款发布等不同方向、不同定位考虑单品的选择。

3. 实行酷铺会员制，让消费者享受一定的优惠礼遇

制订系统的全年产品促销方案，包括产品选择、日期选择、宣传内容确定、海报设计、媒体推广平台选择等，都需要做出完整的可行性计划。

4. 建立完善的客户管理体系

建立完善的客户管理体系，保证促销信息顺利传递给会员客户，同时建立有效的媒体推广机制，线下与线上相结合，发布促销信息。

（三）品牌管理方向

1. 设立独立的品牌管理部门

设立具有战略规划高度和前瞻性的专门部门，其具体工作应该是围绕品牌资产目标，策划以低成本提升品牌资产的营销传播策略，并不断核查品牌推广的效果。

2. 完善品牌内容建设

酷铺要在视觉规范、项目命名规范、品牌宣传品使用规范、品牌传播管理规范，以及品牌管理人员、品牌环境、市场沟通、服务设计等各个环节的标准化和品牌危机管理预警机制设置等方面完善品牌内容建设。

（四）宣传推广方面

1. 主动制造新闻热点和宣传内容

与企业相关的新闻和宣传内容不是被动等来的，被动等来的新闻往往是负面的。企业的品牌建设应该主动寻找和挖掘新闻线索，并将其提炼成有利于提高品牌知名度和美誉度的宣传资料。

2. 进行线上整体环境优化和内容建设

制订传统媒体、新媒体、线下相结合的立体推广方案，根据数据反馈结果调整并找出性价比最高的推广方式。

3. 提高事件营销策划能力

有热点蹭热点，没热点造热点，快速反应，确定营销方向和策略。

乐天玛特作为大型超市，因为萨德事件激起民愤，在中国市场遭受重创，而很多中国民族品牌则借表达爱国之心之机树立了自己的民族品牌形象。酷铺既然把成为中国民族领军品牌作为自己的愿景，就要紧紧抓住一切对自身宣传有利的新闻热点。可以借助专业品牌服务公司，快速确定事件营销的核心，借助事件表达自己品牌的价值观，跟随热点赚取关注度；从长期发展的角度，要有计划地制造热点来进行营销传播。

4. 重视品牌价值评价、重要榜单入选以及权威品牌类大奖

品牌价值评价作为无形资产的评估手段，具有科学性和权威性，以数据说话，具有很强的客观性。可以与品牌排行榜、品牌大奖等一起组成品牌公信力和美誉度的宣传基础。

十一 热点问题

（一）酷铺品牌全国影响力尚不够？

区域拓展与品牌建设密切相关。

从定位上，酷铺决心要打破传统超市连锁面临的困局，搭建会员、信息、物流、商品、金融共享平台，为关联商家拓展渠道和提高收益，从而形成良性循环，构建一个全新的零售经济共享生态圈。

但是，如何在完成区域拓展的同时，让品牌影响力也能够随之拓展，就需要酷铺的品牌定位、品牌战略都能够更好地反映酷铺经营的差异化、理念的差异化、合作方式的优越性等。

品牌建设是一个系统工程，需要把基础打牢，在战略制定时就要为覆盖全国市场打下坚实的基础，让品牌成为酷铺开疆拓土的利器。

（二）酷铺品牌如何扩大面上消费者的市场影响力？

消费者对本土品牌的认知度普遍较高，而对酷铺认知度不够的问题，其实还是酷铺整体品牌战略的问题。例如，从麦当劳到7-11便利店，众多国外品牌占领中国市场，都说明了"外来的和尚会念经"的道理，作为"外来的和尚"，对本土消费者的第一印象就是品牌形象，只要重视品牌形象、品牌个性的塑造，吸引当地消费者并不难。

所以，如何打造品牌个性、表达与其他超市的差异化，是品牌区域拓展的重点。比较忌讳大包大揽、样样俱全，而适合用个性鲜明的形象、市场定位、品牌口号在市场上亮相，制定准确的品牌战略并坚决执行。

十二 声明

（1）本报告是由 Asiabrand 根据所掌握的资料独立完成的。

（2）Asiabrand 在诊断对象中没有现存的或预期的利益，对被诊断方不存在偏见。

（3）诊断报告的分析和结论是在恪守独立、客观、公正、科学原则基础上形成的，所有结论仅在诊断报告设定的诊断假设和限制条件下成立。

（4）Asiabrand 具备诊断、评价业务所需的相关专业评价能力。除已在诊断报告中披露的借鉴和引用外，诊断过程中没有运用其他品牌管理机构或专家的工作成果。

（5）Asiabrand 在诊断过程中所使用的数据均来自酷铺提供的资料及其他相关公开资料。

（6）Asiabrand 对诊断对象的法律权属给予了必要的关注，但不对诊断对象的法律权属做任何保证。

（7）诊断报告的使用仅限于诊断报告中载明的目的，因使用不当造成的后果与 Asiabrand 无关。

附 录

Appendix

B.13

企业品牌价值评价

——亚洲星云品牌管理（北京）股份有限公司企业标准

前 言

（一）总则

无形资产被公认为高价值资产，而品牌价值又是企业无形资产中最重要也是被理解最不充分的部分。随着国家品牌战略方针的制定与实施，赋予企业品牌某种价值变得日益迫切。为了响应国家政策，积极推进品牌建设，本标准在国家白皮书标准中的 GB/T29187—2012《品牌评价　品牌价值评价要求》和 GB/T29188—2012《品牌评价　多周期超额收益法》的理论基础上，结合亚洲品牌集团多年积累的实践成果，从财务、行为和法律等方面提供了一套有效的品牌价值评价方法。

（二）与 GB/T29187—2012《品牌评价 品牌价值评价要求》的关系

GB/T29187—2012《品牌评价 品牌价值评价要求》规定了品牌价值评价的一般要求、评价方法、评价依据、评价报告以及评价独立性等通用性内容，是开展品牌价值评价的主要依据。GB/T29187—2012《品牌评价 品牌价值评价要求》规定，品牌价值可采用收入途径、市场途径或成本途径进行评价。选择何种方法进行评价，要视评价目的、价值概念和被评价品牌的特征而定。

亚洲品牌集团依据国家白皮书标准 GB/T29187—2012《品牌评价 品牌价值评价要求》的要求，结合我国实际情况，改进国标中的评价方法和实施细节，形成了一套可实际应用的品牌价值计算方法。

（三）评价方法

亚洲品牌集团结合国标的"多周期超额收益法"与经济学中著名的"市场期权法"，形成了更加符合实际情况的评价方法。

多周期超额收益法考虑品牌在未来经济寿命周期内带来的现金流量，用适当的折现率转换为现值来测算品牌价值。鉴于远期收益存在较大不确定性，难以准确预测，因此将品牌未来收益周期分为近期可预测的高速增长期和未来中远期等多个周期。将品牌强度系数引入品牌价值测算中，反映品牌对未来现金流折现能力的影响。

市场期权法作为多周期超额收益法的补充，填补了品牌发展潜力方面的空白，品牌的发展潜力也是一种选择权，所有者有权利选择以品牌做何种后续投资，也就是说，品牌发展潜力符合欧式期权的特征，也是一种期权，其发展潜力就是品牌持有人未来改变品牌投入规模所获得的收益，可以扩展应用布莱克－斯科尔斯（Black－Scholes）期权定价模型。

（四）参照标准

本标准依据 GB/T1.1—2009 给出的规则起草。

本标准是对 GB/T29187—2012《品牌评价 品牌价值评价要求》提出评价方法具体化，遵循 GB/T29187—2012《品牌评价 品牌价值评价要求》的要求与原则。

本标准起草单位：品牌评价网和 ABAS 专家委员会联合起草。

本标准主要起草人：王建功、周君、葛新权、陈曦、张聪明、陈海涛、李俊。

第一部分 品牌评价 品牌价值评价要求

1 范围

本标准规定了品牌价值的测算程序和方法的要求。

本标准规定了品牌评价的框架，包括目的、评价基础、评价途径、评价方法和合格数据源以及假设。同时规定了评价结果的报告方法。

2 术语和定义

下列术语和定义适用于本文件。

2.1 资产（Asset）

一个实体拥有或控制的合法权利或可组织的资源，这些权利和资源具备产生经济利益的能力。

2.2 品牌（Brand）

与营销相关的无形资产，包括（但不限于）名称、用语、符号、形象、标识、设计或其组合，用于区分产品、服务和（或）实体，或兼而有之，能够在利益相关方（2.7）意识中形成独特印象和联想，从而产生经济利益（价值）。

2.3 无形资产（Intangible Asset）

可识别的无实物形态的非货币性资产。

2.4 品牌货币价值（Monetary Brand Value）

品牌价值（Brand Value）

以可转让的货币单位表示的品牌经济价值。

注：所计算的品牌价值可以是单一数值或数值区间。

2.5 价值前提（Premise of Value）

最适宜价值评价的交易环境假设。

2.6 现值（Present Value）

未来的一笔货币收益折算到当前时刻的价值。

2.7 利益相关方（Stakeholder）

决策受到或可能受到品牌影响的人或组织。

注：通常利益相关方有顾客、消费者、供应商、雇员、潜在雇员、股东、投资者、政府当局和非政府组织等。

2.8 商标（Trademark）

能够将一个企业的货物或服务与其他企业的货物或服务区分开来的，受到法律保护的符号或符号的任意组合。

示例：词语（包括人名）、字母、数字、形象元素和色彩组合。

注1：该定义符合WTO《与贸易有关的知识产权协议TRIPS》中对商标的定义。

注2：商号名称是用于识别企业、协会或其他组织的名称。商号名称可以与用于区分公司的货物和（或）服务的商标相同或不同。

2.9 评价报告日（Valuation Date）

做出评价结论的日期。

2.10 评价基准日（Value Date）

评价输入数据、评价假设和评价结果的有效日期。

3 一般要求

3.1 透明性

品牌货币价值评价过程应透明，包括评价输入数据、假设以及风险的披露与量化，适当的情况下还应进行品牌价值对评价模型中主要参数的敏感度分析。

3.2 有效性

评价应基于从评价基准日起有效和相关的数据及假设。

3.3 可靠性

重复评价时，稳定地得出可比且一致的结论。

3.4 充分性

品牌评价应建立在充分的数据和分析基础之上，以形成可靠的结论。

3.5 客观性

评价人员进行评价时不应带任何形式的偏见。

3.6 财务、行为和法律因素

评价品牌货币价值时，应考虑财务、行为和法律因素，这些因素构成总体评价的一部分。品牌货币价值评价应在财务、行为和法律模块调查结果的基础上进行。

4 具体要求

4.1 目的声明

目的声明应规定预期用途、评价报告使用者、被评价资产、价值前提、评价人员（评估者）资质要求、评价报告日和评价基准日。

根据评价目的界定价值的概念。

4.2 价值概念

品牌的货币价值代表品牌在其预期的有效经济寿命期内所具有的经济利益。通常，货币价值应参照现金流进行计算，现金流参考收入、经济利润或成本节约来确定。

4.3 品牌界定

评价人员应识别、定义和描述被评价品牌。

5 评价途径和方法

5.1 总则

评价人员应采用收入、市场或成本途径评价品牌价值。评价目的、价值

概念和被评价品牌的特征将决定使用哪一种或哪几种途径计算品牌价值。

5.2 收入途径

5.2.1 收入途径描述

收入途径通过参考品牌在剩余的有效经济寿命期内预期产生的经济利益的现值测量品牌价值。

采用收入途径时应遵循的步骤包括估算品牌剩余有效经济寿命期预期内，归属于品牌的税后现金流；选择适当的折现率将税后现金流折算成现值。

5.2.2 现金流的确定

5.2.2.1 一般要求

品牌评价现金流（或可代替的衡量品牌收益的其他标准）应是使用该品牌后产生的现金流与不使用该品牌所产生的现金流之间的差值。确定现金流的方法可参照5.2.2.2。

5.2.2.2 多周期超额收益法

多周期超额收益法通过计算扣除企业运营所需的所有其他资产回报后的未来剩余现金流现值来评价品牌价值。

当企业现金流由几种无形资产共同产生时，为了能够计算各项无形资产的资本成本，此方法要求评估每项无形资产的价值。

5.2.3 财务变量的确定

5.2.3.1 折现率的确定

在收入途径下，没有在未来现金流中反映出来的风险应在折现率中予以考虑。

用以折现归属于品牌的未来现金流的折现率，应由企业整体现金流的折现率，如加权平均资本成本（Weighted Average Cost of Capital，WACC）推导获得。由于企业是资产和负债的投资组合，因此品牌现金流折现率也应反映该品牌的特有风险。

如果在现金流预测或在品牌估计经济寿命中没有明确考虑某些企业特定因素，则应在折现率中予以考虑。这些因素包括但不限于市场、行为和法律风险。

5.2.3.2　有效经济寿命

采用收入途径时，品牌的有效经济寿命应参考被评价品牌所在行业中的品牌经济寿命的一般趋势。所评价的品牌价值不应包括超出品牌剩余有效经济寿命期外的价值。

注：品牌的有效经济寿命可能是无限期的。

5.2.3.3　税收因素

5.2.3.3.1　税率

收入途径中，现金流应采用税后口径。

5.2.3.3.2　税收摊销收益（Tax Amortization Benefit）

评价品牌价值时，应考虑折旧（摊销）所产生的节税效应，必要时可计算出来。

如果品牌价值包括节税价值，评价报告应明确说明，并且在适当的情况下将其单独披露。

5.2.3.4　长期增长率

在收入途径下，超出明确预测期的期间应当用长期预期增长率评价。所使用的长期增长率应建立在合理的经济规律之上。

5.3　市场途径

5.3.1　市场途径描述

市场途径依据市场上与被评价的品牌类似的品牌交易时的价格来估算被评价品牌的价值。

市场途径根据假设被评价品牌出售时预计获得的合理价格估计品牌价值。采用市场途径时，应收集可比品牌成交价格的相关数据，并根据被评价品牌与可比品牌之间的差异进行调整。对于所选择的可比对象，应以收购价格为基础计算价值倍数，这些价值倍数将应用到被评价品牌的价值合计中。

5.3.2　采用市场途径应考虑的因素

采用市场途径时，作为可比的品牌应具有与被评价品牌相似的特性，如强度系数、商品和服务、经济和法律状况。

为保证可比性，可比品牌交易的完成时间应接近于被评价品牌的评价基准日，并在合理的期限内。

评价应考虑到以下事实：各独立方在交易中协商确定的实际价格可能反映了品牌持有者所不能实现的战略价值和协同效应。

5.4 成本途径

5.4.1 成本途径描述

成本途径根据在建立品牌时的投资成本，或复原重置成本，或更新重置成本测算品牌价值。

对品牌的实际投资成本应包括截至评价基准日花费在建立和保护品牌上的所有费用。复原重置成本包括以评价时的价格构建一个具有同等效应的相似品牌所的成本。更新重置成本表示在评价基准日重新创建一个相似品牌所发生的成本，并应按照品牌知名度和品牌强度的潜在损失对再生成本进行调整。

5.4.2 采用成本途径应考虑的因素

采用成本途径时，应将投入与这种投入产生的品牌知名度进行对比分析，不应自然地认为支出与价值之间一定存在某种必然联系。

注：成本途径评价通常建立在历史数据之上，没有考虑企业未来的盈利潜力。

当其他评价途径无法应用，并且可以获得成本估计所需的可靠数据时，可以采用成本途径。

成本途径可用于评价其他评价途径所得评价结果的一致性和合理性。

6 必要的评价输入

6.1 市场和财务数据

为了评估被评价品牌的市场运营状况（如规模、趋势），应对目前和预测的市场销量、价值、利润和渠道等因素进行调查分析评审。评价人员应保证上述评审结论在评价过程中有所体现。

评估应包括所有相关财务数据的分析评价。

6.2 行为方面

6.2.1 与财务状况的关系

为了评价品牌的价值，关键财务参数和评价假设应根据品牌行为方面的分析进行调整。

当采用收入途径时，为了确定可归因于品牌的货币比例和在确定折现率时评估与品牌相关的风险，应进行品牌行为方面的分析。

当采用市场途径时，为了确定适当的价值乘数，应进行品牌行为方面的分析。

当采用成本途径时，为了确定建立等效用的相似品牌的成本，应进行品牌行为方面的分析。

6.2.2 一般考虑因素

品牌评价应明确说明品牌产生价值的方式，并且应考虑品牌经营中，由品牌功能所产生的全部经济利益。

注：品牌价值的核心在于利益相关方的品牌印象和联想。品牌印象和联想能够限制或扩展品牌的不同使用目的。

品牌带来的经济利益很多，例如：

a 品牌创造更好的认知和沟通信息的连接，从而提高企业的各种沟通活动效率，有利于提高品牌经营的利润率。

b 品牌促进产品和服务的差异化，如果差异是有意义的，则对顾客的购买行为有积极影响。这种有意义的差异将产生偏好，最终带来财务增长。

c 品牌有利于获取和保留顾客，从而增强业务的可持续性，为未来需求提供了保证，从而降低企业的经营风险。

6.2.3 确定品牌状况

评价应包括品牌在市场中的形势评估和品牌价值驱动因素。

注：利益相关方对品牌理性或感性的精神诉求将决定品牌未来的成功，从而保持或提高品牌价值，或二者兼而有之。这些关系是品牌效用和品牌忠诚产生的基础，能够带来持续购买并形成品牌溢价的能力。因此，如果缺乏对利益相关方对品牌和竞争品牌感知情况的全面细致的比较分析，那么对品

牌价值和品牌特点风险的评估通常是无意义的。

6.2.4 品牌强度

为了估计将来的销售量、收入和风险状况，评价人员应在利益相关群体中进行品牌强度分析并在评价中予以体现。

注1：用于解释品牌强度的常用指标包括品牌知名度、品牌感知特征、品牌知识、品牌态度和品牌忠诚度。

注2：评价中可获取的品牌强度数据的质量和数量在不同品牌之间有显著差别。

注3：品牌强度受消费行为和趋势的变化、品牌投资、竞争活动和实施商标保护计划的影响。

6.2.5 对需求的影响

品牌评价应与对品牌在其所处的特定市场和行业环境中的相关性评价相结合。品牌相关性描述了品牌施加给市场中目标群体购买决策的影响。应将品牌的行业相关性与公司特点相结合来分析品牌对整体价值的贡献。

注：该信息表明现金流中哪些归属于品牌。

当前和未来的品牌价值均应考虑品牌相关性。因此在品牌价值评价中，应包括对品牌在所调查的市场或细分行业中相关性变化（提高或下降）的估计。

6.3 法律方面

6.3.1 法律保护评价

品牌价值评价应包括对品牌所享有的法律保护情况的评价，需识别：

——品牌所享有的每一项合法权利；

——每一项合法权利的合法所有人；

——对品牌价值产生负面或积极影响的法律因素。

注1：品牌价值评价的一个重要组成部分是确定品牌在每个相关司法领域内享有的法律保护。法律保护是影响品牌价值的一个因素，因为法律保护允许品牌持有人利用正式法律体系排除第三方使用同一品牌，从而提供了专有权。

注2：现有的品牌保护方面的法律权利在不同法律体系之间存在差别。除少数例外（如欧盟商标体系），这些法律权利仅在国家层面有效。

6.3.2　需要评估的合法权利

6.3.2.1　概述

基于当地法律的分析应是品牌价值评价的必要组成部分。

评价人员应识别品牌所有者和与品牌相关的合法权利。

注：一般来说，法律保护最重要的形式是注册商标，当然也存在保护品牌的其他合法权利。例如，商号保护权，在用未注册商标的保护权，注册或未注册设计保护权、版权，以及防止不正当、欺骗性或反竞争行为的权利。上述合法权利并非在所有市场都是与品牌相关的，并且除上述权利外，还可能存在其他国家权利。

6.3.2.2　所有权

在品牌价值评价中确定的价值只属于合法权利的所有者。

6.3.2.3　合法权利的确定

合法权利应根据相关的国家或地区法律确定。

注：合法权利通过注册、使用或立法付诸执行。合法权利以单项权利或系列权利的形式存在。

6.3.2.4　通过注册获得的合法权利

通过注册获得的合法权利在注册文件中应以符号、商品/服务、地域加以界定。

6.3.2.5　通过使用获得的合法权利、潜在权利，或兼而有之

通过使用获得的权利应根据相应国家和地区的法律规定，考虑使用的区域和市场的认可情况来加以界定。

6.3.3　影响品牌价值的法律因素

评价人员应考虑对品牌价值产生积极或消极影响的所有法律因素，包括：

a　特殊性；

b　使用范围/注册范围（区域、商品和服务）；

c 使用程度；

d 品牌坏名声或知名程度；

e 作废、优先及弱化的风险，以后持有人强化合法权利的能力或意愿。

注1：法定因素依赖于品牌的合法权利与其运行的市场之间的关联。这些因素通常决定了合法权利与市场认知之间的关系。

注2：第三方权利能够对现有品牌或品牌的使用计划产生影响，进而影响其价值。

6.4 可靠数据和假设的来源及使用

评价人员应确保获得完成品牌价值评价所需要的可靠数据。应包括品牌持有人和合适的第三方提供的数据。评价人员应充分评估所使用的数据和假设的相关性、一致性和充分性。

7 报告

品牌评价报告应明确陈述下列内容：

a 评价人员的立场和身份；

b 评价目的；

c 被评价品牌的界定；

d 品牌相关资产的估值；

e 报告使用者或读者；

f 价值前提；

g 采用的途径和方法；

h 评价报告日；

i 评价基准日；

j 品牌评价结果；

k 使用数据来源；

l 合法权利、行为方面和财务分析概述；

m 关键假设和敏感性；

n 使用限制。

8 独立性

评价人员在形成评价意见时，应行使认真的专业判断，在评价意见中保持独立性和客观性。

第二部分 品牌评价 品牌价值评价方法

1 范围

本评价方法是在品牌评价的国家标准（多周期超额收益法）的测算模型以及亚洲品牌价值评价体系专用计算方法、指标体系与过程要求的基础上，结合实际市场，综合考虑品牌价值的未来发展潜力，衡量不确定因素的价值，即品牌持有者有选择扩大或者缩减产品规模的权利的价值，更具有科学性。

本标准相较于国标 GB/T29188—2012《品牌评价 多周期超额收益法》更适用于测算企业或企业集团的综合品牌价值，可用于企业或企业集团进行品牌价值自我评价，也可作为第三方进行品牌价值评价的依据。

2 术语和定义

下列术语和定义适用于本文件。

2.1 多周期超额收益法（Multi-cycle Excess Earnings Method）

计算扣除企业经营所需的所有其他资产的收益后的未来剩余现金流的现值来测算品牌价值。

2.2 市场期权法（Market Option Method）

期权是一种选择权，持有人在未来的特定时间内，有权利以特定价格采取某种行为，期权的价值就是未来履行期权时所能获得的收益。通过计算品牌预期增长的期权价值作为修正该品牌未来发展的潜力部分额外价值。

2.3 品牌现金流（Brand Cash Flow）

由品牌带来的货币形式的收益。

2.4 评估年（Valuation Year）

品牌价值评估的目标年份。

2.5 高速增长期（Rapid Growth Period）

开展品牌价值评价时，能对企业或企业集团品牌现金流进行明确预测，基于品牌产品目前已有收益基数，高于一般增长规律的未来一段高速增长时期。

注：高速增长期一般为 3~5 年。

2.6 折现率（Discount Rate）

将未来收益转化为现值所使用的报酬率。

2.7 品牌价值折现率（Brand Value Discount Rate）

将品牌未来收益转化为现值所使用的报酬率。

2.8 永续增长率（Sustainable Growth Rate）

假设企业未来长期稳定、可持续增长，高速增长期以后的企业现金流增长率。

注：本标准采用长期预期通货膨胀率计算。

2.9 品牌强度系数（Brand Strength Coefficient）

由品牌文化承载性、质量和服务水平、创新引领性、品牌稳定度、品牌领导力、客户关系强度、法律保护度、企业信用度因素构成，反映的是品牌可持续发展能力和影响力。

3 品牌价值计算

3.1 模型

品牌价值 = 品牌预期收益 + 品牌发展潜力

即 $V_B = V_0 + V_C$

3.2 多周期超额收益法

预期收益即品牌产品相对于无品牌产品的超额收益，可用收益法预估，在此选择国家标准，即多周期超额收益法。

基于多周期超额收益法的企业或企业集团品牌价值按式（1）计算：

$$V_0 = \sum_{t=1}^{T} \frac{F_{BC,t}}{(1+R)^t} + \frac{F_{BC,T+1}}{(R-g)} \cdot \frac{1}{(1+R)^T} \tag{1}$$

式中：

V_0——品牌预期收益；

$F_{BC,t}$——t 年度品牌价值；

$F_{BC,T+1}$——$T+1$ 年度品牌现金流；

T——高速增长时期，根据行业特点，一般为 3～5 年；

R——品牌价值折现率；

g——永续增长率，可采用长期预期通货膨胀率。

3.2.1　品牌现金流的确定

3.2.1.1　品牌现金流

每年的品牌现金流 F_{BC} 按式（2）计算：

$$F_{BC} = (P_A - I_A) \cdot \beta \tag{2}$$

式中：

F_{BC}——当年度品牌现金流；

P_A——当年度调整后的企业净利润，适用时考虑非经常性经营项目影响；

I_A——当年度企业有形资产收益；

β——企业无形资产收益中归因于品牌部分的比例系数。

预测高速增长期及更远期的品牌现金流时，可采用将评估基准年前 3～5 年品牌现金流加权平均等方法进行预测。

3.2.1.2　有形资产收益的确定

3.2.1.2.1　有形资产收益

有形资产收益应按式（3）计算：

$$I_A = A_{CT} \cdot \beta_{CT} + A_{NCT} \cdot \beta_{NCT} \tag{3}$$

式中：

I_A——有形资产收益；

A_{CT}——流动有形资产总额；

β_{CT}——流动有形资产投资报酬率；

A_{NCT}——非流动有形资产总额；

β_{NCT}——非流动有形资产投资报酬率。

3.2.1.2.2　流动有形资产收益率

流动有形资产收益率可参照中国人民银行公布的短期基准贷款利率进行计算，如 1 年期银行贷款基准利率。

3.2.1.2.3　非流动有形资产收益率

非流动有形资产收益率可参照中国人民银行公布的长期基准贷款利率进行计算，如 5 年期银行贷款基准利率。

3.2.2　品牌价值折现率的确定

3.2.2.1　品牌价值折现率

品牌价值折现率应按式（4）计算：

$$R = Z \cdot K \tag{4}$$

式中：

R——品牌价值折现率；

Z——行业平均资产报酬率；

K——品牌强度系数。

3.2.2.2　行业平均资产报酬率

行业平均资产报酬率可通过计算相近行业、类型和规模的上市企业平均资产报酬率得到，也可通过统计调查等方式获得行业平均资产报酬率。

3.2.2.3　品牌强度系数

品牌强度系数由 8 个一级指标构成，分别为品牌文化承载性（K_1）、质量和服务水平（K_2）、创新引领性（K_3）、品牌稳定度（K_4）、品牌领导力（K_5）、客户关系强度（K_6）、法律保护度（K_7）、企业信用度（K_8），按式

（5）计算：

$$K = \sum_{i=1}^{8} K_i \cdot W_i \qquad (5)$$

式中：

K——品牌强度系数；

K_i——第 i 个一级指标评估值；

W_i——第 i 个一级指标对品牌强度系数 K 的影响权重。

若品牌文化承载性（K_1）、质量和服务水平（K_2）、创新引领性（K_3）、品牌稳定度（K_4）、品牌领导力（K_5）、客户关系强度（K_6）、法律保护度（K_7）、企业信用度（K_8）指标由二级指标构成时，可用式（6）计算：

$$K_i = \sum_{j=1}^{j} K_{ij} \cdot W_{ij} \qquad (6)$$

式中：

K_i——第 i 个一级指标得分；

K_{ij}——第 i 个一级指标下的第 j 个二级指标评估值；

W_{ij}——第 j 个二级指标对一级指标 i 的影响权重。

根据我国企业和市场的实际情况，通过特定的转化方法，将品牌强度系数取值范围限定在科学的范围内，如取值范围为 0.6~2。

3.3 市场期权法

3.3.1 品牌发展潜力的确定

品牌的发展潜力也是一种选择权，所有者有权利选择以品牌做何种后续投资，也就是说，品牌发展潜力符合欧式期权的特征，也是一种期权，其发展潜力就是品牌持有人未来改变品牌投入规模所获得的收益，可以扩展应用布莱克－斯科尔斯（Black-Scholes）期权定价模型。

当选择品牌潜力投资的产出比预期好时，企业就可以扩大使用品牌投资（扩大现有产品规模或者新增品牌产品类别），这一表现就是一种看涨期权；当不利条件出现，预期品牌投资项目不佳时，企业可以选择不同规模的缩减

品牌投资（缩减现有产品规模或者削减品牌产品类别），这一表现就是一种看跌期权。

3.3.2 布莱克－斯科尔斯（Black-Scholes）期权定价模型

模型有 7 个重要的假设：

（1）股票价格行为服从对数正态分布模型；

（2）在期权有效期内，无风险利率和金融资产收益变量是恒定的；

（3）市场无摩擦，即不存在税收和交易成本，所有证券完全可分割；

（4）该期权是欧式期权，即在期权到期前不可实施；

（5）不存在无风险套利机会；

（6）证券交易是持续的；

（7）投资者能够以无风险利率借贷。

看涨期权公式为：

$$V_C = S \cdot N(d_1) - L \cdot e^{-rT_n} \cdot N(d_2) \tag{7}$$

其中：

$$d_1 = \frac{\ln\frac{S}{L} + (r + 0.5 \cdot \sigma^2) \cdot T_n}{\sigma \cdot \sqrt{T_n}}$$

$$d_2 = \frac{\ln\frac{S}{L} + (r + 0.5 \cdot \sigma^2) \cdot T_n}{\sigma \cdot \sqrt{T_n}} = d_1 - \sigma\sqrt{T_n}$$

式中：

V_C——品牌发展潜力；

L——预期未来品牌投资总成本的终值；

S——品牌未来超额收益的现值之和，可参考 V_0；

T_n——期权有效期，可参考同类型企业的平均寿命；

r——连续复利计无风险利率；

σ——品牌价值波动率；

N——正态分布变量的概率分布函数，即 $N(d_n) = \frac{1}{\sqrt{2\pi}} \int_{-\infty}^{d_n} e^{-\frac{x^2}{2}} dx$

第一，该模型中无风险利率必须是连续复利形式。一个简单的或不连续的无风险利率（设为 r_0）一般是一年计息一次，而 r 要求为连续复利利率。r_0 必须转化为 r 方能代入上式计算。两者换算关系为：$r = \ln (1 + r_0)$ 或 $r_0 = E(r) - 1$。例如，$r_0 = 0.06$，则 $r = \ln (1 + 0.06) = 0.0583$，即 100 以 5.83% 的连续复利投资第二年将获 106，该结果与直接用 $r_0 = 0.06$ 计算的答案一致。

第二，期权有效期 T_n 的相对数表示，即期权有效天数与一年 365 天的比值。如果期权有效期为 100 天，则 $T_n = 100/365 = 0.274$ 天。

对品牌资产发展潜力进行期权定价，主要需要确定 5 个指标参数，即 S——品牌未来超额收益的现值之和（所交易资产的现值），L——预期未来品牌投资总成本的终值，T_n——期权有效期，r——连续复利计无风险利率，σ——品牌价值波动率（波动率，即年度化方差）。

3.3.3 在品牌估值实际操作中，5 个参数的确定方法

3.3.3.1 L——预期未来品牌投资总成本的终值

投资计划预期未来总成本的终值，为项目商业化成本，包括广告、促销、公益事业等各种与品牌直接相关的资源投入。

3.3.3.2 S——品牌未来超额收益的现值之和

可通过对品牌未来的超额收益折现而来，可以直接采用多周期超额收益法的最终结果 V_0。

3.3.3.3 T_n——期权有效期

主要取决于品牌持有企业具体的投资进程，以及市场竞争等多方面的因素，一般可以参考同类型企业的平均寿命来客观设计一定的计算期限。据统计，中国企业品牌平均寿命为 7.3 年，民营企业品牌平均寿命为 2.9 年，跨国公司品牌平均寿命为 12 年，世界 500 强品牌平均寿命为 41 年。

3.3.3.4 r——连续复利计无风险利率

可以采用相同期限的银行存款或国债的利率，换算成 1 年期的复利利率。

3.3.3.5 σ——品牌价值波动率

对于上市企业，可以采取品牌持有企业的股票波动率进行代替，考虑到收益率具有时序可加、削弱共线性及异方差的优势，股票波动率以对数收益率计算；而对于非上市企业，可采用相同行业规模相近的上市公司市值加权波动率代替。

4 测算过程

4.1 识别评价目的

根据测算意向用途、结果使用方、被测算品牌特性等因素确定评价目的。不同的评价目的，会影响评价程序、测算精度和结果报告形式。

4.2 明确价值影响因素

本标准所测算的品牌价值综合考虑企业的财务、质量、技术和市场等方面的因素，尤其是质量等非财务要素对品牌价值的影响。

4.3 描述测算品牌

测算前应识别、界定和描述接受评价的品牌，包括其产品范围、价值范围等。

4.4 规定模型参数

根据国家有关政策规定和当前市场经济情况，确定：

——评价年和评价周期；

——现金流预测方法；

——评价周期内的永续增长率、行业平均资产报酬率、无形资产收益中归因于品牌部分的比例系数等模型参数；

——各级评价指标的权重等。

4.5 采集测算数字

遵循真实、准确、客观的原则，采集企业财务与其他信息，作为企业或第三方评价的输入值。

4.6 执行测算过程

测算过程包括：

——根据企业财务信息，计算每个评价周期内的品牌现金收益（F_{BC}），预测未来各周期品牌现金流；

——采用适当方法汇总各级评价指标，计算品牌强度系数 K；

——将上述信息输入到评价模型中，计算所测算品牌的价值。

4.7 报告测算结果

根据评价目的，选择适当的形式报告测算结果。

附录 A

（资料性附录）

本标准使用的符号和缩写

本标准使用的符号和缩写见表 A.1。

表 A.1 本标准使用的符号和缩写

类别	指标名称	符号
基础指标	品牌价值	V_B
	品牌预期收益	V_0
	品牌发展潜力	V_C
	t 年度品牌价值	$F_{BC,t}$
	$T+1$ 年度品牌现金流	$F_{BC,T+1}$
	高速增长时期	T
	第 i 个一级指标评估值	K_i
	第 i 个一级指标对品牌强度系数 K 的影响权重	W_i
	第 i 个一级指标下的第 j 个二级指标评估值	K_{ij}
	第 j 个二级指标对一级指标 i 的影响权重	W_{ij}
	品牌强度系数	K
	预期未来品牌投资总成本的终值	L
	品牌未来超额收益的现值之和	S
	期权有效期	T_n
利润	当年度调整后的企业净利润	P_A
收益	当年度企业有形资产收益	I_A
资产	流动有形资产总额	A_{CT}
	非流动有形资产总额	A_{NCT}

续表

类别	指标名称	符号
以百分比表示的动态要素	流动有形资产投资报酬率	β_{CT}
	非流动有形资产投资报酬率	β_{NCT}
	行业平均资产报酬率	Z
	品牌价值折现率	R
	永续增长率	g
	企业无形资产收益中归因于品牌部分的比例系数	β
	连续复利计无风险利率	r
	品牌价值波动率	σ

Abstract

Evaluation Report on Chinese Corporate Brand Value presented in front of everyone was written by Asian Star Cloud Brand Management (Beijing) Co., Ltd., and was founded by the founder and CEO of Asian Brand Group Mr. Wang Jiangong and published by the Social Science Academic Press. A series of blue books. The 2018 edition of this report is the first edition. It is planned to publish one book every two years.

The main content of this book has three parts: main report, industry report and classic case, there are two appendices.

The main report relied on the "2017 China Enterprise Value Appraisal Top 500 List" independently issued by Asia Nebula Brand Management (Beijing) Co., Ltd. and used the Asiabrand brand evaluation system with independent intellectual property rights of Asia Nebula Brand Management (Beijing) Co., Ltd.. A preliminary assessment of the economic value of famous Chinese corporate brands.

The sub-report is the result of evaluating the brand value of the company in the context of the industry. It is based on the data of the 2017 Asiabrand China Brand Value 100. Based on the subjective and objective factors such as the availability of data and the willingness of industry enterprises to evaluate, the sub-report provided evaluation reports for eight industries including pharmaceuticals, food, wine, machinery manufacturing, green building materials, real estate, health, and new energy.

The three classic cases are the diagnosis and evaluation of the three corporate brands and their values in China by the chief editor of the report.

The two appendices are related enterprise standards and industry standards prepared by the chief editors of this report.

We expect that through the regular release of the *Evaluation Report on Chinese*

Corporate Brand Value, we can make a contribution to the brand construction of Chinese enterprises. First, through the regular publication of this report, the information asymmetry between the corporate brand and the market demand represented by the consumer is mitigated. Second, promote the development of China's asset valuation industry. Third, as a professional enterprise brand evaluation mechanism, it contributes to the transformation and upgrading of the Chinese economy in the new era and the implementation of the "One Belt and One Road" initiative.

Keywords: Brand; Chinese Corporate Brand; Brand Value; Brand Value Evaluation

Contents

I General Report

Abstract: This report relied on the *Top 500 List of Chinese Enterprise Value Evaluation 2017* independently issued by Asian Star Cloud Brand Management (Beijing) Co. , Ltd. , and used the Asiabrand brand evaluation system with independent intellectual property rights of Asia Nebula Brand Management (Beijing) Co. , Ltd. A preliminary assessment of the economic value of famous

Chinese corporate brands. The brands on the list come from 85 industries. ICBC has a brand value of RMB 346. 55 billion, ranking first in the 500. The 500th brand has a value of RMB 7. 858 billion and the 500 has an average brand value of RMB 38. 664 billion. . Among the listed brands, there are 53 companies worth more than 100 billion yuan; there are 285 companies with brand values ranging from 10 billion to 1000 billion yuan. At the same time, the total value of the top 100 brands accounted for 66. 50% of the total value of the list brands, indicating that currently only a few companies in China have high brand values, and the brand value of most companies needs to be improved. In the 2017 Top 500 Chinese Brands list, the newly selected corporate brand is as high as 29. 8% , which to a certain extent indicates that the development of Chinese corporate brands has greater instability. In addition, although Chinese companies are striving to accelerate the pace of brand building. Compared with international brands, companies listed on the top 500 Chinese brands still have a certain gap with international companies. From the perspective of industry distribution, the manufacturing brands are the most, and the financial industry, information transmission, software and information technology service industries follow it. Afterwards, from the perspective of the distribution among domestic regions, Beijing, Jiangsu, Guangdong, Zhejiang, Shanghai and Shandong have the largest number of brands on the list, and in terms of the distribution of the survival time of the listed brands, the brands that lasted for 10 – 30 years are mostly.

Keywords: Brand; Chinese Corporate Brand; Brand Evaluation

II Industry Reports

B. 2 Corporate Branding and Value Evaluation in the

Chinese Pharmaceutical Industry   *Zhou Jun /* 043

Abstract: Among the brands on the list, the revised brand value of the pharmaceutical industry was approximately RMB 117. 376 billion, which was the first place; the brand value of the 100th Xianyu Pharmaceutical was approximately RMB 0.78 billion, and the average brand value of the listed brands was approximately RMB 8.678 billion. Yuan Renminbi. Among them, there are 15 companies with a brand value of more than 10 billion yuan, and 65 companies with a brand value of between 1 billion yuan and 10 billion yuan. The top 10 brands on the list account for 50.05% of the total value of the top 100 brands. At the same time, the total value of the top 20 brands accounted for 63.44% of the total brand value of the top brands. This shows that the overall brand development of the Chinese pharmaceutical industry is relatively Slow, not top companies, other companies generally have low brand value. Due to the lack of core competitiveness, corporate brands lack strong competitiveness both domestically and internationally, which is reflected in the low brand value of the industry. Through investigation, it has been found that the assimilation of products in the pharmaceutical industry at this stage is extremely serious, and at the same time, the ability to independently innovate is poor, which has led to fierce competition in the brand within the industry. Due to the peculiarities of the pharmaceutical industry, brands rely on their products to easily establish strong customer relationships. Brand communication is relatively small, resulting in only 12% of customers knowing the brand of the pharmaceutical industry. About 8.3% of the customers agree that the pharmaceutical industry's brand is the dominant basis for their purchase decision. This shows that the brand strategy of the pharmaceutical industry depends on the accumulation of time to enhance the customer's trust and thus increase the loyalty of the product without targeting the brand. 91.7% of customers believe that the product is a must-have feature of a good brand, which shows that a good product performance provides a solid foundation for the brand development of the pharmaceutical industry. In addition, the foreign pharmaceutical industry is another important factor that restricts the development of the domestic pharmaceutical industry brand.

Keywords: Brand; Brand Value Evaluation; Pharmaceutical Industry

B. 3　Corporate Branding and Value Evaluation of China's

Food Industry　　　　　　　　　　　　*Zhang Congming* / 066

Abstract: Among the brands on the list, COFCO Group Co. , Ltd. ranked first in the ranking, with a brand value of approximately 111. 88 billion RMB Yuan. The brand value of the 100th Yantai Fenglin Food Co. , Ltd. was approximately 11 million RMB Yuan, and the average brand value was approximately 7. 967 billion Yuan. There are 17 companies with a brand value of more than 10 billion Yuan, and 45 companies with a brand value between 1 billion Yuan and 10 billion Yuan. The total value of the top 10 brands in the list accounted for 57. 65% of the total value of the top 100 brands. At the same time, the total value of the top 20 brands accounted for 75. 95% of the total value of the list brands, it meant that the brand development of the Chinese food industry is relatively healthy. But, because the brand strategy of the entire industry is conservative, the brand value of the list is lower. Therefore, the brand value of most companies needs to be improved. However, the development of the food industry brand at this stage is still not optimistic. The "similar" brand strategy has led to the lack of brand uniqueness in the existing food industry. Differentiated brand competition will be the mainstream strategy for the food industry in the future. The issue of safety and trust is an important issue that constrains the development of China's food industry brand. This also provides a condition for foreign food brands to occupy a certain market share. Meanwhile that the food industry brand development is not balanced, the top ranked brands almost monopolize the food industry.

Keywords: Brand; Brand Value Evaluation; Food Industry

B. 4　Corporate Branding and Value Evaluation of China's

Liquor Industry　　　　　　　　　　　　*Zhang Congming* / 101

Abstract: Among the brands on the list, Wuliangye Group Co. , Ltd. has a brand value of RMB142591 million, ranking No. 1 in the rankings. The last company in the Top 100 list has a brand value of approximately RMB 42 million. The average brand value of the company is RMB 0. 42 billion. About 5. 664 billion yuan. Of the 100 brands on the list, 38 have a value of more than 1 billion yuan, and 18 have a brand value of between 500 million yuan and 1 billion yuan. The total value of the top 10 brands on the list accounted for 77. 5% of the total value of the top 100 brands. At the same time, the total value of the top 20 brands accounted for 88. 2% of the total value of 100 brands on the list, which shows that the Chinese brands High-value liquor companies only account for a very small proportion, and most corporate brand values are still maintained at a relatively low level. The list shows that the polarization of the Chinese wine industry is serious and this unhealthy industry pattern will limit its development. Only about 12% of consumers understand the brand status of wine, which means that the wine industry does not have much investment in brand cultivation. At the present stage, though the brand of wine industry relies on traditional culture, there is not a small gap between the strength of brand culture construction and market strategy compared to foreign brands. This has led to the status quo in the Chinese wine industry: low-end brands are sluggish, and mid-range brands are fiercely competitive. Although high-end brands are in good condition, they are subject to competition and pressure from foreign brands. In addition, the special nature of the wine industry has caused its brand to be parasitic, and liquor brands are more dependent on the food and beverage industry. This shows that its brand is more susceptible to the external objective environment. Through investigation, it was found that most of the brands are vaguely positioned and try to implement a "take-all" brand line strategy. This leads to a lack of brand personality and it is difficult to establish good customer relationships. Co-branding and brand culture will become the core competitiveness of the future wine industry.

Keywords: Brand; Brand Value Evaluation; Liquor Industry

品牌蓝皮书

B. 5　Corporate Brand Construction and Value Evaluation of

China's Machinery Manufacturing Industry　*Wang Jianfeng* / 126

Abstract：Among the brands on the list, the brand value of Sany Heavy Industry Co., Ltd. is approximately RMB 126.265 billion, and the last one of the Top 100 Shanhe smart brands is worth RMB 122 million. The average brand value of all the listed brands is approximately 74.32. Billion yuan. On the list, there are 14 companies with a brand value of more than 10 billion yuan, and 20 companies with a brand value of between 5 billion yuan and 10 billion yuan. The total value of the top 10 brands accounted for 61.1% of the total value of the top 100 brands. In addition, the total value of the top 20 brands accounted for 75.8% of the total value of all brands on the list, indicating that the Chinese machinery manufacturing industry is moving toward In a relatively healthy direction, however, the value of those corporate brands ranked lower is generally lower, indicating that the machinery manufacturing industry should strengthen its regulation of the entire industry and promote the rapid development of its brand. China's machinery manufacturing industry has seen a rapid growth in recent years, and its industrial equipment output has also reached the front end of the world. However, there is still a big gap between cutting-edge and foreign countries. Based on the discovery of the brand value list, the current status of the machinery manufacturing industry maintains sound development. As the core competitiveness of manufacturing industry, products still have deficiencies compared with foreign countries. Weakness in self-innovation is a major issue that restricts the development of its industry, and it also weakens the competitiveness of foreign brands. In addition, for the machinery manufacturing industry, the input structure of production directly affects the competition status of the enterprise in its industry, while domestic importance in this regard is not high, and more dependent on labor-intensive products. This has led to the important core technology of China's manufacturing industry relying on the introduction of foreign countries, making its core definition as a catch-up development strategy. Therefore, this "imitation" development model will be difficult to establish a unique brand personality and solid customer relationships, virtually obstructing the company's brand development.

Keywords: Brand; Brand Value Evaluation; Machinery Manufacturing Industry

B. 6 Corporate Brand Building and Value Evaluation of China's Green Building Materials Industry *Chen Xi* / 148

Abstract: Among the brands on the list, the value of the China Building Materials brand is approximately RMB 102.027 billion. The last brand of the Top 100 Hanjian Heshan was valued at approximately RMB 24 million, and the average brand value of the listed brands was approximately RMB 7.617 billion. Among them, there are 20 companies with a brand value of more than 10 billion yuan, and 16 companies with a brand value of between 5 billion yuan and 10 billion yuan. The total value of the top ten corporate brands on the list accounted for 50.1% of the total value of the top 100 companies. At the same time, the top 20 brands ranked on the list accounted for 69.2% of the total value of all brands on the list. This shows that China's green building materials industry as a new Although the brand value of the industry's top brands is high, as an emerging industry as a whole, brand building requires long-term unremitting efforts. From the point of view of industry development cycle, green building materials are still at the initial stage of development in China. The development of green buildings with energy-saving, material-saving, water-saving, land-saving and environmental protection will inevitably require reliable support from green building materials characterized by energy conservation, emission reduction, safety, comfort, and recyclability. With the economic and social development, the basic services of building materials can hardly meet the needs of customers. This shows that although the green building materials industry is in its infancy, it has huge customer demand. However, due to the late development of the green building materials industry, the overall level of the industry is not high, and the

品牌蓝皮书

practitioners are mostly small and medium-sized enterprises. The brand's product innovation capability is not strong, which leads to consumers' low recognition of the entire industry and it is difficult to establish customers. loyalty. In addition, the imperfect protection of domestic laws and weak regulatory certification have caused the current market of green building materials to be confusing, which directly affects the development of corporate brands.

Keywords: Brand; Brand Value Evaluation; Green Building Materials Industry

B. 7 Corporate Brand Construction and Value Evaluation of China's Real Estate Industry *Guan Xinfeng* / 169

Abstract: Among the brands on the list, Dalian Wanda Group Co., Ltd. has a brand value of RMB 199. 150 billion, the 100th. The last strong COFCO Property (Group) Co., Ltd. brand value is about 362 million yuan, the average brand value of the list is about 13. 878 billion yuan. There are 18 companies with a value of more than 10 billion yuan in the list, and 20 companies with a brand value of between 5 billion yuan and 10 billion yuan. The top 10 brand value accounted for 71. 3% of the total value of the top 100 brands. At the same time, the value of the top 20 brands accounted for 81. 4% of the total value of all brands on the list, which indicates the current overall brand value of the Chinese real estate industry. Relatively high, at the same time, the range of brand value is also more reasonable, indicating that the industry is developing well. In addition, only a few companies have a high brand value in the entire list, and most of the corporate brand value needs to be further improved. After a period of rapid development, the real estate industry has gradually entered the adjustment period, which means that the brand has gradually played its due competitiveness in the real estate industry. Based on the list, real estate development in the whole industry is relatively healthy. Of course, although the industry has begun to attach importance to the value of the brand, due to the relatively short development time and the uniqueness of the industry, only a few real estate companies have started to carry out brand marketing. Through investigation, it is found that only 33. 3% of customers are affected by the brand when they choose. This shows that the brand influence of the real estate industry at this stage remains relatively low. In addition, the chaotic order of the real estate market has caused a relatively high level of bubble formation in the market, leading to an imbalance in the supply and demand structure. Unstable markets will, to some extent, limit the brand's development.

Keywords: Brand; Brand Value Evaluation; Real Estate Industry

B. 8   Corporate Branding and Value Evaluation in China's Health Industry   *Chen Haitao* / 192

Abstract: Among the brands on the list, Tangchenbeijian Co. , Ltd. ranked the first, with a brand value of approximately RMB 18. 06 billion yuan. The 100th Tianjin Xinhong Medical Technology Co. , Ltd. was approximately RMB 11 million yuan. The average brand value is about RMB 703 million yuan. There are 10 companies with a brand value of more than 1 billion yuan, and 9 companies with a brand value between RMB 500 million yuan and RMB 1 billion yuan. The total value of the top 10 brands in the list accounted for 76. 2% of the total value of the top 100 brands. At the same time, the total value of the top 20 brands accounted for 85. 5% of the total value of the list brands, indicating that the development trend of China's health industry brands is obvious. Various leading enterprises have formed absolute dominance on the scale. Generally speaking, the brand value of China's health industry is generally low, and the brand value of only 19 companies exceeds 500 million. China's health products have a large consumer base, but a single brand strategy is difficult to meet consumer demand for brands. At this stage, the health industry's brand strategy relies too much on advertising. About 50% of consumers in this survey indicated that the brand dominated their buying choice, which also proves that the brand's influence in the health industry is not high. In addition, the health industry's own product

development capacity is relatively weak, the phenomenon of repeated production within the industry is serious. In short, the health industry brand building has a long way to go.

Keywords: Brand; Brand Value Evaluation; Health Industry

B. 9　Corporate Brand Construction and Value Evaluation of China's New Energy Industry　　　　　　　*Song Jing* / 209

Abstract: Among the brands on the list, Xiexin (Group) Holdings Co., Ltd. occupied the first place in the list, with a brand value of about 38. 616 billion yuan, and Shanxi Jianruiwoneng Co., Ltd. was the 100th largest brand, with a brand value of about 15 million yuan. The average brand value is about 3. 487 billion yuan. There are 6 enterprises whose brand value is more than 10 billion yuan, and 13 enterprises whose brand value is between 5 billion yuan and 10 billion yuan. The top 10 brands accounted for 55. 6% of the total value of the top 100 brands, while the top 20 brands accounted for 74. 3% of the total value. This shows that the industry pays more attention to product research and development, less investment in the brand, affecting the brand value of the entire industry; enterprises with good core competitiveness pay more attention to their own brand building. The list shows that 25 per cent of respondents have a better understanding of new energy, which may mean that the industry lacks a medium for brand communication; meanwhile, the overall size of the industry is small and there is a lack of flagship enterprises, which indirectly restricts the development of corporate brands. In addition, 91. 7% of the customers believe that a good brand is equivalent to a good product, but China's new energy industry is lack of technology with independent intellectual property and perfect product chain, it is difficult to have a good product. To some extent, this hinders the development of corporate brands.

Keywords: Brand; Brand Value Evaluation; New Energy Industry

Ⅲ   Case Study

Abstract: Among the brands on the list, Beikong Group's brand value evaluation results: Beikong Group's brand value is RMB 13766754. 70 million (capital: pick up Lu Yilu, Wu Shiyi, Wan Yuyuan) . Evaluation benchmark date: September 30, 2016. The methods used in this evaluation are: "Multi-period excess return method" and "Market option method. " "Multi-period excess income method" statically evaluates the value of the brand's future sustainable income estimated based on historical performance. The "market option method" dynamically measures the brand's increasing or decreasing value under uncertainties in the future. The evaluation model has strong scientific, operability, wide applicability and other characteristics. Beikong Group Brand Analysis: Beijing Enterprises Group's business covers urban energy, environment, transportation, integrated pipeline management, planning and design and project management, smart city, on-site urban services, technology services, high-end equipment manufacturing, beer and wine, financial services and value. Invested in eleven major sections and the business has grown to 371 cities across the country. Beikong Group's main brand accurately defines the brand strategic positioning around urban services, has ample capital chain, has smooth financing channels, has a good government background, is closely integrated with the local economy, has abundant market resources, and is innovative and leading, and its subordinate scientific research institutions. And some sub-brand technology strength, with a strong sub-brand Beijing Enterprises Water, Beijing Gas, Yanjing Beer, business chain is complete, most of the sub-brand has excellent brand reputation and good business reputation. The insufficiency of Beikong Group's brand management is that the relationship between the main brand and the sub-brand is not clear and clear. It is suggested that Beikong Group should establish a brand leadership model,

formulate a "Brand Management Handbook", establish a brand structure, brand and trademark authorization system, and systematically manage the relationship between the main brand and the sub-brand.

Keywords: Brand; Brand Value Evaluation; Enterprise Management; Beikong Group

B. 11　Evaluation of Guigutiantang's Corporate Brand Value

Wei Junping / 245

Abstract: The methods used in this assessment are: "Multi-period excess returns" and "Market Options". "Multi-period excess income method" statically evaluates the value of the brand's future sustainable income estimated based on historical performance; the "market option method" dynamically measures the value of brand increase or decrease under uncertain future factors, and the evaluation model has strong scientific, operability, wide applicability and other characteristics. The evaluation results are based on relevant assumptions and preconditions. If the relevant assumptions do not exist or the pre-conditions change, the assessment results will be affected. The evaluation and analysis concluded that: Silicon Valley Paradise has not yet upgraded its brand building to the company's strategic level, and the brand as a whole is still in a stage of rapid growth, which does not constitute a lasting competitive advantage. Assessment Results: Evaluation Benchmark Date As of December 31, 2015, the "Silicon Valley Paradise" brand value was RMB 1792. 056 million (capitalization: picking up 100 billion yuan and picking up RMB 10 million).

Keywords: Brand; Brand Value Evaluation; Corporate management; Guigutiantang

Abstract: The methods used in this assessment are: "Multi-period excess returns" and "Market Options". "Multi-period excess income method" statically evaluates the value of the brand's future sustainable income estimated based on historical performance; the "market option method" dynamically measures the value of brand increase or decrease under uncertain future factors, and the evaluation model has strong scientific, operability, wide applicability and other characteristics. The evaluation results are based on relevant assumptions and preconditions. If the relevant assumptions do not exist or the pre-conditions change, the assessment results will be affected. The results of the assessment: Baseline for assessment on December 31, 2016, the brand value of Hainan Supply and Marketing Dajiukupu Trading Co., Ltd. was RMB 8.838 billion.

Keywords: Brand; Brand Value Evaluation; Corporate management; Kupu

Ⅳ　Appendix

权威报告·一手数据·特色资源

皮书数据库
ANNUAL REPORT(YEARBOOK)
DATABASE

当代中国经济与社会发展高端智库平台

所获荣誉

- 2016年，入选"'十三五'国家重点电子出版物出版规划骨干工程"
- 2015年，荣获"搜索中国正能量 点赞2015""创新中国科技创新奖"
- 2013年，荣获"中国出版政府奖·网络出版物奖"提名奖
- 连续多年荣获中国数字出版博览会"数字出版·优秀品牌"奖

成为会员

通过网址www.pishu.com.cn访问皮书数据库网站或下载皮书数据库APP，进行手机号码验证或邮箱验证即可成为皮书数据库会员。

会员福利

- 使用手机号码首次注册的会员，账号自动充值100元体验金，可直接购买和查看数据库内容（仅限PC端）。
- 已注册用户购书后可免费获赠100元皮书数据库充值卡。刮开充值卡涂层获取充值密码，登录并进入"会员中心"—"在线充值"—"充值卡充值"，充值成功后即可购买和查看数据库内容（仅限PC端）。
- 会员福利最终解释权归社会科学文献出版社所有。

社会科学文献出版社 皮书系列
SOCIAL SCIENCES ACADEMIC PRESS (CHINA)

卡号：329785948838
密码：

数据库服务热线：400-008-6695
数据库服务QQ：2475522410
数据库服务邮箱：database@ssap.cn
图书销售热线：010-59367070/7028
图书服务QQ：1265056568
图书服务邮箱：duzhe@ssap.cn

基本子库
UB DATABASE

中国社会发展数据库（下设 12 个子库）

    全面整合国内外中国社会发展研究成果，汇聚独家统计数据、深度分析报告，涉及社会、人口、政治、教育、法律等 12 个领域，为了解中国社会发展动态、跟踪社会核心热点、分析社会发展趋势提供一站式资源搜索和数据分析与挖掘服务。

中国经济发展数据库（下设 12 个子库）

    基于"皮书系列"中涉及中国经济发展的研究资料构建，内容涵盖宏观经济、农业经济、工业经济、产业经济等 12 个重点经济领域，为实时掌控经济运行态势、把握经济发展规律、洞察经济形势、进行经济决策提供参考和依据。

中国行业发展数据库（下设 17 个子库）

    以中国国民经济行业分类为依据，覆盖金融业、旅游、医疗卫生、交通运输、能源矿产等 100 多个行业，跟踪分析国民经济相关行业市场运行状况和政策导向，汇集行业发展前沿资讯，为投资、从业及各种经济决策提供理论基础和实践指导。

中国区域发展数据库（下设 6 个子库）

    对中国特定区域内的经济、社会、文化等领域现状与发展情况进行深度分析和预测，研究层级至县及县以下行政区，涉及地区、区域经济体、城市、农村等不同维度。为地方经济社会宏观态势研究、发展经验研究、案例分析提供数据服务。

中国文化传媒数据库（下设 18 个子库）

    汇聚文化传媒领域专家观点、热点资讯，梳理国内外中国文化发展相关学术研究成果、一手统计数据，涵盖文化产业、新闻传播、电影娱乐、文学艺术、群众文化等 18 个重点研究领域。为文化传媒研究提供相关数据、研究报告和综合分析服务。

世界经济与国际关系数据库（下设 6 个子库）

    立足"皮书系列"世界经济、国际关系相关学术资源，整合世界经济、国际政治、世界文化与科技、全球性问题、国际组织与国际法、区域研究 6 大领域研究成果，为世界经济与国际关系研究提供全方位数据分析，为决策和形势研判提供参考。

法律声明

　　"皮书系列"（含蓝皮书、绿皮书、黄皮书）之品牌由社会科学文献出版社最早使用并持续至今，现已被中国图书市场所熟知。"皮书系列"的相关商标已在中华人民共和国国家工商行政管理总局商标局注册，如 LOGO（ ）、皮书、Pishu、经济蓝皮书、社会蓝皮书等。"皮书系列"图书的注册商标专用权及封面设计、版式设计的著作权均为社会科学文献出版社所有。未经社会科学文献出版社书面授权许可，任何使用与"皮书系列"图书注册商标、封面设计、版式设计相同或者近似的文字、图形或其组合的行为均系侵权行为。

　　经作者授权，本书的专有出版权及信息网络传播权等为社会科学文献出版社享有。未经社会科学文献出版社书面授权许可，任何就本书内容的复制、发行或以数字形式进行网络传播的行为均系侵权行为。

　　社会科学文献出版社将通过法律途径追究上述侵权行为的法律责任，维护自身合法权益。

　　欢迎社会各界人士对侵犯社会科学文献出版社上述权利的侵权行为进行举报。电话：010-59367121，电子邮箱：fawubu@ssap.cn。

社会科学文献出版社